"十三五"高职高专国际贸易类规划教材

国际货运代理实务

○ 黄 蘋　沈坤平　牟艳红　主编
○ 刘 康　唐苏苏　王丹丹　吴 敏　副主编

电子工业出版社

Publishing House of Electronics Industry

北京·BEIJING

未经许可，不得以任何方式复制或抄袭本书之部分或全部内容。
版权所有，侵权必究。

图书在版编目（CIP）数据

国际货运代理实务 / 黄蘋，沈坤平，牟艳红主编. —北京：电子工业出版社，2017.8
ISBN 978-7-121-32129-0

Ⅰ. ①国… Ⅱ. ①黄… ②沈… ③牟… Ⅲ. ①国际货运－货运代理－高等学校－教材
Ⅳ. ①F511.41

中国版本图书馆 CIP 数据核字（2017）第 161156 号

策划编辑：刘淑丽
责任编辑：李慧君
印　　刷：北京盛通商印快线网络科技有限公司
装　　订：北京盛通商印快线网络科技有限公司
出版发行：电子工业出版社
　　　　　北京市海淀区万寿路 173 信箱　邮编 100036
开　　本：787×1092　1/16　印张：13.75　字数：326 千字
版　　次：2017 年 8 月第 1 版
印　　次：2022 年 7 月第 3 次印刷
定　　价：39.00 元

凡所购买电子工业出版社图书有缺损问题，请向购买书店调换。若书店售缺，请与本社发行部联系，联系及邮购电话：(010) 88254888，88258888。
质量投诉请发邮件至 zlts@phei.com.cn，盗版侵权举报请发邮件至 dbqq@phei.com.cn。
本书咨询联系方式：(010) 88254199，sjb@phei.com.cn。

前言

国际货运代理是我国生产性服务业和服务贸易的重要组成部分，涉及环节多，产业链条长，行业规模大。改革开放以来，国际货代业在服务对外经济贸易、吸引外资、扩大就业、发展现代物流业等方面发挥了积极作用。2016年年底，我国国际货代从业人数达270万左右，发展势头强劲。与此同时，"一带一路"建设的推进以及跨境电商的持续发展，给国际货代行业提供了充足的增长动力，未来前景看好。

为适应新时期对国际货运代理人才培养的需要，我们编写了《国际货运代理实务》一书。本书强调所学内容的可操作性，内容基本是以实践操作的先后顺序来安排的，以相关工作任务的完成带动理论知识的学习，特别注重每一个教学单元内容的可操作性以及可考核性。通过本书的学习，学生能够达到独立处理货代企业简单操作的目标。为了便于授课教师指导学生练习和实训，我们配备了实训演练的参考答案。

本教材由重庆城市管理职业学院黄蘋、沈坤平、年艳江担任主编，重庆公共运输职业学院刘康、重庆公共运输职业学院唐苏苏、重庆经贸职业学院王丹丹、重庆青年职业技术学院吴敏担任副主编。教材编写分工如下：重庆城市管理职业学院陈宸编写学习情境一，重庆城市管理职业学院沈坤平编写学习情境二，重庆经贸职业学院王丹丹、秦丽娅编写学习情境三，重庆城市管理职业学院黄蘋编写学习情境四，重庆青年职业技术学院吴敏编写学习情境五，重庆公共运输职业学院刘康编写学习情境六，重庆公共运输职业学院唐苏苏编写学习情境七，重庆城市管理职业学院张庆刚编写附录A、附录B，重庆城市管理职业学院年艳红编写附录C并完成了全书的统稿工作。本书的主审是重庆顺然国际货代有限公司的王皓总经理。在教材编写过程中还得到了电子工业出版社的大力支持，在此一并表示感谢。

由于编者水平有限，书中疏漏和错误之处在所难免，真诚希望各位同行和读者批评指正，以便修改完善。

编 者
2017年5月

目　录

学习情境一　国际货运代理概述 1
学习子情境一　国际货运代理的基本概念 2
学习子情境二　国际货运代理的性质和作用 2
学习子情境三　国际货运代理人与无船承运人
　　　　　　　的识别 4
学习子情境四　国际货运代理业务概述 7
实训演练 19

学习情境二　国际海运代理操作实务 21
学习子情境一　国际海上货物运输概述 21
学习子情境二　国际班轮货物运输业务操作 30
学习子情境三　班轮运费的计算 54
学习子情境四　租船运输业务 59
实训演练 62

学习情境三　国际航空货运代理操作实务 64
学习子情境一　国际航空货物运输概述 64
学习子情境二　特殊货物航空运输业务流程 69
学习子情境三　特殊货物航空运输业务流程 78
学习子情境四　国际航空运价与运费 81
学习子情境五　航空货运单的缮制 91
学习子情境六　不正常运输处理 98
实训演练 106

学习情境四　国际陆路货运代理操作实务 108
学习子情境一　国际铁路货物联运业务概述 108
学习子情境二　国际铁路货物联运操作实务 111
学习子情境三　国际公路货物联运业务概述 121
学习子情境四　国际公路货物联运操作实务 124
实训演练 128

学习情境五　国际多式联运操作实务 130
学习子情境一　国际多式联运业务概述 131
学习子情境二　国际多式联运操作程序 136
学习子情境三　国际多式联运运费核算 140
学习子情境四　国际多式联运合同与单证
　　　　　　　业务 141
实训演练 148

**学习情境六　国际货物报关与报检代理
　　　　　　操作实务** 151
学习子情境一　国际货物报关代理操作实务 151
学习子情境二　国际货物报检代理操作实务 160
实训演练 174

学习情境七　国际货运代理业务纠纷处理 176
学习子情境一　货运事故的认定与处理 176
学习子情境二　国际货运代理的责任 180
学习子情境三　货运保险理赔 182
学习子情境四　国际货运代理业务经营风险
　　　　　　　及防范对策 186
实训演练 191

实训演练答案 193

附录A　常用货运业务缩略语 199

附录B　常用附加费名称缩略语 205

附录C　国际货运主要单证 207

参考文献 215

学习情境一
01 国际货运代理概述

🎯 学习目标

> ▶ **知识目标**
> 1. 了解国际货运代理的概念
> 2. 掌握国际货运代理的性质、作用和分类
>
> ▶ **能力目标**
> 1. 辨别国际货运代理的身份并明确其法律地位
> 2. 熟悉国际货运代理业务的基本流程

📖 情境引例

全球贸易延续萎缩态势,中国经济发展进入新常态。据海关统计,2016年一季度,中国货物贸易进出口总值5.2万亿元,同比下降5.9%。外贸不景气对货运代理(简称货代)业的影响尤为显著,货代企业业务量和净利润下降成为普遍现象。

与此同时,中国货代企业普遍存在规模较小、服务功能分散、经营模式相对落后、专业服务能力较弱、行业缺乏创新及同质化竞争严重等诸多问题,生存和发展面临严峻挑战。

在"一带一路"、自贸区建设等国家倡议与战略及"互联网+"等多重利好因素推动下,中国货代企业开启创新思维,探索生存发展新路径——大型货代企业正试图通过多种途径实施规模化经营并延长业务链条,提供增值服务,扩大市场份额;中小货代公司在战略上开启差异化经营,向市场细分领域探索,为客户提供更加专业的服务。但是,企业现状与市场要求、行业瓶颈与发展趋势间的背离,没有给行业内大多数企业留下太多的时间、空间,货代企业正在上演"生死时速"。

由于货源不足,货代企业间的竞争正在加剧——为抢夺市场,恶性压价。上海一家货代企业负责人透露,货代业是个微利行业,每票货物利润不高。现在出口商和进口商都在追求零库存,降低库存成本。进口商紧急订货并限定出口商交货时限,出口商将交货时限的压力转嫁给货代企业,同时进口商也向货代企业施压,让货代企业快速交货。倘若未能及时将货物送到货主手中,货代企业很难收到该票货物的各种费用,有时还得赔偿货主因此蒙受的损失。即便打赢了"价格战",也很难赚到钱。

货代市场竞争不断加剧,传统的货代业务利润率越来越低,我国货代企业应该如何应对?

学习子情境一　国际货运代理的基本概念

随着国际贸易、运输方式的发展，国际货运代理已渗透到国际贸易的每一领域，成为国际贸易中不可缺少的重要组成部分。市场经济的迅速发展，使社会分工更加明确，单一的贸易经营者或者单位的运输经营者都没有足够的力量亲自经营处理每项具体业务，他们需要委托代理人为其办理一系列相关手续，从而实现各自的目的。

一、国际货运代理的定义

国际货运代理协会联合会（FIATA）将其定义为："根据客户的指示，并为客户的利益而揽取货物运输的人，其本身不是承运人。"货运代理也可以是依据这些条件，从事与运输合同有关的活动，如储货（也含寄存）、报关、验收、收款等（见图 1-1）。

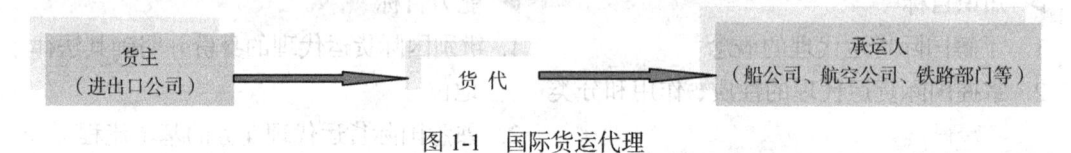

```
货主                          承运人
(进出口公司)  →  货 代  →   (船公司、航空公司、铁路部门等)
```

图 1-1　国际货运代理

二、我国国际货运代理的概念

在我国，国际货运代理有两种含义，其一是指国际货运代理业；其二是指国际货运代理人。

根据 1995 年 6 月 29 日国务院批准的《中华人民共和国国际货物运输代理业管理规定》第 2 条规定："国际货物运输代理业，是指接受进出口货物收货人、发货人的委托，以委托人的名义或者以自己的名义，为委托人办理国际货物运输及相关业务并收取服务报酬的行业。"

国际货运代理人是指接受进出口货物收货人、发货人和承运人的委托，以委托人的名义或者以自己的名义，为委托人办理国际货物运输及相关业务并收取服务报酬的企业。可见，国际货运代理人就是通常所说的国际货运代理企业。

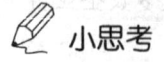

小思考

1. 在国际货运业务中，为什么会出现货代这一角色？
2. 货代与船代有何不同？

学习子情境二　国际货运代理的性质和作用

一、国际货运代理的性质

与概念相对应，对于国际货运代理的性质，也可以从两个角度来解释：

1. 国际货运代理业的性质

国际货运代理业在社会产业结构中属于第三产业，性质上属于服务行业。从政治经济学角度看，它隶属于交通运输业，属于运输辅助行业。

2. 国际货运代理人的性质

国际货运代理人从本质上属于运输关系人的代理，是联系发货人、收货人和承运人的运输中介，它既代表货主，保护货主利益，又协调承运人进行承运工作，在货主与承运人之间起着桥梁的作用。

二、国际货运代理的作用

（一）为发货人服务

1. 组织协调作用

国际货运代理人历来被称为"运输的设计师"、"门到门"运输的组织者和协调者。凭借其拥有的运输知识及其他相关知识，国际货运代理人组织运输活动，设计运输路线，选择运输方式和承运人（或货主），提供更专业化的服务。

国际货运代理人协调货主、承运人及其与仓储保管人、保险人、银行、港口、机场、车站、堆场经营人和海关、商检、卫检、动植检、进出口管制等有关当局的关系，可以节省委托人的时间，减少许多不必要的麻烦，致力于主营业务。

2. 专业服务作用

国际货运代理人的本职工作是利用自身的专业知识和经验，为委托人提供货物的承揽、交运、拼装、集运、接卸、交付服务，接受委托人的委托，办理货物的保险、海关、商检、卫检、动植检、进出口管制等手续，甚至有时要代理委托人支付、收取运费，垫付税金和政府规费。国际货运代理人通过向委托人提供各种专业服务，可以使委托人不必在自己不够熟悉的业务领域花费更多的心思和精力，使不便或难以依靠自己力量办理的事宜得到恰当、有效的处理，有助于提高委托人的工作效率。

3. 降低成本作用

国际货运代理人掌握货物的运输、仓储、装卸、保险市场行情，与货物的运输关系人、仓储保管人、港口、机场、车站、堆场经营人和保险人有着长期、密切的友好合作关系，拥有丰富的专业知识和业务经验、有利的谈判地位、娴熟的谈判技巧，通过国际货运代理人的努力，可以选择货物的最佳运输路线、运输方式，最佳仓储保管人、装卸作业人和保险人，争取公平、合理的费率，甚至可以通过集运效应使所有相关各方受益，从而降低货物运输关系人的业务成本，提高其主营业务效益。

4. 资金融通作用

国际货运代理人与货物的运输关系人、仓储保管人、装卸作业人及银行、海关当局等相互了解、关系密切、长期合作、彼此信任，可以代替收、发货人支付有关费用、税金，提前与承运人、仓储保管人、装卸作业人结算有关费用，凭借自己的实力和信誉向承运人、仓储保管人、装卸作业人及银行、海关当局提供费用、税金担保或风险担保，可以帮助委托人融通资金，减少资金占压，提高资金利用效率。

5. 沟通控制作用

国际货运代理人拥有广泛的业务关系、发达的服务网络、先进的信息技术手段，可以随时保持货物运输关系人之间、货物运输关系人与其他有关企业、部门的有效沟通，对货物进行运输的全过程进行准确跟踪和控制，保证货物安全、及时运抵目的地，顺利办理相关手续，准确送达收货人，并应委托人的要求提供全过程的信息服务及其他相关服务。

6. 咨询顾问作用

国际货运代理人通晓国际贸易环节，精通各种运输业务，熟悉有关法律、法规，了解世界各地有关情况，信息来源准确、及时，可以就货物的包装、储存、装卸和照管，货物的运输方式、运输路线和运输费用，货物的保险、进出口单证和价款的结算，领事、海关、商检、卫检、动植检、进出口管制等有关当局的要求等向委托人提出明确、具体的咨询意见，协助委托人设计、选择适当处理方案，避免、减少不必要的风险、周折和浪费。

（二）为承运人服务

国际货运代理向承运人订舱，议定对承运人和发货人都公平合理的费率，安排适当的时间交货以及以发货人的名义解决与承运人的运费账目等问题。

近年来，随着国际贸易中集装箱运输量的增长，国际货代公司引进"集运"与"拼箱"服务，使得它们与班轮公司及其他承运人如铁路承运人之间建立起更为密切的联系。

（三）为港口服务

国际货运代理接运整船货物或装运整船大部分货物，在合理流向的前提下可以争取船舶在国际货运代理所在地港口装卸，这就为港口争揽了一条船的货源。

（四）为海关服务

当国际货运代理作为海关代理办理有关进出口商品的海关手续时，它不仅代表客户，而且代表海关当局。事实上，在许多国家，国际货运代理得到当局的许可，可以办理海关手续，并对海关负责，负责早定的单证中，申报货物确切的金额、数量、品名，以使政府在这些方面不受损失。

正因如此，目前，世界上80%左右的空运货物，70%以上的集装箱运输货物，75%的杂货运输业务，都控制在国际货运代理手中。

我国80%的进出口贸易货物运输和中转业务（其中散杂货占70%，集装箱货占90%），90%的国际航空货物运输业务都是通过国际货运代理企业完成的。

学习子情境三　国际货运代理人与无船承运人的识别

一、国际货运代理人与无船承运人的区别

1. 无船承运人是货运代理人发展到一定阶段的产物

在我国《国际海运条例》颁布之前，无船承运业务主要是通过货运代理人的经营活动

体现的。货运代理人一般以以下三种法律身份介入国际货物运输：

（1）充当货主的代理人，为其货物拼装、租船订舱、办理货物保险以及海关等有关单证手续、把货物交给承运人并取得提单等。

（2）充当承运人的代理人，在取得承运人的授权的情况下，以承运人的名义揽货并接受货方的订舱，并在获得承运人授权的前提下签发承运人提单。

（3）充当无船承运人，接受托运人的货物并签发自己的提单，以自己制定的运输路线开展运输活动。作为第三种情形中的货运代理人，由于其实际上是以无船承运人的身份承运货物并且签发自己的提单，已经构成我国《海商法》下与托运人订立海上货物运输合同的人，是该提单所涵盖的运输下的承运人（契约承运人），依法应当对全程运输负责；而接受其委托具体从事该提单项下货物运输或部分运输的承运人则是实际承运人，仅对其运输区段负责。

在国际航运中，尤其是国际集装箱多式联运中，一级货代由于其有权签发自己的提单并独立对托运人承担责任的民事行为能力，经常以无船承运人的身份承运货物。

2. 两者不能成为同一主体

货运代理有代理和事主两种身份，而无船承运人只有事主一种身份。在实践中，无船承运业务经营主体形式具有多样性，可以是专营无船承运业务的公司，也可以是兼营该项业务的货代公司，或者其他海运辅助业务公司等，所以在实际操作中很容易引起偏差。结合实际操作，笔者认为，就货运代理人是否应取得无船承运人资格而言，可以明确以下几点：

（1）依照《国际海运条例》的规定，只有经营无船承运业务的货代公司才需要取得无船承运人资格。

（2）国际班轮公司在接受货代公司订舱时，如果货代公司代表货主，班轮公司应当在海运提单的托运人中直接显示真正的货主名称，这时，国际货代公司不须取得无船承运人证书。

（3）国际班轮公司在接受货代公司订舱时，如果货代公司不代表货主，而是以本人名义，要求在海运提单的托运人栏中显示货代公司名称的，则国际班轮公司必须确认货代公司取得无船承运人资格后，才可以接受其订舱。因为此时国际货代公司与班轮公司之间是托运人与承运人之间的关系，那么国际货代公司此时的身份实际上是无船承运人。

3. 两者成立的条件及审批程序不同

《货物运输代理业管理规定实施细则》规定，国际货物运输代理企业必须依法取得中华人民共和国企业法人资格。企业组织形式为有限责任公司或股份有限公司。经营海上国际货物运输代理业务的，注册资本最低限额为500万元人民币。国际货物运输代理企业每设立一个从事国际货物运输代理业务的分支机构，应当增加注册资本50万元，同时该细则规定，禁止具有行政垄断职能的单位申请投资经营国际货运代理业务。承运人及其他可能对国际货运代理行业构成不公平竞争的企业不得申请经营国际货运代理业务。从我国交通部对于无船承运人有关申请和审批的相关规定可以看出，交通部获权受理登记无船承运人以后采取了降低进入门槛的制度：采用登记制度，不用审批，由申请人向交通部提交申请书、营业执照影印件和提单样本；不对无船承运人的注册资金进行规定，唯一的前提条件是申请人需缴纳80万元的保证金以用来清偿其因不履行承运人义务或履行义务不当所产生的债务及支付的罚款。《海运条例》第7条规定：经营无船承运业务，应当向交通主管部门办理提单登记，并缴纳80万元保证金。

以下是两者之间区别的简单列表（见表1-1）。

表1-1 国际货运代理人与无船承运人的区别

内容＼类别	国际货运代理人	无船承运人
运输合同的订立	不可以	可以
收全程运费	不可以	可以
收佣金	可以	不可以
收运费差价	不可以	可以
对全程运输的责任	不承担	承担
提单签发	不能签发提单	签发全程提单
对委托人的身份	代理人	承运人
对实际承运人的身份	委托人	代理人
托运人法律地位	单一法律地位	双重身份

二、国际货运代理人与无船承运人的识别标准

1. 无船承运人或货运代理人与托运人之间订立的合同

如果签订的是货物运输合同，合同中所使用的术语是"承运"（carry），则其身份应是无船承运人，与托运人之间是契约承运人与托运人的关系。如果签订的是委托合同，合同中明确规定以代理人的身份行事，使用的术语是"安排运输"（Arrange Transportation），则其身份应是货运代理人，与托运人之间是委托方与被委托方的关系。

2. 无船承运人或货运代理人与实际承运人签订的合同

无船承运人作为货物运输合同的当事人，是以自己的名义行事的，与实际承运人之间是托运人与承运人的关系，这样就使得真正的货物托运人与实际承运人之间无直接法律关系。而货运代理人只能以托运人的名义行事，与实际承运人之间是托运人代理人与承运人的关系，此时托运人才是货物运输合同的当事人。

3. 是否有权签发提单或其他类似运输单证

无船承运人接受托运人的货物后，以承运人身份向托运人签发自己的提单或其他类似运输单证，并对货物的全程运输承担责任。由于其有权签发提单，他与收货人之间是承运人与持有人的关系。而货运代理人向托运人收取货物后，签发给托运人的是收货凭证（Forwarder's Cargo Receipt, FCR），他无权签发提单或其他类似运输单证。他是托运人的代理人，以托运人代理人的身份行事，与收货人之间不存在任何关系。

4. 无船承运人和货运代理人所收取的报酬

无船承运人以自己名义行事，以承运人身份向托运人收取总包干运费，然后以托运人

身份与实际承运人签订货物运输合同，并向实际承运人支付运费，获得合理的运费差额。他不能从承运人处收取佣金，但可以向货运代理人支付佣金。货运代理人若按照总运费的一定比例从承运人处收取佣金，则被认为是以委托人的代理人的身份行事；但如果向委托人收取总包干运费，则被认为是以自己的名义行事。在美国，货运代理人只能从普通承运人或无船承运人处收取佣金，并从发货人处收取少量服务报酬。

5. 是否能够接受外国公司和外国无船承运人的委托

无船承运人能够接受外国公司、外国无船承运人的委托，经营外国公司在中国境内的无船承运业务，并代签提单，向船公司订舱和签订运价协议，收取代理费。《关于实施〈中华人民共和国国际海运条例〉的公告》第 5 号第 3 条规定："在中国境内没有经营性分支机构的境外无船承运业务经营者，应当委托在当地具有无船承运业务经营资格的经营者代理签发提单业务。中国无船承运业务经营者在没有设立分支机构的地区从事无船承运业务，需要委托代理签发提单的，该代理也应当具有无船承运资格。没有取得无船承运业务经营资格者，不得接受其他无船承运业务经营者的委托，为其代理签发提单。"

📝 小思考

发货人将 1 000 件男士 T 恤衫委托给上海一家国际货运代理公司。该货运代理接收这批货物后，向发货人签发了清洁的无船承运人提单，并收取了全程运费，然后自行将货物装箱，并以整箱委托船公司从上海运至马来西亚。在向船公司支付约定的运费后，船公司向该货运代理签发了清洁提单。货物运抵目的港后，铅封完好，但箱内却短少了 100 件男士 T 恤衫。

货运代理在此案中的法律地位是代理人还是承运人？船公司在此案中的法律地位是什么？船公司有无义务对货物的短少负责？

学习子情境四　国际货运代理业务概述

一、国际货运代理的业务范围

根据《中华人民共和国国际货运代理业管理规定实施细则》的规定，国际货运代理企业的经营范围如下：

（一）揽货、订舱（含租船、包机、包舱）、托运、仓储、包装；

（二）货物的监装、监卸、集装箱的拆箱、分拨、中转及相关的短途运输服务；

（三）报关、报检、报验、保险；

（四）缮制签发有关单证、交付运费、结算及交付杂费；

（五）国际展品、私人物品及过境货物运输代理；

（六）国际多式联运、集运（含集装箱拼箱）；

（七）国际快递（不含私人信函）；

（八）咨询及其他相关国际货运代理业务。

但是，这些并不是每个国际货运代理企业都具有的经营范围。由于各个国际货运代理企业的具体情况不同，商务主管部门批准的国际货运代理业务的经营范围也有所不同。

二、国际货运代理的分类

（一）按企业的成立背景和经营特点为标准分类

1. 以中外运为背景的国际货代企业

中外运，即中国外运，全称为中国对外贸易运输（集团）总公司，是目前为止我国最大的货代企业。这是有历史渊源的，中华人民共和国成立以后，我国全面实行对外贸易管制，为适应外贸垄断体制，国家规定，所有的进出口货物都要通过中国对外贸易运输总公司统一组织办理托运，这种垄断局面一直持续到 1984 年。也就是说，在此期间，中国的国际货运代理业务基本上是由中外运独家经营的。在这样的背景下，中外运发展为中国规模最大、实力最雄厚、最权威的一家货代企业，就不足为奇了。1988 年以后，随着对外贸易的发展，垄断经营已经不能适应国际海上运输的要求，我国政府允许国际货运代理业务逐步放开，实行多家经营。

现在中外运的经营特点是：一业为主，多种经营。一业为主，即以外贸运输为主业，中外运现拥有载重量 200 多万吨的船队、3 000 多辆汽车。多种经营，是指中外运除货运外，还承办货代、船代、航空快件、集装箱租赁、信息咨询等多种业务，货代业务只是其经营内容之一。中外运的货代业务经营范围十分广泛，涵盖海、陆、空及多式联运，报关、报检、仓储、中转、分拨，等等。

伴随着长期的业务发展，中外运设立的分支机构、全资子公司、控股公司、合资企业遍布国内外各大港口城市，并同世界 150 多个国家和地区的 400 多家货代、船代、租船经纪人、船公司建立业务往来，其代理网络遍布国内外，形成了强大的货代经营优势。

我国的不少货代企业是以中外运为背景发展起来的，如中国外运福建集团公司（福建外运，坐落在福州市中心的湖东路福建外运大厦）是中外运在福建省设立的子公司。旗下已有 20 家全资子公司、5 家合资公司，如福建外运福州汽车运输有限公司、福建外运集装箱公司、福建外运天健航空货运有限公司、中国外运福建有限公司厦门分公司、福建中外运船务代理有限公司厦门分公司、泉州分公司，等等。

2. 以航运公司、航空公司、铁路部门（实际承运人）为背景的国际货代企业

此类货代企业中具有代表性的有：中远国际货运有限公司，天津海运集团控股的天海、天新、天富等货代公司，上海海运集团所属的上海海兴国际货运有限公司，山东省海丰国际货运集团所属的山东省海丰货运代理有限公司，中国民航客货运输销售代理公司，中国铁路对外服务总公司等。

这类企业的特点是与承运人关系密切，在相关运输方式上竞争力较强，具体体现为：

（1）在运价方面有竞争力。

（2）有很强的运输条件优势，体现在舱位安排、方便货主、捕捉与反馈航运信息等方面。

拓展阅读

中远国际货运有限公司

中远国际货运有限公司（中远集装箱船务代理有限公司）成立于1995年12月，是中国远洋控股股份有限公司的成员企业之一，是中远集装箱运输有限公司直属的大型国际货运及班轮代理公司。公司经营范围包括：国际、国内海上集装箱货运代理，国际、国内集装箱及其他船舶代理，沿海货物运输、拼箱、项目运输、多式联运、报关、货运保险等业务。

截至2011年8月，中远国际货运有限公司（中远集装箱船务代理有限公司）共在中国各地设立了257家网点公司，形成了以北京为中心，以大连、天津、青岛、武汉、上海、厦门、华南为龙头，以全国主要城镇货运网点为依托的货运综合服务网络体系。在国际货运、集装箱船代、多式联运、拼箱、项目开发等方面，业务规模和综合实力均位居国内同业前列。

中远国际货运有限公司（中远集装箱船务代理有限公司）被中国银行审定为AAA级资信企业；1997年，通过挪威船级社和中国进出口商品质量认证中心ISO 9002质量保证体系认证。自2004年起，在全国货运行业各类大型评选活动中，连续多年获得多个奖项的桂冠，多次荣获"全国最佳物流企业"、"最佳货代公司"、"最佳船代企业"等荣誉称号。

中远国际货运有限公司（中远集装箱船务代理有限公司）将秉承"以市场为导向，以客户满意为中心"的经营理念，不断拓展综合服务领域，满足客户多样化的服务需求，竭诚为客户创造更多价值。

3. 以外贸专业公司、工贸公司为背景所组建的国际货代企业

这类企业如中粮、五矿、中纺、中土畜等系统所属的国际货运有限公司，其前身一般是各总公司履行发货、定舱、仓储、报关等职能的储运部、报运部。它们具有以下特点：

（1）在货源、审核信用证、缮制货运单证和向银行办理议付结汇等方面较其他公司具有明显优势。

（2）规模都较小，服务功能欠完善，缺乏网络化的经营条件。

4. 以仓储企业为背景的国际货代企业

这类公司原本是以办理仓储业务见长的仓储企业，基于增加利润来源、更好地为货主服务的目的，经审核批准，取得了国际货运代理的资格。这类货代中有天津渤海石油运输公司、上海国际展览运输有限公司、北京华协国际珍品货运服务公司等。其经营特点是：凭借仓储优势及这方面的丰富经验，揽取货源，深得货主信任。尤其在承办特种货物方面独有专长，但规模较小，服务单一。

5. 外商投资类型的国际货代企业

1992年以后，我国政府允许外商以合资、合作的形式在我国经营国际货运代理业。于是，国外一些船公司、货代行、实业公司纷纷进入我国货代市场，与国内大型外贸、运输公司联手创办合资企业。加入世贸组织后，我国政府遵守承诺，进一步开放货运代理市场，自 2005 年 12 月 11 日起，允许设立外商独资国际货运代理企业。这固然促进了我国国际货运代理业的发展，也加剧了国际货运代理市场的竞争。

首先，一大批外资船公司将纷纷建立自己的货代公司，参与市场竞争。它们会用多种竞争手段来挤压中国货代的经营空间。例如，对出口货物，以远低于给货代的运价向出口人直接报价，轻而易举地得到客户；通过其海外的国际网络，用在信用证上"指定货代"的方式操作，等等。[说明：在中国对外贸易的构成中，加工贸易的比重已占中国进出口总额的 50%以上，加工贸易就是跨国公司内部贸易的一种表现形式。在货物运输的安排方式上，基于安全、快捷等服务要求，这些贸易商通常是在国外已选择好承运人或货运代理，采用 FOB 指定货代的形式，这时具备全球网络优势的跨国物流服务商（目前国内货代企业由于普遍缺乏海外网络）就成为它们的首要目标。目前中国进出口货物运输合同中已有 50%以上采用 FOB 条款。]

其次，原先中外合资的货代企业纷纷走向独立。外资公司对我国市场觊觎已久，早年因为政策原因，它们进入我国市场的策略只能以合资的方式进行，它们利用和我国企业合资的机会，逐步了解和熟悉我国市场，减少进入风险。现在时机成熟，而政策也允许独资了，于是，一些外资企业就抛开中方合作者，独资成立货代企业，独立进行业务，占据我国市场。

这些无疑给我国的货代公司造成巨大的竞争乃至生存压力。因此，中国货代企业的轻松环境是在 1991—1994 年，当时外贸大发展，竞争相对没有那么激烈，干线船和支线船载运差额颇大，承运人和货代效益颇丰。从 1994 年下半年开始，二程船公司进入中国境内，在运费上缩小了差额，逐步与国际货运市场运价接轨，国际货运呈现薄利多运之势，对货主大为有利，承运人乃至货代企业感到竞争加剧。现在的竞争则更加激烈。

小思考

结合上述所学知识，试分析 A.P.Moller-Maersk Group（马士基）属于哪种性质的国际货运代理企业？

（二）按业务范围划分

1. 海运货运代理

国际海运货运代理是指在合法的授权范围内接受货主的委托并代表货主办理有关海运货物的报关、交接、仓储、调拨、检验、包装、装箱、转运、订舱等业务的人。海运货运代理是随着海上贸易的形成、国际贸易运输领域的逐渐扩大、社会分工越来越细发展起来的。海上货物运输业务范围广、头绪多，使得任何一个承运人（船公司）或货主都很难亲自处理好运输业务中每一个环节的具体业务，很多工作需要委托代理人代为办理。虽然花费一些酬金，但从代理提供的服务中可以得到补偿。

2. 航空货运代理

采用空运方式进出口货物，需要办理一定的手续，如出口货物在始发站机场交给航空公司的揽货、接货、订舱、制单、报关和交运等；进口货物在目的站机场从航空公司接货接单、制单、报关、送货或转运等。这类业务中有些航空公司不负责办理，而由专门承办此类业务的航空货运代理公司负责。航空货运业务一般有通过航空货运代理公司办理或由收、发货人直接向航空公司办理两种。

航空货运代理公司作为货主和航空公司之间的纽带和桥梁，可以是货主的代理，代替货主向航空公司办理托运或提取货物的手续；也可以是航空公司的代理，代替航空公司接收货物，出具航空公司的主运单和自己的分运单。

3. 陆运（铁路、公路）货运代理

铁路货运代理是指接受发货人、收货人的委托，为其办理铁路货物运输及其相关服务的人。铁路货运代理的特点是：一些大型铁路货运代理以当事人的身份开展"门到门"全程代理服务；依附性和相对垄断；网络优势；功能单一；规模较小。

公路货运代理是指接受发货人、收货人的委托，为其办理公路货物运输及其相关服务的人，其服务内容包括揽货、托运、仓储、中转、集装箱拼装拆箱、结算运杂费、报关、报验、保险、相关的短途运输服务及咨询业务（见表1-2）。

表1-2　公路零担货运业务流程与操作要求

程　序	操作人员	业务操作	操作要求
业务联络	业务员	1. 预约 2. 订立合同 3. 接单（派车联系单、发货单） 4. 电话客户可直接传递派单 5. 将运输单分配给各调度员	1. 以多种接单方式方便客户及时下达指令 2. 确保客户满意 3. 派单及时、准确
配载派车	调度员 司机	1. 接单 2. 按货物数量、品种及去向、时间要求分配配载 3. 签订货物运输清单，落实车辆安全防护工作 4. 发车至仓库或客户处提货	1. 及时优质高效配载 2. 确保车辆安全性 3. 各项运输注意事项交代完整、清楚 4. 确保车辆准时到位
装货发运	调度 司机 仓管员 现场员 卸载工	1. 凭单提货 2. 仓库核对发货并登记 3. 装车前后做好各项核对工作 4. 规范文明、准确卸载 5. 现场监督，记录作业情况	1. 单、货车相符 2. 做好运输安全措施 3. 文明卸载、按时发运 4. 出库手续齐备、统计准确
在途跟踪	客服专员	1. 主动向客户汇报货物在途状态 2. 主动向客户提供查询服务	及时妥善处理货运途中问题

续表

程　序	操作人员	业务操作	操作要求
单货验收	调度 司机	1. 在指定仓位按时卸货 2. 单据签章及时、完整、有效 3. 签收后通知调度，回单返回及时	1. 签收单据如有破损，司机负责 2. 回单于卸货后 5~7 天内返回
单证处理	调度 回单管理员 结算员	1. 调度将回单核对后交回单管理员 2. 回单管理员将回单交结算员 3. 结算员审核结算收支费用	1. 回单返回及时、准确 2. 统计、计价准确 3. 结算费用及时

4. 国际多式联运经营人

多式联运经营人可以分为两种：一种为有船承运人，另一种为无船承运人。前者在接受货物后，不但要负责海上运输，还须安排汽车、火车与飞机的运输，对此经营人往往再委托给其他相应的承运人来运输，对交接过程中可能产生的装卸和包装储藏业务，也委托给有关行业办理。但是，这个经营人必须对货主负整个运输过程中产生的责任。后者在接受货物后，也是将运输委托给各种方式运输承运人进行，但他本人对货主仍应负责。无船经营人不拥有船舶，通常是内陆运输承运人，仓储业者或其他从事陆上货物运输中某一环节的人，也就是说无船经营人往往拥有除船舶以外一定的运输工具。

国际多式联运经营人的性质和法律特征如下：

（1）多式联运经营人是"本人"而非代理人，承担承运人的义务。

（2）国际多式联运经营人在以"本人"身份开展业务的同时，并不妨碍他同时也以"代理人"身份兼营有关货运代理服务，或者在一项国际多式联运中不以"本人"身份而是以其他诸如代理人、居间人等身份开展业务。

（3）国际多式联运经营人是"中间人"。有双重身份，对于货主是承运人；对于实际承运人是货主。

（4）国际多式联运经营人可以拥有运输工具，也可以不拥有运输工具。

三、行业组织

（一）国际货运代理协会联合会（FIATA）——国际货运代理的国际组织

国际货运代理协会联合会是世界国际货运代理的行业组织，其法文名称为"Federation Internationale des Associations de transitaires etassimiles"，英文名称为"International Federation of Freight Forwarders Associations"。其法文缩写是"FIATA"，被称为"菲亚塔"，并用作该组织的标识。

FIATA 由 16 个国家的货运代理协会于 1926 年 5 月 31 日在奥地利维也纳成立，总部设在瑞士苏黎世，是一个非营利性的组织。

1. FIATA 的宗旨

FIATA 的宗旨是保障和提高国际货运代理在全球的利益。

2. FIATA 的巨大影响力

FIATA 是一个在世界范围内运输领域中最大的非政府组织，具有广泛的国际影响，它在联合国经济与社会理事会、联合国贸易与发展大会、联合国欧洲经济委员会及亚太经济社会委员会中均扮演了咨询顾问的角色。同时也被许多政府组织、权威机构和非政府的国际组织，如国际商会、国际航空运输协会、国际铁路联合会、国际公路运输联合会、世界海关组织等一致确认为国际货运代理业的代表。

3. FIATA 的成就

FIATA 所取得的最令人瞩目的成就有三项：

（1）**国际货运代理标准交易条款范本**。标准交易条款通常是为了事先明确委托人与货运代理人双方的权利义务关系制定的，作为委托人与货运代理人仿契约附件，并具有约束双方当事人的法律效力。

FIATA 国际货运代理标准交易条款范本，是 FIATA 制定的关于国际货运代理人与客户之间订立的合同的标准条款，于 1996 年 10 月制定，并向至今尚无标准交易条款的各国国际货运代理人推荐，供其在制定本国的该标准交易条款时作为准则参考。

标准交易条件对全球货运代理的业务规范化和风险防范起到了巨大的推动作用。

（2）**FIATA 国际货运代理业示范法**。尽管国际货运代理行业超越国界，具有极强的国际性，国际社会一直为统一国际货运代理业而努力，但目前世界上具有法律强制力的专门的国际公约尚未制定，各国调整国际货运代理的法律制度差异较大，无法调和。

为统一货运代理法律，FIATA 起草了《国际货运代理示范法》，供各国立法时参考。该法在世界范围正逐渐获广泛认同，并对各国的立法有重大影响。

（3）**FIATA 单证**。FIATA 制定的八套标准格式单证，为各国货运代理所广泛使用，并在国际上享有良好的声誉，对国际货运代理业的健康发展，起到了良好的促进作用。

FIATA 制定的八套标准格式单证包括：①FIATA 运送指示；②FIATA 货运代理运输凭证；③FIATA 货运代理收货凭证；④FIATA 托运人危险品运输证明；⑤FIATA 仓库收据；⑥FIATA 可转让联运提单；⑦FIATA 不可转让联运单；⑧FIATA 发货人联运重量证明。

此外，FIATA 还培训了数万名学员，并取得了举世瞩目的成就。

FIATA 推荐的国际货运代理标准交易条件范本及 FIATA 国际货运代理业示范法及制定的各种单证为保护全球货代行业的利益、促进行业的发展和规范化做出了杰出贡献。

4. FIATA 的会员情况

FIATA 的会员分为以下几类：

（1）**一般会员**。通常只有代表某个国家全部货运代理的行业组织方能申请成为 FIATA 的一般会员。如果某个国家尚未建立货运代理协会，也可以破例允许在该国家独立注册的唯一国际货运代理公司具有一般会员的地位。例如，在中国国际货运代理协会成立以前，中国对外贸易运输总公司曾于 1985 年以一般会员身份加入了 FIATA。

（2）**团体会员**。代表某些国家货运代理行业的国际性组织、代表与 FIATA 相同或相似利益的国际性货运代理集团、在货运代理行业的某一领域比较专业的国际性协会，可以申请成为 FIATA 的团体会员。

（3）**联系会员**。货运代理企业或与货运代理行业密切相关的法人实体，经其所在国家或地区的一般会员书面同意，可以申请成为 FIATA 的联系会员。

（4）**名誉会员**。对 FIATA 或货运代理行业做出特殊贡献的人，可以成为 FIATA 的名誉会员。

FIATA 的成员主要包括来自世界各国的国际货运代理协会，拥有来自 86 个国家和地区的 97 个一般会员，遍布于 150 个国家和地区的 2 700 多家联系会员，大约 40 000 家货运代理企业，800 万~1 000 万从业人员。其中，亚洲地区有 30 个国家和地区的货运代理协会是 FIATA 的一般会员。

5. 我国参加 FIATA 的情况

中国对外贸易运输总公司作为一般会员的身份，于 1985 年加入该组织。2000 年 9 月中国国际货运代理协会成立，次年作为一般会员加入 FIATA。中国台湾地区和香港特区各有一个区域性一般会员。所以，目前在中国，FIATA 共拥有 4 个一般会员。

目前，FIATA 在我国还拥有 170 多个联系会员。

（二）中国国际货运代理协会（CIFA）——中国国际货运代理的行业组织

随着我国国际货代业的发展，为规范行业经营秩序，协调维护行业利益，服务货代企业，建立货代企业的行业自律组织就显得十分必要。1992 年上海货代协会成立。这是我国第一个地方性国际货运代理协会，目前全国已有 21 个省、自治区、直辖市成立了地方货代协会。

随着各地方货代协会相继成立，为协调货代行业发展中的全局性问题，促进我国国际货代业的健康发展，在政府有关部门的支持和国内外同行的关注下，2000 年 9 月 6 日，中国国际货运代理协会（China International Freight Forwarders Association，CIFA）获准筹备，在北京宣告成立。CIFA 是一个非营利性的全国性行业组织。

CIFA 是由中国境内各地方国际货运代理行业协会、国际货运代理企业、与货运代理相关的企事业单位自愿参加组成的社会团体，亦吸纳在中国货代、运输、物流行业有较高影响的个人。CIFA 的会员分为团体会员、单位会员和个人会员三类。目前，CIFA 拥有会员近 600 家。

作为联系政府与会员之间的纽带和桥梁，CIFA 的宗旨是：协助政府部门加强对我国国际货代行业的管理；维护国际货代业的经营秩序；推动会员企业间的横向交流与合作；依法维护本行业利益；保护会员企业界的合法权益；促进对外贸易和国际货代业的发展。

CIFA 接受商务部和民政部的指导和监督。民政部（社团登记管理机关）是其登记注册的部门，而商务部则是 CIFA 的业务指导部门，CIFA 在商务部的直接领导下开展行业管理工作。为支持中国货代协会积极开展工作，原外经贸部还曾专门下发文件，赋予中国国际货代协会相关职能，如对全国货代企业的年审情况进行汇总分析，并负责组织行业培训及代发上岗资格证书。

中国国际货代协会的成立，标志着我国政府对该行业的管理将进入一个政府监管与行业自律并重的新阶段。加入 WTO 后，随着我国货代市场的逐步开放和政府职能的转变，货代协会的作用将逐步显现出来。

CIFA 以民间形式代表中国货代业参与国际经贸运输事务并开展国际商务往来，与 FIATA 保持着极为密切的关系，并于 2001 年初被 FIATA 接纳为一般会员。

2002 年 7 月 15 日，中国国际货运代理协会颁发《中国国际货运代理协会标准交易条件》，并推荐会员使用。该标准交易条件采纳《国际货运代理示范法》，并吸纳了其他国家相关立法和标准交易条件，具有一定的先进之处，当然也存在着不尽完善之处。如果客户和国际货运代理人选择接受该标准交易条件，《中国国际货运代理协会标准交易条件》则产生法律效力。

拓展阅读

1. 国际货运代理综合服务网：http://www.ciffic.org
2. 中国国际货运代理协会：http://www.cifa.org.cn

四、我国对国际货运代理业的管理

（一）我国现行国际货运代理行业管理体制

根据《中华人民共和国国际货物运输代理业管理规定》规定，商务部是我国国际货运代理业的主管部门，负责对全国国际货运代理业实施监督管理。省、自治区、直辖市、经济特区、计划单列市人民政府商务主管部门在商务部的授权下，负责对本行政区域内的国际货运代理业实施监督管理。

在商务部和地方商务主管部门的监督和指导下，中国国际货运代理协会协助政府有关部门加强行业管理。根据《中华人民共和国行政许可法》和有关规章规定，国务院和地方商务主管部门赋予了中国国际货运代理协会和各地方行业协会部分行业的管理职能，主要体现在协调政府与国际货运代理企业的关系、企业的备案、企业的年审、业务人员的培训和行业自律等方面。

此外，我国国际货运代理行业的主管部门为商务部，但是国务院公路、水路、铁路、航空、邮政运输主管部门和联合运输主管部门，也在根据与本行业有关的法律、法规和规章对国际货运代理企业的设立及其业务活动进行着不同程度的管理。

因此，商务部、地方商务主管部门、其他相关管理部门和中国国际货运代理协会都在不同程度上行使着对国际货运代理业进行管理的职能。

（二）我国国际货运代理业管理的主要法律依据

在我国，由于国际货运代理作为一个行业发展的历史不长，因此到目前尚无专门管理、规范国际货运代理行业的法律。但是，为了加强对国际货运代理行业的管理，规范企业的经营行为，近年来，我国加快了在货运代理行业的立法工作，全国人民代表大会、国务院及国务院各有关主管部门相继出台了一些法律、法规和部门规章，这些法律、法规和规章共同构成我国国际货运代理行业管理的法律依据。可以说，目前我国货代行业已结束了无法可依的历史。

1. 调整国际货运代理法律关系的法律

目前，我国主要有以下几部涉及调整国际货运代理法律关系的法律：

（1）《中华人民共和国民法通则》（简称《民法通则》）。

（2）《中华人民共和国合同法》（简称《合同法》）。

这两部法规对代理及合同问题做了专门规定，这些规定与货代经营休戚相关，对规范国际货运代理行业行为起着重要的作用。

（3）《中华人民共和国海商法》（简称《海商法》）。该法的规定涉及对货运代理业的调整。当国际货运代理人充当契约承运人时，作为海上货物运输合同的当事人，其行为直接受到《海商法》的调整。

以上三部法律与货代经营的关系最为紧密。

（4）《中华人民共和国对外贸易法》（简称《外贸法》，1994 颁布，2004 修订），《外贸法》作为我国对外贸易领域的基本法，是其他相关法规和条例的立法基础，货代经营作为我国涉外经贸活动的一个组成部分，必然要受其规范。

（5）《中华人民共和国海事诉讼特别程序法》。该法是我国对涉外海事案件立案、判决和执行的法律依据。目前，我国最高人民法院已将有关货运代理合同产生的纠纷案件列为海事法院管辖范围。所以，它对货代经营也有紧密的影响。

2. 调整国际货运代理法律关系的行政法规和部门规章

为了规范货运代理市场，促进运输业的良性发展，国务院及其所属部门还颁布了一系列行政法规和部门规章。它们也是调整国际货运代理业的重要依据，主要包括以下内容：

（1）《中华人民共和国国际货物运输代理业管理规定》（简称《管理规定》），1995 年 6 月 29 日，由原对外贸易经济合作部发布实施。

（2）《中华人民共和国国际货物运输代理业管理规定实施细则》（简称《实施细则》），由原对外经济贸易合作部于 1998 年 1 月 26 日颁发生效，2004 年 1 月 1 日进行修订。

《管理规定》和《实施细则》对包括国际多式联运在内的国际货运代理业务管理作出了明确规定。其中明确了国际货运代理业的定义，规定了国际货运代理行业的业务主管部门，并对业务管理的方法和途径进行了规范，同时还明确了国际货运代理企业的设立条件、业务范围和对违规行为的处罚。

（3）《国际货运代理企业备案（暂行）办法》，由商务部制定，2005 年 4 月 1 日开始施行。该办法要求：凡经国家工商行政管理部门依法注册登记的国际货运代理企业及其分支机构，均应向商务部或商务部委托的机构办理备案。

（4）《外商投资国际货物运输代理企业管理办法》，于 2005 年 12 月 1 日施行。规定了外商投资国际货运代理企业的定义、设立条件、审批程序、经营期限等问题。还就中国香港、澳门地区企业在内地设立国际货运代理企业的有关问题进行了明确规定。

由于我国对国际货运代理行业的管理存在着多头管理的现象，除国务院对外经济贸易管理部门（现在的商务部）以外，国务院和国务院其他行政管理部门也制定了相应的法规和规章，从不同的角度对国际货运代理行业和企业进行了不同程度的管理。

（5）《中华人民共和国国际海运条例》（简称《海运条例》）。由国务院和交通部联合颁发，其效力高于其他部门规章。

（6）《中华人民共和国国际海运条例实施细则》（简称《海运条例实施细则》）。该细则由交通部颁发，于2003年3月1日起生效。

以上两部法规对无船承运人和国际船舶代理经营者进行了界定，规定了无船承运人的申请资格、申请条件、审批程序、经营范围和无船承运人提单申请办法；明确了国际船舶代理企业及其设立分支机构的申请手续等规定。

（7）《中华人民共和国国际集装箱多式联运管理规则》（简称《多式联运规则》）。该规则由交通部和原铁道部联合颁发，并于1997年10月1日起生效。该部门规章规定了国际集装箱多式联运经营人的定义，经营集装箱业务企业的审批条件、审批程序和业务范围等，对国际多式联运的推动起了重要的作用。

（8）《中国民用航空快递业管理规定》，由国家民航总局颁布，明确了航空快递的定义，规定了经营航空快递业务企业的条件和审批程序。

（9）《中华人民共和国海关对报关单位注册登记管理规定》，由海关总署颁布，对报关单位的类别、登记注册许可、登记注册程序、报关行为内容等进行了明确的规定。

（10）《出入境检验检疫代理报检规定》，由国家质量监督检验检疫总局颁布，规定了代理报检单位的注册登记、设立条件和报检的行为规范的具体内容。

由上可见，开办国际货运代理企业，从事国际货物运输代理业务，不仅要遵守国际货运代理法规和规章，还要遵守有关公路运输、水路运输、铁路运输、航空运输、联合运输代理的法规、规章和邮政法规、规章。

3. 调整国际货运代理法律关系的国际公约

国际公约也是法律的一个重要渊源。到目前为止，中国参加的涉及国际货运代理人制度的国际公约主要有以下内容。

（1）调整国际铁路货物运输国际公约。

《国际铁路货物联运协定》（*Agreement On International Railroad through Transport Of Goods*，简称《国际货协》），是于1951年11月由苏联、捷克、罗马尼亚、东德等8个国家共同签订的一项铁路货运协定。我国于1954年1月参加。为适应各国铁路发展的新情况、促进国际铁路货物联运进一步发展，近几年来，铁路合作组织对《国际货协》进行了重大修改补充，新版的《国际货协》于2015年7月1日正式实施。

（2）调整国际航空货物运输的国际公约。

《华沙公约》的全称为《统一航空运输某些规则的公约》，是1929年10月12日由德国、英国、法国、瑞典、苏联、巴西、日本、波兰等国家在华沙签订的，因而简称《华沙公约》。它是最早的国际航空私法，也是目前为止为世界上大多数国家接受的航空公约，其目的是调整不同国家"在航空运输使用凭证和承运人责任方面"的有关问题。第二次世界大战后，由于航空运输业的飞速发展以及世界政治形势的急剧变化，《华沙公约》的某些内容与现实的要求脱节，于是《修订1929年10月12日在华沙签订的"统一有关国际航空运输某些规则的公约"的议定书》，即《海牙议定书》应运而生。我国参加《华沙公约》和《海牙议定书》的时间分别是1958年和1975年。

五、国际货运代理的权利和义务

（一）国际货运代理的权利

国际货运代理企业的主要业务是接受货主的委托，代理客户完成国际贸易中的货物运输任务，货主是委托方，货代是代理人。根据我国《合同法》的有关规定，国际货运代理企业主要有以下权利：

（1）为客户提供货物运输代理服务获取报酬。货代有权要求货主支付代理佣金，作为提供代理服务的报酬。

（2）接受委托人支付的因货物的运送、报关、投保、报关、办理汇票的承兑和其他服务所发生的一切费用。货代有权要求货主支付由于办理代理工作而产生的有关费用。关于这方面费用，一般的做法是由货主事先支付给货代一笔费用，代理结束后再由货代向货主多退少补。

（3）接受委托人支付的因货代不能控制的原因，致使合同无法履行而产生的其他费用（如果客户拒付，国际货运代理人对货物享有留置权，有权以某种适当的方式将货物出售，以此来补偿所应收取的费用）。

（4）接受承运人支付的订舱佣金（作为或代替船公司揽货的报酬）。

（5）按照客户的授权，可以委托第三人完成相关代理事宜。

（6）接受委托事务时，由于货主或承运人的原因，致使货代受到损失，可以向货主或承运人要求赔偿损失。例如，货代根据货主要求向船公司订妥舱位，但后来由于货主备货不足，造成空舱损失，货代有权要求货主予以补偿。

（二）国际货运代理的义务

国际货运代理的义务是指国际货运代理在接受委托后，对自己的代理事宜应当从事或不应当从事的行为，以及在从事货运代理业务中与第三人的应当从事或不应当从事的行为。国际货运代理企业一经与货主（委托人）签署合同或委托书，就必须根据合同或委托书的相关条款为委托人办理委托事宜，并对在办理相关事宜中的行为负责。归纳起来其义务分为两类：对委托人的义务和对委托事务相对人的义务。

1. 对委托人的义务

国际货运代理企业在从事国际货物运输代理业务的过程中，对委托人的义务主要表现在：

（1）按照客户的指示处理委托事务的义务；

（2）亲自处理委托人委托事务的义务；

（3）向委托人如实报告委托事务进展情况和结果的义务；

（4）向委托人移交相关财物的义务；

（5）就委托办理的事宜为委托人保密的义务。例如，货主近期需要大量舱位、货主可接受的运价底线等，货代有义务对外进行保密，以免造成对货主不利的影响。

（6）由于自己的原因，致使委托业务不能按期完成或使委托人的生命财产遭受损失，进行赔偿的义务。

2. 对委托事务相对人的义务

国际货运代理企业从事国际货物运输代理业务，在办理委托人委托事务的过程中，必然与外贸管理部门、海关、商检、外汇管理等国家管理部门和承运人、银行、保险等企业发生业务往来，国际货运代理企业在办理相关业务中还必须对其办理事务的相关人负责。其义务主要体现在：

（1）如实、按期向有关的国家行政管理部门申报的义务；
（2）如实向承运人报告货物情况的义务；
（3）缴纳税费，支付相关费用的义务；
（4）由于货主或货代本身的原因，致使相关人的人身或财产损失的赔偿义务。

案例分析

A货运代理有限公司接受B进出口有限公司的委托，为其办理了一批出口货物自北京至伦敦的国际航空运输手续。运输完成后，B公司未能按照双方约定向A公司支付各项运杂费15 000元。A公司多次催索未果，遂扣留了B公司的核销单证。双方几经交涉，但一直未能就付费和退还核销单问题达成一致。最后，A公司向法院提起诉讼，要求B公司支付拖欠的运杂费及相应利息。B公司随即提出反诉，称A公司扣留核销单导致自己未能在规定期限内办理出口退税手续，从而造成B公司损失出口退税人民币8 000余元，要求A公司予以赔偿。

请问：法院将如何裁定？从该案例的判决中货代公司应吸取哪些教训？

实训演练

一、单项选择题

1.（　　）是国际货运代理协会联合会的法文缩写，并被用作该组织的标志。
   A. FIITA　　　　B. FIATT　　　　C. FIATA　　　　D. FAITA

2.（　　）是我国国际货运代理行业的主管部门。
   A. 交通部　　　　　　　　　B. 国务院
   C. 商务部　　　　　　　　　D. 全国人民代表大会

3. 国内投资者申请设立的国际货运代理企业若经营海上国际货物代理业务和航空国际货物运输代理业务，其注册资本的最低限额为人民币（　　）万元。
   A. 800　　　　　B. 500　　　　　C. 300　　　　　D. 200

4. 以下属于FIATA成立以来的主要成就的是（　　）。
   A.《国际货运代理示范法》　　　B.《国际货运代理标准交易条件》
   C. FIATA货运代理单证格式　　　D. 培训了数万名学员

二、判断题

1. 我国第一家地方货运代理协会是厦门市货运代理协会。（　　）
2. 在国际货运代理协会联合会的会员分类中 CIFA 属于团体会员。（　　）
3. 我国国际货运代理公司在工商行政管理部门注册成立以后，就可以从事所有货运代理经营项目。（　　）

三、简答题

运用互联网查找我国目前几大国际货运代理企业，并结合其实际业务，分析其业务经营范围和具体的业务内容。

四、案例分析

案例 1

某货运公司的 A、B 两名业务人员分别有一票 FOB 条款的货物，均配载在 D 轮从青岛经釜山转船前往纽约的航船上。开船后第二天，D 轮在釜山港与另一艘船相撞，造成部分货物损失。接到船东的通知后，两位业务人员分别采取如下解决方法。

A 业务员：马上向客户催收运杂费，收到费用后才告诉客户有关船损一事。

B 业务员：马上通知客户事故情况并询问该票货物是否已投保，积极向承运人查询货物是否受损并及时向客户反馈。待问题解决后才向客户收费。

结果：A 的客户的货物最终没有损失，但在知道事实真相后，客户对 A 及其公司表示不满并终止合作。B 的客户事后给该公司写来了感谢信，并扩大了双方的合作范围。

案例 2

某货运公司接到国外代理指示，有一票货物从国内出口到澳洲，发货人是国内的 H 公司，货运公司的业务员 A 与 H 公司的业务员 D 联系订舱并上门取报关单据。D 因为自己有运输渠道，不愿与 A 合作，而在操作过程中又因航班延误等原因对 A 出言不逊，不予配合。此时，A 冷静处理，将 H 公司当重要客户对待。此后，D 丢失了一套结关单据，A 尽力帮其补齐。最终，A 以自己的服务、能力赢得了 D 的信任，同时也得到了 H 公司的信任，使合作领域进一步扩大。

案例 3

C 公司承揽一票 30 标箱的海运出口货物由青岛去日本，由于轮船爆舱，在不知情的情况下被船公司甩舱。发货人知道后要求 C 公司赔偿因延误运输而产生的损失。

C 公司首先向客户道歉，然后与船公司交涉，经过努力，船公司同意该票货物改装三天后的班轮，考虑到客户损失将运费按八折收取。C 公司经理还邀请船公司业务经理一起到客户处道歉，并将结果告诉客户，最终得到客户的谅解。该纠纷圆满解决后，货主经理非常高兴，并表示："你们在处理纠纷的同时，进行了一次非常成功的营销活动。"

结合上述三个案例，议一议货代应如何更好地为客户提供服务？在此过程中应注意什么问题？

学习情境二 国际海运代理操作实务

学习目标

▶ **知识目标**
1. 掌握国际海运代理操作的基础知识
2. 熟悉国际海运代理操作流程
3. 熟悉班轮运费的计算
4. 熟悉国际海运进出口相关单证的制作

▶ **能力目标**
1. 能够独立进行国际海运代理业务的操作
2. 熟练计算班轮运费
3. 能够正确缮制海运提单和其他相关单证

情境引例

辽宁德强公司出口电缆100箱到荷兰,货物从上海装船,在香港转船至荷兰鹿特丹港。德强公司收到买方开立信用证后,随即委托顺然货运代理公司办理货物的海上运输业务。请问该货运代理公司应如何完成此项业务?

学习子情境一 国际海上货物运输概述

一、国际海上货物运输的概念和特点

(一)国际海上货物运输的概念

国际海上货物运输是指使用船舶通过海上航道在不同的国家和地区的港口之间运送货物的一种运输方式。它是水路货物运输方式的一种。水路货物运输包括江河货物运输和海上货物运输,海上货物运输又可分为国际海上货物运输和沿海货物运输。

(二)国际海上货物运输的特点

1. 运输量大

在国际货物运输中,海上货物运输是国际货物运输最主要的运输方式,其运量占国际货物运输总量的80%以上,有的国家的对外贸易运输海运占运量的90%以上。其运量大主要归功于船舶的专业化、大型化发展,如50万~70万吨的巨型油船,30万吨的散装船,

以及大型18000TEU的集装箱船等。船舶的载运能力远远大于火车、汽车和飞机等其他运输工具。

2. 通过能力强

海上运输利用天然航道四通八达，不像火车、汽车要受轨道和道路的限制，因而其通过能力要超过其他各种运输方式。如果遇到政治、经济、军事等条件的变化，还可随时改变航线驶往有利于装卸的目的港。

3. 货物适应性强

上述特点使海上货物运输基本上适应各种货物的运输，如对于石油井台、火车、机车车辆等超重大货物，其他运输方式是无法装运的，船舶一般都可以装运。

4. 运费低廉

船舶的航道自然天成，除了建设港口和购置船舶外，水域航道几乎不需投资，因此，相对其他运输方式而言，水路货物运输成本最低。据统计，海运运费一般约为铁路运费的1/5，公路汽车运费的1/10，航空运费的1/30，这就为低值大宗货物的运输提供了有利的竞争条件。

5. 运输速度慢

由于船舶的体积大，水流的阻力大，加之装卸时间长，且易受自然条件影响，所以与其他运输方式相比，海上货物运输速度慢。现目前集装箱船最快的航行速度仅为27节（约50公里/小时）。

6. 航行风险较大

在国际海上货物运输中，船舶经常是长时间在环境复杂、气象多变的海洋上航行，遭遇海上危险的可能性较大；同时，海上运输还存在着社会风险，如战争、罢工、贸易禁运等因素的影响。由此，所造成的损失也大。为转嫁损失，海上运输的货物、船舶的保险尤其应引起重视。

> **拓展阅读**
>
> 统计资料显示，从1956年第一艘改装集装箱船到今天的万箱集装箱船出现，航运业用了50年的时间完成了集装箱运输工具的历史性换代升级。20世纪70年代末，国际标准化组织制定了统一的集装箱规格标准，从此集装箱运输进入高速发展时代，船舶大型化的速度更是令人意想不到。
>
> 20世纪60年代中期建造的集装箱船，最大载箱量均不到1 000TEU；20世纪70年代，航运公司开始订造1 000TEU以上型第二代集装箱船；20世纪80年代，3 000TEU型集装箱船登场亮相，为适应环球航线之需，充分利用巴拿马运河的通航能力，船宽设定为32.20米，称为巴拿马型集装箱船；1988年，美国总统轮船建造了4 340TEU型"杜鲁门总统"号集装箱船，为超巴拿马型集装箱船；20世纪90年代中期，船宽超过40米、载箱量5 000~6 000TEU型集装箱船投入营运；刚进入21世纪，铁行渣华订造的6 674TEU型"南安普敦"号和马士基订造的7 660TEU型"马士基君主"号集装箱船先

后交付使用；在 21 世纪的头 10 年时间里，从 8 000TEU 到 1.2 万 TEU，再到今天的 1.8 万 TEU，集装箱船载箱量更以惊人的速度增加。

"商船三井成就"轮是目前世界上最大的集装箱船舶，全球首艘投入运营的超过 2 万 TEU 集装箱船，它是由韩国三星重工为日本航运企业商船三井订造的第一艘超大型集装箱船，于 2017 年 3 月 27 日正式交付使用。这艘轮船船长 399.9m，宽 58.8m，深 32.8m，仅甲板面积就相当于 3 个足球场大，它的总吨重 210 678，最大箱位数 20 170TEU。该轮因搭载可持续新技术，与传统 14 000TEU 型船舶相比，可降低燃料消耗，减少二氧化碳排放量 25%~30%。它的能源效率、规模经济和环保性能均处于世界顶尖水平，被誉为集装箱航运界的"巨无霸"。

二、国际海运组织

（一）国际海事组织

国际海事组织（International Maritime Organization，IMO）是联合国负责海上航行安全和防止船舶造成海洋污染的一个专门机构，是政府间的国际组织（Inter-government Organization, IGO），总部设在伦敦。IMO 原名为"政府间海事协商组织"，后于 1982 年 5 月 22 日更名为"国际海事组织"。所有联合国成员国均可成为国际海事组织的会员国。我国于 1973 年 3 月 1 日正式参加国际海事组织，并于 1975 年当选为理事国。IMO 的宗旨是促进各国间的航运技术合作；鼓励各国在促进海上安全，提高船舶航行效率；防止和控制船舶对海洋污染方面采取统一的标准，处理有关的法律问题。

（二）非政府间航运组织（Non-government Organization，NGO）

1. 国际海事委员会（Committee Maritime International，CMI）

CMI 于 1897 年成立于布鲁塞尔。CMI 的宗旨是促进海商法、海运关税和各种海运惯例的统一。它的主要工作是草拟各种有关海上运输的公约，如有关提单、有关责任制、有关海上避碰、有关救助等方面的国际公约草案。

2. 波罗的海国际海事协会（Baltic and International Maritime Council，BIMCO）

BIMCO 于 1905 年成立于哥本哈根。协会成员有：航运公司、经纪人公司以及保赔协会等团体或俱乐部组织。BIMCO 保护会员的利益，为会员提供情报咨询服务；防止运价投机和不合理的收费与索赔；拟订和修改标准租船合同与其他货运单证；出版航运业务情报资料等。情报咨询是 BIMCO 的基本活动。

3. 国际航运公会（International Chamber of Shipping，ICS）

ICS 于 1921 年成立，总部设在伦敦。ICS 是由英、美、日等 23 个国家有影响力的私人船东所组成的协会，协会成员大约拥有 50%的世界商船总吨位。其宗旨是保护本协会成员利益，就互相关心的技术、工业和商业等问题交流思想，通过协商达成一致意见，共同合作。

（三）国际航运企业间组织

除了上述的 IGO 和 NGO 以外，还有一类可称为国际海运企业间组织的具有经营协作性质的国际组织，如班轮公会、协商协议、联营体、战略联盟等形式。班轮公会（liner conference）和联营体（consortium or consortia）是具有代表性的具有经营协作性质的航运企业间的国际组织。

1. 班轮公会（liner conference）

班轮公会是指在同一航线上营运的几家班轮公司为了限制竞争并控制和垄断该航线的货运，获取高额利润，通过在运价和其他经营活动方面签订协议而组成的国际航运垄断组织。班轮公会的业务主要是：通过协定费率、统一安排营运、统筹分配收入；统一经营等方法限制和调节班轮公会内部会员相互间竞争；通过延期回扣制、合同费率制、联运协定、派出"战斗船"等方式防止或对付来自公会外部的竞争，以达到垄断航线货载的目的。

2. 联营体（consortium or consortia）

随着航运生产技术、运输组织技术、航运竞争方式的变革和进步，班轮公会很难适应市场的新需要，出现了一些新的经营合作模式，如联营体、战略联盟等。联营体是指两个或两个以上主要通过集装箱方式提供国际班轮货物运输服务的船公司之间的协议，该协议可以是关于一条或数条航线的贸易。联营体的主要目的是主持在提供海运服务时共同经营、相互合作、提高服务质量，主要方式是利用除固定价格之外的技术、经营、商业安排等，使各自的经营合理化。

> **拓展阅读**
>
> 中国国际海事协会，英文名称为 China International Maritime Affairs Association（CIMAA），于 2007 年成立于香港。中国国际海事协会是专门从事海事、航运及行业经贸工作的个人和单位组成的专业性社会团体。其宗旨是：推动我国海事航运行业的发展而提供全面的优质服务。
>
> 中国国际海事协会的主要任务是：协同其他国家的行业协会籍香港自由贸易港为基地促进中国与世界各国的海事、航运行业的发展，并提供专业商贸信息咨询及行业文化、经贸交流活动。为我国海上运输、对外贸易与经济合作和有关行业的发展发挥积极的促进作用。定期组织会员开展以"国际国内海事、航运、船舶、码头、机械专业"的商业展览及会议为主题的交流，在加强对外交流活动的同时也加强与国际海事组织人士的联系，积极参加各个国家的国际海事委员会和其他有关国际组织的活动。

三、国际海运船舶营运方式

目前，国际海运船舶的营运方式主要分为班轮运输和不定期船运输两种。

（一）班轮运输

1. 班轮运输的概念

班轮运输（Liner Shipping），也称定期船运输，是指船舶在固定的航线上和固定的港口间按事先公布的船期表（liner schedule）航行，为非特定的货主提供规则的、反复的货物运输服务，并按照运价本或协议运价的规定收取运费的一种营运方式。班轮运输分为杂货班轮运输和集装箱班轮运输。

2. 班轮运输的特点

（1）"四固定"。船舶按照固定的船期表、沿着固定的航线和固定的港口往返运输，并按照相对固定运费费率计收运费。

（2）承运人负责配载和装卸货物，装卸费用已包括在班轮运费内，不另计装卸费用；承运人与货主之间不规定装卸船时间，也不计滞期费和速遣费。

（3）承运人和托运人之间的权利义务和责任豁免以承运人签发的提单上的条款为依据，并接受统一的国际公约制约。

（二）不定期船运输

不定期船运输又称租船运输，是指根据协议租船人向船舶所有人租赁船舶用于货物运输，并按商定运价，向船舶所有人支付运费或租金的运输方式。租船运输具有如下特点：以运输货值较低的大宗货物为主；无固定航线，装卸港口、船期；无固定的运价。

四、海运货物的分类和计量

（一）海运货物的分类

国际海上货物运输占国际货物运输总量的80%以上，因此海运货物种类繁多，充分认识海运货物的种类和特性，有利于降低运输成本、提高运输服务质量、保证运输安全。海运货物的分类方法较多，主要有以下几种。

1. 按货物的装运形态分类

海上货物按货物装运形态可分为件杂货和散装货。

（1）件杂货通常是一种按计件形式装运和交接的货物。件杂货包括包装货物、裸装货物和成组化货物。随着件杂货的集装箱化，成组化货物中的集装箱货物已经与件杂货并列成为单独的一类货物，即集装箱货物。在所有海运货物中，虽然件杂货的货运量所占比例不是特别大，但却是涉及面最广的货物。几乎所有的制成品，包括大多数机械设备、零部件、标准件，人们的日常生活用品（百货），以及农产品、水果、畜产品、冷藏食品、冷藏用品等，在运输过程中，大都表现为某种包装形态的"件杂货"。

（2）散装货通常不能计点件数，而是一种按计量形式装运和交接的货物。散装货包括干质散装货和液体散装货，如煤炭、矿粉、粮食、化肥、水泥、原油和散装液体化学品等货物，在大批量海洋运输时，通常采用散货运输方式。

2. 按货物性质分类

按货物的性质不同，一般将货物分为普通货物和特殊货物两大类。

（1）普通货物。

① 清洁货物，是指清洁、干燥的货物，也可称为精细货物。如运输保管中不能混入杂质或被玷污的棉纺织品；供人们食用的食品中的糖果、粮食、茶叶；不能受压、易于损坏的易碎品中的陶瓷器、玻璃制品等；另外，还有各种日用工业品等。

② 液体货物，是指盛装于桶、瓶、坛等容器内的流质或半流质货物。液体货物在运输过程中，包装容器易破损而使液体滴漏。如油类、酒类、药品和普通饮料等。

③ 粗劣货物，是指具有油污、水湿、扬尘和散发异味等特性的货物。如能散发气味的气味货物，如生皮、骨粉、鱼粉、烟叶、大蒜等；易扬尘并使其他货物受到污染的扬尘污染性货物，如水泥、炭黑、颜料等。

（2）特殊货物。

① 危险货物，是指具有易燃、易爆、毒害、腐蚀和放射线等性质，在运输过程中可能引起人身伤亡和财产毁损，必须按照有关危险货物运输规则的规定进行运输的货物。危险货物还可以进一步分成若干种类和不同等级。

② 冷藏货物，是指在常温条件下易腐烂变质和其他需按指定的低温条件运输的货物。如需冷藏运输的肉、鱼、鸡等，低温运输的水果、蔬菜及药品等。

③ 贵重货物，是指价值昂贵的货物。如金、银等贵重金属、货币、高价商品、精密仪器等。

④ 活的动植物，是指具有正常生命活动，在运输中需要特别照顾的动物和植物。如牛、马、猪、羊等家畜以及其他兽类、鸟类、家禽、鱼类等活的动物；树木等植物。

⑤ 长大、笨重货物，是指单件货物体积过大或过长，重量超过一定界限的货物。按照港口费收规定和运价本规定，通常将单件重量为5吨以上的货物称为重件货物；将长度超过9米的货物视为长大件货物。

海运货物还有其他的分类方法，如按货物含水量分类可分为干货和湿货；按货物的重量和体积分类可分为重货和轻货等。

（二）海运货物的计量和积载

货物的体积和重量直接影响船的载重量和舱容的利用程度，也关系到库场堆放货物的场地面积和仓库空间的充分利用利用等问题，同时货物的体积和重量也是确定运价和计算运费的基础。因此，准确地计量货物是海上货物运输工作的一项重要内容。

1. 货物的计量

货物的计量包括货物丈量和衡重。

货物的丈量又称量尺，是指测量货物的外形尺度和计算体积，即量出货物外形最大处的长、宽、高后算出货物的体积。

货物的长、宽、高以米为计量单位。公式如下：

$$V = L \times W \times H$$

式中：V——体积，以立方米（m^3）为计量单位；

L——长度，取货物的最大长度，以米（m）为计量单位；

W——宽度，取货物的最大体积，以米（m）为计量单位；

H——高度，取货物的最大体积，以米（m）为计量单位。

货物的衡重是指衡定货物的重量。货物的重量可分为净重、皮重和毛重。在国际海运中一般以毛重计算。货物衡重的计重单位可为吨（ton）、短吨（short ton）、长吨（long ton），海运货物的重量以公吨为单位。重量的测量原则上采取逐件衡重，如因条件或时间限制，可采用整批或分批衡重、抽件衡重求平均值等方法测得重量。

2. 货物的积载因数

货物积载因数是指每吨货物正常堆装时所占的货舱容积（包括货件之间正常空隙及必要的衬隔和铺垫所占的空间），单位为 m^3/t（英制为 ft^3/t）。货物的积载因数反映一定重量的货物所占船舶的箱容、舱容和库容。积载因数越大，说明单位货物的体积越大，说明货物越轻；反之，积载因数越小，说明单位货物的体积越小，货物越重。

五、海运航线与主要港口

（一）世界主要大洋航线

1. 太平洋航线

（1）远东—北美西海岸航线。该航线包括从中国、朝鲜、日本、苏联远东海港到加拿大、美国、墨西哥等北美西海岸各港的贸易运输线。从我国的沿海各港出发，偏南的经大隅海峡出东海；偏北的经对马海峡穿日本海后，或经清津海峡进入太平洋，或经宗谷海峡，穿过鄂霍茨克海进入北太平洋。

（2）远东—加勒比，北美东海岸航线。该航线常经夏威夷群岛南北至巴拿马运河后到达。从我国北方沿海港口出发的船只多半经大隅海峡或经琉球庵美大岛出东海。

（3）远东—南美西海岸航线。从我国北方沿海各港出发的船只多经琉球庵美大岛、硫黄列岛、威克岛、夏威夷群岛之南的莱恩群岛穿越赤道进入南太平洋，至南美西海岸各港。

（4）远东—东南亚航线。该航线是中、朝、日货船去东南亚各港，以及经马六甲海峡去印度洋、大西洋沿岸各港的主要航线。东海、台湾海峡、巴士海峡、南海是该航线船只的必经之路，航线繁忙。

（5）远东—澳大利亚、新西兰航线。远东至澳大利亚东南海岸分两条航线。中国北方沿海港口到澳大利亚东海岸和新西兰港口的船只，需走琉球久米岛，加罗林群岛的雅浦岛进入所罗门海、珊瑚湖；中澳之间的集装箱船需在香港加载或转船后经南海、苏拉威西海、班达海、阿拉弗拉海，后经托雷斯海峡进入珊瑚海。中、日去澳大利亚西海岸航线去菲律宾的居民都洛海峡，望加锡海峡以及龙目海峡进入印度洋。

（6）澳、新—北美东西海岸航线。由澳新至北美海岸多经苏瓦、火奴鲁鲁等太平洋上重要航站到达。至北美东海岸则取道社会群岛中的帕皮提，过巴拿马运河而至。

2. 大西洋航线

（1）西北欧—北美东海岸航线。该航线是西欧、北美两个世界工业最发达地区之间的原燃料和产品交换的运输线，两岸拥有重要的港口，运输极为繁忙，船舶大多走偏北大圆航线。该航区冬季风浪大，并有浓雾、冰山，对航行安全有威胁。

（2）西北欧、北美东海岸—加勒比航线。西北欧—加勒比航线多半出英吉利海峡后横渡北大西洋。它同北美东海岸各港出发的船舶一起，一般都经莫纳，向风海峡进入加勒比海。除去加勒比海沿岸各港外，还可经巴拿马运河到达美洲太平洋岸港口。

（3）西北欧、北美东海岸—地中海、苏伊士运河—亚太航线。西北欧、北美东海岸—地中海—苏伊士航线属世界最繁忙的航段，它是北美、西北欧与亚太海湾地区间贸易往来的捷径。该航线一般途经亚速尔、马德拉群岛上的航站。

（4）西北欧，地中海—南美东海岸航线。该航线一般经西非大西洋岛屿—加纳利、佛得角群岛上的航站。

（5）西北欧，北美东海—好望角、远东航线。该航线一般是巨型油轮的油航线。佛得角群岛，加拿利群岛是过往船只停靠的主要航站。

（6）南美东海—好望角—远东航线。这是一条以石油-矿石为主的运输线。该航线处在西风漂流海域，风浪较大。一般西航偏北行，东航偏南行。

3. 印度洋航线

印度洋航线以石油运输线为主，此外有不少大宗货物的过境运输。

（1）波斯湾—好望角—西欧、北美航线。该航线主要由超级油轮经营，是世界上最主要的海上石油运输线。

（2）波斯湾—东南亚—日本航线。该航线东经马六甲海峡（20万吨载重吨以下船舶可行）或龙目、望加锡海峡（20万载重吨以上超级油轮可行）至日本。

（3）波斯湾—苏伊士运河—地中海—西欧、北美运输线。该航线目前可通行30万吨级的超级油轮。除了以上三条油运线之外，印度洋其他航线还有：远东—东南亚—东非航线，远东—东南亚、地中海—西北欧航线，远东—东南亚—好望角—西非、南美航线，澳新—地中海—西北欧航线，印度洋北部地区—欧洲航线。

4. 世界主要海运集装箱航线

远东—北美航线，北美—欧洲、地中海航线，欧洲、地中海—远东航线，远东—澳大利亚航线，澳、新—北美航线，欧洲、地中海—西非、南非航线。

（二）中国外贸主要海运航线

1. 近洋航线

中国—朝鲜航线、中国—日本航线、中国—越南航线、中国—香港航线、中国—独联体远东航线、中国—菲律宾航线、中国—新马航线、中国—北加里曼丹航线、中国—泰国湾航线、中国—印度尼西亚航线、中国—孟加拉湾航线、中国—斯里兰卡航线、中国—波斯湾航线、中国—澳大利亚与新西兰航线。

2. 远洋航线

中国—红海航线、中国—东非航线、中国—西非航线、中国—地中海航线、中国—西欧航线、中国—北欧，波罗的海航线、中国—北美航线、中国—中南美航线。

（三）主要港口

从运输的角度，港口可分为支线港、中转港、腹地港。

1. 世界主要港口

世界主要港口有鹿特丹（荷兰）、纽约（美国）、神户（日本）、横滨（日本）、新加坡、汉堡（德国）、安特卫普（比利时）、伦敦（英国）、长滩（美国）、洛杉矶（美国）等。

2. 我国主要港口

我国主要港口包括：大连（辽宁）、秦皇岛（河北省）、天津（天津）、青岛（山东省）、连云港（江苏省）、上海（上海）、宁波（浙江省）、广州（广东省）、湛江（广州湾内）、高雄（台湾）、基隆（台湾）、香港（香港）等。

拓展阅读

中国租船有限公司（简称中租公司）是中国外运长航集团有限公司旗下的专业子公司。其前身中国租船公司成立于1955年。2008年公司进行改制，从2009年1月1日起公司正式更名为中国租船有限公司。2014年6月30日中国租船有限公司原唯一股东——中国外运长航集团有限公司将所持中国租船有限公司49%的股权协议转让给其控股的中外运航运有限公司。

中租公司是一个有60年历史的公司，并且具有20多年市场化经营经验，"中租品牌"在目前国内外干散货经营市场有很高的知名度和品牌价值，中租公司是中国最大、名声最好的无船承运人。公司的主营业务是依靠集团的散装船队及自营期租船承担矿砂、煤炭、粮食、镍矿、铝矾土等大宗进出口干散货国际运输业务。

在船舶经营管理方面，中国租船公司具有丰富的经验和完善的全球网络，目前日常操作的船舶保持在60艘左右，2008年中租公司的租入运力达到130条船，营业收入达130个亿，利润为6个亿。2004年被国资委评为中央企业先进单位，随着公司业务的不断扩大，公司与众多国内外著名企业结成了稳定的战略伙伴关系如宝钢、武钢、中粮、中纺等。公司按照"安全、迅速、准确、节约、方便"的工作方针，竭诚为每个客户提供最专业的航运服务。

公司按照船型下设海峡型、巴拿马型、灵便型三个租船业务部门以及上海分公司、香港公司，受集团委托托管德国公司、英国代表处两个境外机构。

作为中国外运长航集团旗下专业从事干散货运输的国有航运企业，中租公司主动参与"一带一路"国家战略的实施，主动契合"海上丝绸之路"安排经营航线，积极服务于国家"一带一路"的建设，取得了较强的市场影响力，为国家的重要散杂货国际航运做出了自己的贡献。

学习子情境二　国际班轮货物运输业务操作

一、班轮运输概述

（一）班轮运输主要关系人

在班轮运输中，通常会涉及班轮公司、船舶代理人、无船（公共）承运人、海上货运代理人、托运人和收货人等有关货物运输的当事人和关系人。

1. 班轮公司

是指运用给自己拥有或者经营的船舶，提供国际港口之间班轮运输业务，并依据法律规定设立的船舶运输企业。班轮公司应拥有自己的船期表、运价本、提单或其他运输单据。

2. 船舶代理人

船舶代理人是指接受船舶所有人、船舶经营人或者船舶承运人的委托为船舶所有人、船舶经营人或者船舶承租人的船舶及其所载货物或集装箱提供办理船舶进出港手续、安排港口作业、接受订舱、代签提单、代收运费等服务，并根据法律规定设立的船舶运输辅助性企业。

3. 无船承运人

无船承运人又称无船公共承运人。无船承运人以承运人身份接受货主（托运人）的货载，签发自己的提单或者其他运输单证，向托运人收取运费，通过委托班轮公司完成国际海上货物运输，承担承运人责任，并根据法律规定设立的船舶运输辅助性企业。

4. 海上货运代理人

国际海上货运代理人，也称远洋货运代理人，是接受货主委托，代表货主利益，为货主办理有关国际海上货运相关事宜，并依据法律规定设立的提供国际海上货物运输代理服务的企业。

5. 托运人

托运人是指本人或者委托他人以本人名义或者委托他人为本人与承运人订立海上货物运输合同的人；本人或者委托他人以本人名义或者委托他人为本人将货物交给与海上货物运输合同有关的承运人的人。

（二）班轮运输的船期表

班轮运输船期表（liner schedule）的主要内容包括：航线、船名、航次编号、始发港、中途港、终点港的港名、到达和驶离各港的时间及其他有关的注意事项等（见表2-1）。

表2-1 班轮运输船期表

班轮船期表

美西航线

船名	航次	经营人	截单期	装期	开航日	作业区	箱位	挂港 MAIN PORT	
								长滩	奥克兰
VESSEL	VOY	OPERATOR	CLD	LDD	SLD	STVD	TEU	Long Beach	Oakland
地中海露西/MSC LUCY	0925R/0927A	地中海	7月6日	7月7日	7月8日	集装箱	8089	7月23日	7月27日
地中海釜山/MSC BUSAN	0926R/0928A	地中海	7月13日	7月14日	7月15日	集装箱	8089	7月30日	8月3日
地中海查斯顿/MSC CHARLESTON	0927R/0929A	地中海	7月20日	7月21日	7月22日	集装箱	8089	8月6日	8月10日

中东航线 FM1

船名	航次	经营人	截单期	装期	开航日	作业区	箱位	挂港 MAIN PORT				
								丹绒帕拉帕斯	吉布阿里	高雄	洛杉矶	横滨
VESSEL	VOY	OPERATOR	CLD	LDD	SLD	STVD	TEU	Tpp	Jebel Ali	Kaoshiung	San Pedro	Yokohama
马士基萨尼亚/MAERSK SARNIA	0908/0909	马士基海陆	6月30日	7月1日	7月2日	联盟国际	2592	7月14日	7月23日	8月9日	8月23日	9月5日
科妮莉亚马士基/CORNELIA MAERSK	0910/0911	马士基海陆	7月7日	7月8日	7月9日	联盟国际	7070	7月21日	7月30日	8月16日	8月30日	9月12日
马士基桑塔纳/MAERSK SANTANA	0910/0911	马士基海陆	7月14日	7月15日	7月16日	联盟国际	7403	7月28日	8月6日	8月23日	9月6日	9月19日
索文伦马士基/SOVEREIGN MAERSK	0912/0913	马士基海陆	7月21日	7月22日	7月23日	联盟国际	6802	8月4日	8月13日	8月30日	9月13日	9月26日
马士基萨纳/MAERSK SANA	0912/0913	马士基海陆	7月28日	7月29日	7月30日	联盟国际	6802	8月11日	8月20日	9月6日	9月20日	10月3日

（三）班轮运输的优势

班轮运输除了具有"四固定"的特点外，还具备不定期船运输没有的优势：

（1）班轮运输特别有利于一般杂货和小额贸易货物的运输。在国际贸易中，除大宗商品利用租船运输外，零星成交、批次多、到港分散的货物，只要航班和舱位许可，不论数量多少，也不论直达或转船，班轮公司一般均愿意接受承运。

（2）在一定程度上促进了国际贸易的发展。由于班轮运输的"四固定"特点，为买卖双方洽谈运输条件提供必要依据，使买卖双方有可能根据班轮船期表，商定交货期、装运期及装运港口，以及班轮费率表事先核算运费和附加费用，从而能比较准确地进行比价和核算货物价格，有利于国际贸易的成交和开展。

（3）能够给托运人提供优质的运输服务。进行班轮运输的班轮公司一般都是长期在固定航线上运行，想要吸引货载就必须保证船期，提高服务质量。因此，班轮公司派出的一般都是技术性能好、设备齐全、质量较好的船舶。相应地，托运人也就能享受到较好的运输服务。

（4）手续简便，大大方便了货主。班轮承运人一般采取码头仓库交接货物的做法，并负责办理货物的装卸作业和全部费用。通常班轮承运人还负责货物的转口工作，并定期公布船期表，为货主提供了极大的方便。

二、杂货班轮运输业务

（一）杂货班轮运输概述

杂货班轮运输是最早的班轮运输，杂货班轮运输的货物以件杂货为主，还可以运输一些散货、重大件等特殊货物。在杂货班轮运输中，通常在装/卸货港的码头或仓库进行交接货物（另有约定除外）。

对于货主而言，杂货班轮运输具有以下优点：

（1）能及时、迅速地将货物发送和运达目的港。由于货主和货代能根据船期表预知货物的发运和到达时间，因此能保证货物的供需要求。

（2）特别适合小批量零星件杂货对海上运输的需要。货主或货代能够随时向班轮公司托运，而不论货物的批量大小，因此可以节省货物等待集中的时间和仓储的费用。

（3）能满足各种货物对海上运输的要求，并能较好地保证货运质量。

（4）通常班轮公司负责转运工作。货主或货代可以要求班轮公司安排货物的转运工作，从而满足货物运输的特殊需要。

（二）杂货班轮出口运输代理业务流程

1. 签订委托代理合同

按照《中华人民共和国民法通则》的规定，委托人与代理人之间必须签订代理合同，以确定代理的范围以及双方的权利和义务。国际货运代理企业作为代理人接受委托办理有关业务，应当与进出口收货人、发货人签订书面委托协议。将委托方的要求和被委托方的义务在协议中做出明确的规定。当双方发生纠纷时，应当以签订的书面协议作为解决争议的依据。

2. 审核信用证

货运代理审核信用证主要用于对装运条款的审核：信用证的金额与支付货币必须与销售合同中规定的金额和支付货币一致；信用证的到期日、交单期和最迟装运日期；是否允许转运和分批装运；开证申请人和收益人是否正确及付款期限等。

3. 备货报检

凡属法定报检范围的商品，合同规定必须经中国进出口商品检验检疫局检验出证的商品，或需经检疫的动植物及其产品，在货物备齐后，必须在商检机构规定的地点和期限内，持买卖合同等必要的单证向商检机构或国家商检部门、商检机构指定的检验机构报检，检验合格后，货物方可出口。

4. 托运订舱

（1）托运。托运是指出口商委托货运代理或自己向承运人或其代理（船代）办理海上出口货物的运输业务。在办理订舱时应注意以下事项：

1）货、证是否齐全。订舱所需的托运单、装货单、收货单等单证已经缮制完备，货物已经备妥。

2）根据船期表了解所需要的船舶能否按装船期相应的时间到港，并注意营运船舶的截单期。

3）选择合理的航线。一般来说直达船快于中转船，在直达船中尽可能选择挂靠港少，或选择挂靠的是第一港或第二港，以达到快速运达的要求。

4）应选择运价较为低廉的船只和转船费低的转口港。但必须注意船舶状况和港口的换装能力。

5）对于杂货船班轮要考虑港口的条件、船舶吃水、泊位长度、吊杆或起重机负荷等，以保证船舶能够安全靠泊和正常装卸。

6）要考虑特殊商品的运输安全，如超大件货物能否装运，鲜活商品的冷藏舱条件，冷冻商品的冷冻条件，等等。

（2）订舱。订舱（booking）是托运人（包括其代理人——货运代理人）向承运人（即班轮公司、或者无船承运人，包括他们的代理人）申请货物运输，承运人对这种申请给予承诺的行为。托运人申请货物运输可视为"要约",即托运人希望和承运人订立运输合同意思的表示,根据法律规定,合同订立采取要约—承诺方式,因此,承运人一旦对托运人货物运输申请给予承诺,则货物运输合同订立。订舱的具体程序是:

1)货运代理将缮制好的全套托运单(一式九联),若单独订舱单是一式两份,注明要求配载的船舶、航次,在截单期前送交船公司或其代理,这可以看作"要约"。

2)船公司或其代理审核货名、重量、尺码、卸货港或到达地后,认为可以接受,即在托运单上填写船名、航次、提单号,留其需要各联(若一式两份的订舱单,留下一份)并在装货单一联上盖好图章,连同其余各联退回货运代理。船公司或其代理在装货单签章后,订舱即告完成,即船方"承诺",表示托运人与承运人之间的运输合同成立。

5. 代理保险

出口货物订妥舱位后,属于卖方保险的,根据委托代理合同中的委托项目。有委托保险要求的,货运代理人可办理货物运输险的投保手续,否则,由货主自己投保。

6. 货物集港

在货运代理人接受托运、订妥舱位后委托单位必须在船只截港期以前交付货物,当港口的船舶到港装货计划确定后,按照港口港务公司进货通知,并在规定的期限内,由托运人或代理人办理集运手续,将出口货物及时运到港区集中,等待装船。

7. 代理报关

如果委托代理合同的代理项目中有需要代理报关一项时,当货物集中港区后,货运代理要编制出口货物报关单,向海关申报,经过海关查验放行后,货物方可装运出口。

8. 货物装船

在杂货班轮运输中,除另有约定外,都规定了托运人应将其托运的货物送至船边,如果船舶是在锚地或浮筒作业,托运人还应用驳船将货物驳运至船边,然后进行货物的交接和装船作业。

对于特殊货物,如危险货物、鲜活货、贵重货、重大件货物等,通常采取由托运人将货物直接送至船边,交接装船的形式。在杂货班轮运输实际操作中,为了提高装船效率,加速船舶周转,减少货损、货差现象,对于普通货物的交接装船,通常采用由班轮公司在各装货港指定装船代理人,由装船代理人在各装货港的指定地点(通常为港口码头仓库)接受托运人送来的货物,办理交接手续后,将货物集中整理,并按次序进行装船的形式,即所谓的"仓库收货,集中装船"的形式。

在杂货班轮运输的情况下,不论接货装船的形式是直接装船还是集中装船,也就是说,不论采取怎样的装船形式,托运人都应承担将货物送至船边的义务,而作为承运人的班轮公司的责任则是从装船时开始,除非承运人与托运人之间另有不同的约定。即使是在"仓库收货,集中装船"的情况下,船公司与托运人之间的这种责任界限也没有改变。也就是说,船公司的责任区间并没有延伸至仓库收货时。虽然装船代理人在接收货物后便产生了如船公司所负担的那种责任,实际上船公司和装船代理人对托运人所应负担的责任仍然存在着一定的界限,即根据船公司和装船代理人之间的特约,在船边装船以前属于装船代理人的责任。

9. 换取提单，发装船通知

装船完毕后，货运代理从理货人员处取得经大副签收后的收货单，到船公司或其代理（船代）交付预付运费，用收货单换取已装船的提单，交给货主，准备结汇。

货物装船后，卖方应及时向买方发《装船通知》，以便对方了解装运情况，做好进口接货和办理进口手续的准备。特别是按 CFR、FOB 贸易术语成立的出口合同，由买方自办保险，卖方应及时向买方发出装船通知，以便对方能按时办理投保。

10. 制单结汇

货物装运后，出口企业或其代理人应立即按照信用证的要求，正确缮制各种单据，并在信用证规定的有效期和交单期内，递交银行办理议付和结汇手续。

（三）杂货班轮进口运输代理业务流程

完整的海运进口业务从国外接货开始，安排装船，安排运输，代办保险直至货物运到我国港口后的卸货、接运、报关、报检、转运等，涉及多种运输方式和多个港口部门。

1. 接受委托

为了确定代理的范围和代理人的职责权限，代理人与被代理人之间必须订立代理协议，委托协议是确定双方关系的重要依据。货代在慎重审查货主委托的具体业务内容：如货量、货物特性、装运日期、装货港口、卸货港口、选择港等后，与货主签订委托协议，接受货物进口运输委托。

2. 租船订舱

货运代理人与委托人签订委托代理合同以后，就承担了安排进口货物运输的责任，面对选择运输形式和承运人，代办订舱或代签租船合同，安排装船并进行货物交接等业务。租船订舱是一种契约行为。货运代理人接受货主的委托，代表货主租船订舱就是代表委托人签订货物运输合同。在委托租船订舱时，应将进口货物名称、重量、尺码、合同号、包装种类、装货港口、交货期、成交条件、发货人名称和地址、通信联络方式和号码详细通知承运人或其代理人，必要时附上合同副本。对特种货物如超长、超重件或危险品等，要列明最大体积和尺寸、重量、危险性质、国际违规页码和联合国编号等。经过承托双方对条件和价格的商榷，承运方表示接受，合同即告成立。双方就要履行各自的义务，享受其权利，承担其责任。

3. 装运货物

货运代理人在订妥舱位或租船合同成立后，应及时将船名和船期通知委托方，以便向卖方发出《装船通知》，同时货运代理人或船方通知装货港的船务代理及时与卖方或其货运代理人联系，按时将备妥的货物发到装货港口，以便船货衔接，安排及时装船。

4. 代理保险

进口货物在国外装船后，卖方应按合同规定，向买方发出装船通知，以便买方做好接准备。如由买方负责投保的，货代应及时准备相应单据，办理投保手续。

5. 准备单证

各项进口单证是进口货物在卸船、报关、报检、接交和疏运各环节必不可少的，因此，必须及时收集整理备用。这些单证主要包括：提单正本、发票、装箱单、品质证明和原产地证明、保险单、机电产品进口登记表、熏蒸证明等。

6. 报检报关

货运代理人接到《进口通知单》后，属法定商检货物需进行动植物检疫或药检时，先申请检验，取得检验合格证书或商检在进口货物报关单上盖放行章后，凭进口货物报关单，并随发票、提单等有关单据申请报关。海关查验、征税后放行。

7. 卸船交接

在杂货班轮运输中，理论上卸船就意味着交货，是指将船舶所承运的货物在提单上载明的卸货港从船上卸下，并在船边交给收货人并办理货物的交接手续。

为使船舶在有限的停泊时间内迅速将货卸完，实际操作中通常由船公司指定装卸公司作为卸货代理人，由卸货代理人总揽卸货和接收货物并向收货人实际交付货物的工作。因此，在杂货班轮运输中，对于普通货物，通常采取先将货物卸至码头仓库，进行分类整理后，再向收货人交付的所谓"集中卸船，仓库交付"的形式。与装船的情况相同，在杂货班轮运输中，不论采取怎样的卸船交货的形式，船公司的责任都是以船边为责任界限，而且卸货费用也是按这样的分界线来划分的。在班轮运输中，通常是收货人先取得提货单，办理进口手续后，再凭提货单到堆场、仓库等存放货物的现场提取货物。而收货人只有在符合法律规定及航运惯例的前提条件下，方能取得提货单。具体工作步骤如下：

（1）卸船前的准备。接到《进口货物到货通知书》以后，要将其到站、收货人、品名、提单、标志等项目逐项与《进口流向单》核对，核对无误后登记上账，做好接货准备。同时，还需与港务公司保持联系，准确掌握靠船时间、靠泊位置。船靠泊后及时将《货物流向单》送至船所靠的港务公司的货商、调度部门和仓库，如需要更改和补充说明，则须用联系单注明更改的事项送交有关部门。

（2）卸船。我国港口规定，由船方申请，外轮理货公司代表船方理货，港务公司代表货方，港口货运代理作为货主的代表，派员在现场监卸。货物从船上卸下，进入港务公司的仓库的货物，由理货公司与港务公司的仓库员办理交接，实行双边交接。货物卸毕后，应下船舱检查，防止漏卸。在卸船作业结束后两小时内，为整理货物单证、办理交接手续和签证的正常时间，由船方会同理货组长、货运代理派出的监卸人员与港方人员办理交接手续。

（3）处理残损和溢短。在卸船过程中，如发现进口货物残损，应进行检验，并要查清残损的原因，如果是原残，即发货人交货时或在起卸时就有残损者，应及时同理货人员填制《货物残损单》，由理货人员要求船方或其代理人签证，它是表明货物残损情况的证明，以便于向责任方索赔。如果是卸货过程中的工残，应向港方索取商务记录，作为向港方索赔的依据。

8. 审核账单

货运代理人要替货主把好运费关，认真审核账单，并及时支付运费给船方，如货物买卖合同订有滞期/速遣条款，应及时向买方提供装、卸货事实记录，或按协议代表货主与船东结算。货运代理自己也应缮制船舶航次盈亏估算表，填写清楚各种费用的支付情况。

拓展阅读

杂货班轮出口运输代理业务流程见图 2-1。

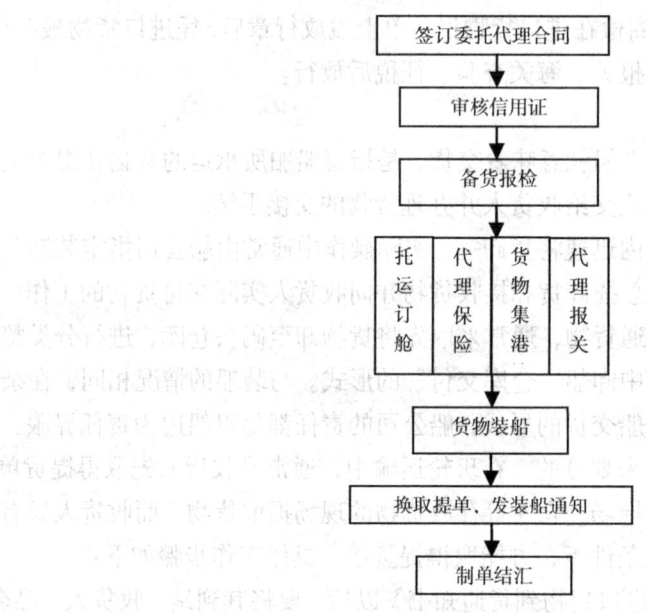

```
签订委托代理合同
      ↓
   审核信用证
      ↓
    备货报检
      ↓
┌────┬────┬────┬────┐
│托运│代理│货物│代理│
│订舱│保险│集港│报关│
└────┴────┴────┴────┘
      ↓
   货物装船
      ↓
换取提单、发装船通知
      ↓
    制单结汇
```

图 2-1　杂货班轮出口运输代理业务流程

杂货班轮进口运输代理业务流程见图 2-2。

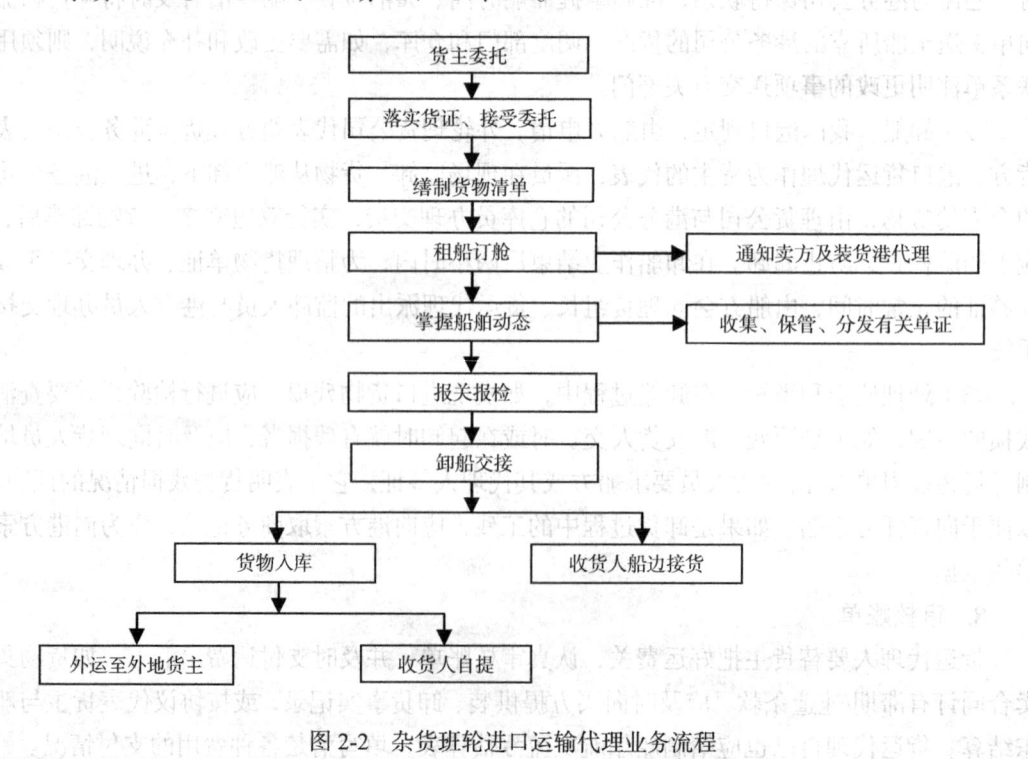

```
         货主委托
            ↓
     落实货证、接受委托
            ↓
        缮制货物清单
            ↓
         租船订舱 ────→ 通知卖方及装货港代理
            ↓
        掌握船舶动态 ──→ 收集、保管、分发有关单证
            ↓
         报关报检
            ↓
         卸船交接
          ↙     ↘
      货物入库    收货人船边接货
         ↓            ↓
   外运至外地货主   收货人自提
```

图 2-2　杂货班轮进口运输代理业务流程

（四）杂货班轮货运单证

在班轮运输中，从办理货物托运手续开始，到货物装船、卸船、直至货物交付的整个过程，都需要编制各种单证。这些单证是在货方（包括托运人和收货人）与船方之间办理货物交接的证明，也是货方、港方、船方等有关单位之间从事业务工作的凭证，又是划分货方、港方、船方各自责任的必要依据。

1. 在装货港编制使用的单证

（1）托运单。托运单（国内有时用"委托申请书"代替）是指由托运人根据买卖合同和信用证的有关内容向承运人或他的代理人办理货物运输的书面凭证。经承运人或其代理人对该单的签认，即表示已接受这一托运，承运人与托运人之间对货物运输的相互关系即告建立。

（2）装货联单。在杂货班轮运输的情况下，托运人如果以口头形式预订舱位，而船公司对这种预约表示承诺，则运输合同关系即告建立，这种以口头形式订立的合同也符合法律的规定。但是，国际航运界的通常做法则是由托运人向船公司提交详细记载有关货物情况及对运输要求等内容的装货联单。原则上，托运人应先将托运单交船公司办理托运手续，船公司接受承运后在托运单上签章确认，然后发给托运人装货联单。但在实际操作中，通常由货运代理人向船舶代理人申请托运，然后由货运代理人根据托运人委托，填写装货联单后提交给船公司的代理人。而货运代理人填写装货联单的依据是托运人提供的买卖合同和信用证的内容以及货运委托书或货物明细表等。

目前我国各个港口使用的装货联单的组成不尽相同，但是，主要都是由以下各联所组成：托运单（Booking Note，B/N）及其留底（counterfoil）、装货单（Shipping Order，S/O）及收货单（Mate's Receipt，M/R）等。

船公司或其代理人接受承运后，便予以编号并签发装货单。签发装货单时，船公司或其代理人会按不同港口分别编装货单号（因为最终的提单号基本上都是与装货单号相同的），装货单号不会重复，也不会混港编号。签发装货单后，船、货、港等方面都需要有一段时间来编制装货清单、积载计划、办理货物报关、查验放行、货物集中等装船的准备工作。因此，对每一航次在装货开始前一定时间应截止签发装货单。若在截止签发装货单日之后，再次签发装货单，则称为"加载"。

装货单（S/O），亦称下货纸，是托运人（或货运代理人）填制交船公司（或船舶代理人）审核签章后，据以要求船长将货物装船承运的凭证。由于托运人必须在办理了货物装船出口的海关手续后，才能要求船长将货物装船，所以装货单又常称为"关单"。当每一票货物全部装上船后，现场理货员即核对理货计数单的数字，在装货单上签注实装数量、装船位置、装船日期并签名，再由理货长审查并签名，证明该票货物如数装船无误，然后随同收货单一起交船上大副，大副审核属实后在收货单上签字，留下装货单，将收货单退给理货长转交托运人（或货运代理人）。

收货单（M/R）是指某一票货物装上船后，由船上大副（chief mate）签署给托运人的作为证明船方已收到该票货物并已装上船的凭证。所以，收货单又称为"大副收据"或"大副收单"。托运人取得了经大副签署的收货单后，即可凭以向船公司或其代理人换取已装船提单。大副在签署收货单时，会认真检查装船货物的外表状况、货物标志、货物数量等情况。如果货物外表状况不良、标志不清、货物有水渍、油渍或污渍等情况，数量短缺，货物损坏时，大副就会将这些情况记载在收货单上。这种在收货单上记载有关货物外表状况不良或有缺陷的情况称为"批注"（remark），习惯上称为"大副批注"。有大副批注的收货单称为"不清洁收货单"（foul receipt）；无大副批注的收货单则"清洁收货单"（clean receipt）。

托运人取得收货单后，即可凭以要求船公司签发提单。提单具有货物收据，物权凭证和运输合同业已存在证明的功能，因此它是班轮运输中最重要的单证之一。

（3）装货清单。装货清单（loading list）是根据装货联单中的托运单留底联，将全船待运货物按目的港和货物性质归类，依航次靠港顺序排列编制的装货单的汇总单。装货清单的内容包括船名、装货单编号、件数、包装、货名、毛重、估计立方米及特种货物对运输的要求或注意事项的说明等。

装货清单既是大副编制积载计划的主要依据，又是供现场理货人员进行理货、港口安排驳运、进出库场以及掌握托运人备货及货物集中情况等的业务单据。当有增加或取消货载的情况发生时，船方（通常是船舶代理人）会及时编制"加载清单"（additional cargo list）或"取消货载清单"（cancelled cargo list），并及时分送各有关方。

（4）载货清单。载货清单（manifest，M/F），亦称"舱单"。是在货物装船完毕后，根据大副收据或提单编制的一份按卸货港顺序逐票列明全船实际载运货物的汇总清单。其内容包括船名及国籍、开航日期、装货港及卸货港，同时逐票列明所载货物的详细情况。

载货清单是国际航运实践中一份非常重要的通用单证。船舶办理报关手续时，必须提交载货清单。载货清单是海关对进出口船舶所载货物进出国境进行监督管理的单证，如果船载货物在载货清单上没有列明，海关有权依据海关法的规定进行处理。载货清单又是港方及理货机构安排卸货的单证之一。在我国，载货清单还是出口企业在办理货物出口后申请退税时，海关据以办理出口退税手续的单证之一。因此在船舶装货完毕离港前，船方应由船长签认若干份载货清单，并留下数份随船同行，以备中途挂港或到达卸货港时办理进口报关手续时使用。另外，进口货物的收货人在办理货物进口报关手续时，载货清单也是海关办理验放手续的单证之一。

如果在载货清单上增加运费项目，则可制成载货运费清单（freight manifest）。

（5）货物积载图。出口货物在货物装船前，必须就货物装船顺序、货物在船上的装载位置等情况做出一个详细的计划，以指导有关方面安排泊位、货物出舱、下驳、搬运等工作。这个计划是用图表的形式来表示货物在船舱内的装载情况，使每一票货物都能形象具体地显示其在船舱内的位置。该图表就是通常所称的积载图。在货物装船以前，大副根据装货清单上记载的货物资料制定货物积载计划。但是，在实际装船过程中，往往会因为各种客观原因，使装货工作无法完全按计划进行。如原计划的货载变动；货物未能按时集港而使装船计划改变，造成积载顺序与原计划不同等情况。这样，就造成货物实际在舱内的积载位置与原计划不一致。当然，在装船过程中，对原计划的改动原则上都应征得船长或大副的同意。当每一票货物装船后，应重新标出货物在舱内的实际装载位置，最后绘制成一份货物积载图。

（6）危险货物清单。危险货物清单是指专门列出船舶所载运全部危险货物的明细表。其记载的内容除装货清单、载货清单所应记载的内容外，特别增加了危险货物的性能和装船位置两项。

为了确保船舶、货物、港口及装卸、运输的安全，包括我国港口在内的世界上很多国家的港口都专门做出规定，凡船舶载运危险货物都必须另行单独编制危险货物的清单。

按照一般港口的规定，凡船舶装运危险货物时，船方应向有关部门（我国海事局）申请派员监督装卸。在装货港装船完毕后由监装部门签发给船方一份"危险货物安全装载书"，这也是船舶载运危险货物时必备的单证之一。

另外，有些港口对装、卸危险货物的地点、泊位，甚至每一航次载运的数量，以及对危险货物的包装、标志等都有所规定。因此，船公司和货运代理人对各国有关装卸危险货物的规定都应事先有所了解，以免日后发生不必要的麻烦。

除上述主要单证外，为了提高运输效率和效益，还会使用其他一些单证，如重大件清单（heavy and lengthy cargo list），剩余舱位报告（space report），积载检验报告（stowage survey report）等。

2. 在卸货港编制使用的单证

（1）过驳清单。过驳清单（boat note）是指采用驳船作业时，作为证明货物交接和表明所交货物实际情况的单证。过驳清单是根据卸货时的理货单证编制的，其内容包括：驳船名，货名、标志、号码、包装、件数，卸货港，卸货日期，舱口号等，并由收货人、卸货公司、驳船经营人等收取货物的一方与船方共同签字确认。

（2）货物溢短单。货物溢短单（over-landed & short-landed cargo list）是指一票货物所卸下的数字与载货清单上所记载的数字不符，发生溢卸或短卸的证明单据。货物溢短单由理货员编制，并且必须经船方和有关方（收货人，仓库）共同签字确认。

（3）货物残损单。货物残损单（broken & damaged cargo list）是指卸货完毕后，理货员根据卸货过程中发现的货物破损、水湿、水渍、渗漏、霉烂、生锈、弯曲变形等情况记录编制的，证明货物残损情况的单据。货物残损单必须经船方签认。

以上三种单据通常是收货人向船公司提出损害赔偿要求的证明材料，也是船公司处理收货人索赔要求的原始资料和依据。所以，船方在签字时会认真进行核对，在情况属实时才会给予签认；在各方对单证记载内容意见不一致时，应尽量协调，以取得一致意见；经协商不能取得一致意见时，船方也可能在单证上做出适当的保留批注。货主在获取以上三种单据时，应检查船方的签字。

（4）提货单。提货单（Delivery Order，D/O）亦称小提单，是收货人凭以向现场（码头仓库或船边）提取货物的凭证。其内容包括船名，货名、件数、数量、包装式样、标志，提单号，收货人名称等。

提货单的性质与提单完全不同，它只是船公司指令码头仓库或装卸公司向收货人交付货物的凭证，不具备流通及其他作用。因此，提货单上一般记有"禁止流通"（non—negotiable）字样。

（五）杂货班轮货运单证流转

杂货班轮主要货运单证流程如下。

（1）托运人向装运港船公司（或船代）提出货物装运申请，递交托运单（B/N），并填写装货联单。

（2）船公司同意承运后，其代理人指定船名，核对装货单（S/O）与托运单上的内容无误后，签发 S/O，将留底联留下后退还给托运人，要求托运人将货物及时送达指定的码头仓库。

（3）托运人持 S/O 及有关单证向海关办理货物出口报关、验货、放行手续，海关在 S/O 上加盖放行章后，货物准予装船出口。

（4）装运港船代根据留底联编制装货清单（L/L）送船舶及理货公司、装货公司。

（5）大副根据 L/L 编制货物积载计划，并交代理人分送理货、装卸公司等按计划装船。

（6）托运人将经过检验及检量的货物送至指定的码头仓库准备装船。

（7）货物装船后，理货长将 S/O 交大副，大副核实无误后留下 S/O 并签发收货单。

（8）理货长将大副收据转交给托运人。

（9）托运人持 M/R 到装运港船代处付清运费（运费预付时），换取正本已装船提单（B/L）。

（10）装运港船船代审核无误后，留下 M/R，签发 B/L 给托运人。

（11）托运人持 B/L 及有关单证到议付行结汇（在信用证支付方式下），取得货款。议付银行将 B/L 及有关单证寄交开证行。

（12）货物装船完毕后，装运港船代编妥出口载货清单（M/F）送船长签字后，向海关办理船舶出口手续，并将 M/F 交船随带，船舶起航。

（13）装运港船代根据（B/L）副本或（M/R）编制出口载货运费清单（M/F），连同（B/L）副本、M/R 递交船公司结算代收运费，并将卸货港需要的单证寄交卸货港船代。

（14）卸货港船代接到船舶抵港电报后，通知收货人船舶到港日期，做好提货准备。

（15）收货人到开证银行付清货款取回 B/L（在信用证支付方式下）。

（16）卸货港船代根据装运港船代寄来的货运单，编制进口载货清单及有关船舶进口报关的卸货所需的单证，约定装卸公司、理货公司，联系安排泊位，做好接船及卸货准备。

（17）船舶抵港后，卸货港船代办理船舶进口手续，船舶靠泊后即开始卸货。

（18）收货人持正本 B/L 向卸货港船代处办理提货手续，付清应付费用后，换取代理人签发的提货单（D/O）。

（19）收货人办理货物进口报关手续，支付进口关税等。

（20）收货人持 D/O 到码头仓库或船边提取货物。

（六）海运提单

1. 海运提单概述

海运提单是货物的承运人或其代理人收到货物后，签发给托运人的一种证件。提单说明了货物运输有关当事人，如承运人、托运人和收货人之间的权利和义务。

海运提单是海上货物运输合同的证明，是承运人与托运人处理双方在运输中权利和义务问题的主要依据；提单是证明货物已由承运人接管或已装船的货物收据；提单还代表所载货物的所有权，是一种物权凭证，根据提单的定义，承运人要按提单的规定凭提单交货，谁持有提单，谁就可以提货。

按不同的分类标准，提单可以划分为许多种类。按提单收货人的抬头划分为：记名提单、指示提单和不记名提单；按货物是否已装船划分为：已装船提单和收货待运提单；按提单上有无批注划分为：清洁提单和不清洁提单；根据运输方式的不同划分为：直达提单、转船提单、联运提单、多式联运提单等。

2. 海运提单的缮制

海运提单的缮制方法如下。

（1）Shipper（托运人）：本栏通常填写信用证的受益人，即买卖合同中的卖方。只要信用证无相反规定，银行也接受以信用证受益人以外的第三方为发货人。

（2）Consignee（收货人）：这是提单中比较重要的一栏，应严格按照信用证规定填制。提单收货人按信用证的规定一般有三种填法，即记名抬头、不记名抬头和指示性抬头。

（3）Notify Party（通知人）：本栏填写要与信用证的规定一致。例如：信用证提单条款中规定："…Bill of Lading…notify applicant"，则提单通知人栏中要填制开证人的详细名称地址。

（4）Place of Receipt（收货地）：本栏填写船公司或承运人的实际收货地点，如工厂、仓库等。在一般海运提单中，没有此栏，但在多式联运提单中则有此栏。

（5）Ocean Vessel（船名）：本栏按配单回单上的船名填写。若货物需转运，则填写第二程船名。

（6）Voyage No.（航次）：本栏按配单回单上的航次填写。若货物需转运，则填写第二程航次号。

（7）Port of Lading（装货港）：本栏要填实际的装货港口。如有转运，填中转港名称，如无转运，填装运港名称。

（8）Port of Discharge（卸货港）：本栏填写货物实际卸下的港口名称。如果货物转运，可在目的港之后加注"With Transshipment at…"。

（9）Place of Delivery（交货地）：本栏填写最终目的地名称。如果货物的目的地就是目的港，此栏空白。

（10）B/L No.（提单号码）：本栏按配舱回单上的D/R号码填写。

（11）Marks（唛头）：本栏须同商业发票上的一致。如果信用证没有规定唛头，此栏可填"N/M"。

（12）Nos. & Kinds of PKG（货物包装及件数）：本栏按货物装船的实际情况填写总外包装件数。

（13）Description of Goods（货物名称）：本栏填写货物的名称即可。按照《UCP600》的规定，除商业发票外，在其他一切单据中，货物的描述可使用统称，即主要的商品名称，不需要详细列出商品规格，但不能与信用证中货物的描述抵触。

（14）Gross Weight（货物的毛重）：本栏填写货物的毛重，须同装箱单上货物的总毛重一致。如果货物是裸装，没有毛重，只有净重，则在净重前加注"N.W"。本栏一般以公斤为计量单位，保留两位小数。

（15）Measurement（尺码）：本栏填写货物的体积，须同装箱单上货物的总尺码要一致。本栏一般以立方米为计量单位，保留三位小数。

（16）Total Number of Container and /or Packages（In Words）（货物总包装件数的大写）：本栏目填写货物总包装件数的英文大写，应与12栏一致。

（17）Freight and Charges（运费条款）：除非信用证有特别要求，一般的海运提单都不填写运费的数额，只是表明"Freight Prepaid"或"Freight to Collect"，并且要与所用的贸易术语相一致性。

（18）Place and Date of Issue（提单的签发地点和签发日期）：一般为承运人实际装运的地点和时间。

（19）Number of Original B（S）/L（正本提单份数）：本栏显示的是船公司为承运此批货物所开具的正本提单的份数，一般是1~3份，并用大写数字如One、Two、Three等。如信用证对提单正本份数有规定，则应与信用证规定一致。例如，信用证规定"3/3 Marine bills of lading…"，即表明船公司为信用证项下的货物开立的正本提单必须是三份，且三份正本提单都要提交银行作为单据。

（20）Shipped on Board the Vessel Date, Signature（已装船批注、装船日期、装运日期）：根据《UCP600》规定，如果提单上没有预先印就"已装船（Shipped on board）"字样的，则必须在提单上加注装船批注（On board notation）。在实际业务中，提单上一般都预先印就"已装船（Shipped on board）"字样，这种提单称为"已装船提单"，不必另行加注"已装船"批注。提单的日期就是装船完毕的日期或装运完毕的日期。

（21）Signed for and on Behalf of the Carrier（承运人或其代理人签字、盖章）：根据《UCP600》规定，提单必须由下列四类人员签署证实。即承运人、承运人的具名代理人、船长、船长的具名代理人。

承运人或船长的任何签字或证实，必须表明"承运人"或"船长"的身份。代理人代表承运人或船长签字或证实时，也必须表明代表的委托人的名称或身份，即注明代理人是代表承运人或船长签字或证实的。提单必须由承运人、船长或代表他们的具名代理人签发或证实，其表示方式见表2-2。

表2-2　承运人或其代理人签字方式

提单的签发人	表示方式
承运人签发	COSCO as carrier
承运人的代理人签发	ABC Shipping Company as agent for COSCO,Carrier
	ABC Shipping Company as agent on Behalf of　COSCO
船长签发	Smith（本人签字）　as master
船长的代理人签发	ABC Shipping Company as agent for Smith, master

（22）提单背书。

提单应按照信用证的具体要求进行背书。一般信用证要求提单进行空白背书（"bill of lading…endorsed in blank." Or "bill of lading…blank endorsed."）的比较多见。对于空白背书：只需要背书人签章并注明背书的日期即可。

例如：　　　　ABC Co.（签章）

　　　　　　　May 11,2016

有时信用证也要求提单作记名背书：此时则应先写上被背书人的名称，然后再由背书人签署并加盖公章，同时注明背书的日期。

例如：　　　Endorsed to: DEF Co.或 Delivered to DEF Co.

　　　　　　　ABC Co.（签章）

　　　　　　　May 11,2016

海运提单示例：

SHIPPER　　　　（1）		B/L NO.　　　（10）		
CONSIGNEE　　　（2）		**CARRIER:**　　　　　　　　　　　　　　　　　　　　COSCO　　　　　　　　　中国远洋运输（集团）总公司　　　　　　　CHINA OCEAN SHIPPING （GROUP） CO.　　　　　　　　　　**ORIGINAL**　　　　　　　Combined Transport BILL OF LADING		
NOTIFY PARTY　　（3）				
PLACE OF RECEIPT（4）	OCEAN VESSEL（5）			
VOYAGE NO. （6）	PORT OF LOADING　　　　　（7）			
PORT OF DISCHARGE（8）	PLACE OF DELIVERY　　　　（9）			
MARKS　　（11）	NOS.& KINDS OF PKG.　（12）	DESCRIPTION OF GOODS　（13）	G.W.（kg）　（14）	MEAS（m³）　（15）
TOTAL NUMBER OF CONTAINERS　OR PACKAGES （IN WORDS）				（16）
FREIGHT & CHARGES　（17）	REVENUE TONS	RATE	PER	PREPAID	COLLECT
PREPAID AT	PAYABLE AT		PLACE AND DATE OF ISSUE　　　　　　（18）	
TOTAL PREPAID	NUMBER OF ORIGINAL B（S）L　　　　　（19）			
LOADING ON BOARD THE VESSEL　　　　　　　　　　　DATE　（20）		BY	（21）	

提单样本：

Shipper ZHEJIANG TRUMPA INTERNATIONAL CO., LTD. 117 WENYI CHANG ROAD,HANGZHOU,CHINA			B/L NO. DELS50939811	
Consignee TO ORDER OF BANGKOK BANK PUBLIC COMPANY LIMITED, BANGKOK			中远集装箱运输有限公司	
Notify Party E.THAI ROONG LTD.PART, 22-24 MAHAESAK ROADBANGKOK, THAILAND TEL. NO.02-2331383-4,FAX. NO.02-2364087			COSCO CONTAINER LINES TLX:33057 COSCO CN FAX:+86（021）6545 8984 Port to-Port Combined Transport BILL OF LADING	
Combined Transport* Pre-carriage by	Combined Transport* Place of Receipt			
Ocean Vessel Voy.No. HANJIN OTTAWA V.073E	Port of Loading SHANGHAI			
Port of Discharge BANGKOK	Combined Transport* Place of Delivery			
Marks & Nos. Container/ Seal No.	No. of Containers or Packages	Description of Goods	Gross weight （kg）	Measurement （m³）
CTR BANGKOK NO.1-60	60CTNS	RAW SILK FREIGHT PREPAID L/C NO. 10110219165	2005.1	6.017
Total Number of containers and/or packages（in words） SAY SIXTY CARTONS ONLY				
Freight & Charges	Revenue Tons	Rate	Per	Perpaid	Collect
Ex. rate		Prepaid at	payable at	Place and date of issue SHANGHAI　JAN. 5, 2014	
		Total Prepaid	Number of original B(s)/ THREE	Signed for or on behalf of the master COSCO CONTAINER LINES ×××× As carrier	
LOADING ON BOARD THE VESSEL				
DATE　JAN.5,2014	BY　×××			

拓展阅读

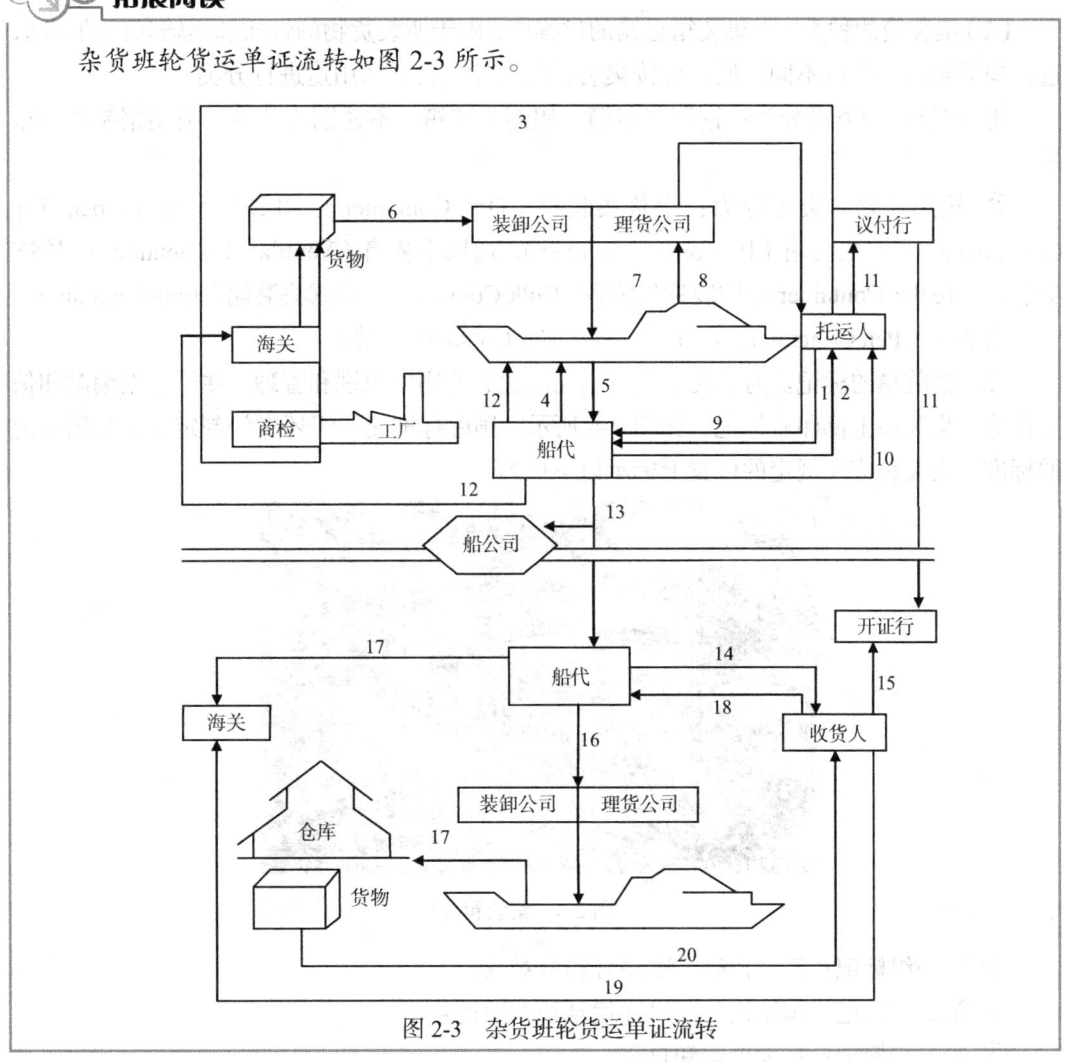

杂货班轮货运单证流转如图 2-3 所示。

图 2-3 杂货班轮货运单证流转

三、集装箱班轮运输业务

(一) 集装箱班轮运输概述

1. 集装箱基本知识

（1）**集装箱的含义**。集装箱（Container）是指一种便于使用机械装卸，可长期反复使用的货物运输设备，也称为"货箱"或"货柜"。根据《国际标准化组织 104 技术委员会》规定，集装箱是一种运输设备，它应该具有以下条件：

① 具有耐久性，其坚固程度足以反复使用。
② 适用于一种或多种运输方式运送货物，无须中途换装。
③ 设有便于装卸和搬运的装置，特别是从一种运输方式转移到另一种运输方式。

④ 设计时应注意到便于货物装满或卸空。

⑤ 内容积为 1 立方米或 1 立方米以上。

（2）集装箱的种类。 在集装箱运输的过程中，由于所装货物的性质和运输条件的不同，选择集装箱的种类也不同。通常可按集装箱的尺寸、材料和用途进行分类。

① 按材料分类可分为：钢制集装箱、铝制集装箱、不锈钢集装箱、玻璃钢制集装箱等。

② 按用途划分类可分为：干货集装箱（Dry Container）、开顶集装箱（Open Top Container）、平台集装箱（Platform Container）、通风集装箱（Ventilated Container）、冷冻集装箱（Reefer Container）、散装货集装箱（Bulk Container）、罐式集装箱（Tank Container）、牲畜集装箱（Pen Container、汽车集装箱（Car Container）等。

（3）集装箱的标记。 为了便于集装箱在流通和使用中识别和管理，便于单据编制和信息传输，集装箱上都印有标记，如图 2-4 所示。国际标准化组织还专门制定了集装箱标记的标准。集装箱应在规定的位置上标示以下内容。

图 2-4　集装箱标记

① 第一组标记：箱主代码、顺序号和核对数；

② 第二组标记：国籍代号、尺寸代号和类型代号；

③ 第三组标记：最大总重和自重。

（4）集装箱运输的优势。

① 高效益的运输方式。首先，班轮运输简化了包装，节约了大量的包装费用。其次，这种运输方式能够最大限度地减少货损、货差，提高货运质量。最后，班轮运输可以减少营运费用，降低运输成本。

② 高效率的运输方式。首先，采用普通货船装卸，一般每小时为 35 吨左右，而采用集装箱装卸，每小时可达 400 吨，装卸效率大幅度提高。其次，由于集装箱装卸效率高，受气候影响小，船舶在港停留时间大大缩短，因而船舶航行时间缩短，船舶周转加快，航行率大大提高，船舶运营效率随之提高。

③ 高协作的运输方式。国际货物运输涉及海运、陆运、空运、港口、货运站以及与货物运输有关的海关、商检、船舶代理公司、货运代理公司等众多单位和部门，集装箱运

输使得各个部门和环节能够有效地协作，大大提高了货物的运输效率。

④ 适于组织多式联运。由于集装箱运输在不同运输方式之间换装时，无须搬运箱内货物而只需换装集装箱，这就提高了换装作业效率，适用于不同运输方式之间的联合运输。在换装转运时，海关及有关监管单位只需加封或验封转关放行，从而提高了运输效率。

2. 集装箱货物的交接

集装箱运输是指将散件货物汇成一个运输单元（集装箱），使用船舶等运输工具进行运输的方式。集装箱运输的货物流通途径与传统的杂货运输有所不同，集装箱运输不仅与传统杂货运输一样以港口作为货物交接、换装的地点，还可以在港口以外的地点设立货物交接、换装的站点（inland depot）。

集装箱运输改变了传统的货物流通途径，在集装箱货物的流转过程中，其流转形态分为两种，一种为整箱货，另一种为拼箱货。

（1）**整箱货**（Full Container Load, FCL）。是指货主自行将货物装满整箱以后，以箱为单位托运的集装箱。这种方式通常在货主有足够货源装载一个或数个整箱时采用，除有些大货主自己置备有集装箱外，一般都是向承运人或集装箱租赁公司租用一定的集装箱。空箱运到工厂或仓库后，在海关人员的监管下，货主把货装入箱内，加锁、铅封后交承运人并取得站场收据，最后凭收据换取提单或运单。在目前，班轮公司主要从事整箱货的货运业务。

（2）**拼箱货**。是指承运人（或代理人）接受货主托运的数量不足整箱的小票货运后，根据货类性质和目的地进行分类整理，把去同一目的地的货，集中到一定数量拼装入箱。由于一个箱内有不同货主的货拼装在一起，所以叫拼箱。这种方式在货主托运数量不足装满整箱时采用。拼箱货的分类、整理、集中、装箱（拆箱）、交货等操作均在承运人或货运代理人的集装箱货运站或内陆集装箱转运站进行。

货运代理人可以从事拼箱货的货运业务，但此时其身份也发生了变化。货运代理人参与拼箱货的货运业务，提供了为小批量货物快速和高效率的运输服务，解决了集装箱班轮运输大量替代传统杂货班轮运输后小批量货物的运输等问题。

3. 集装箱货物交接地点与方式

（1）**集装箱货物的交接地点**。货物运输中的交接地点是指根据运输合同，承运人与货方交接货物、划分责任风险和费用的地点。由于国际公约或各国法律通常制定了强制性的法律规范，因此承运人不能通过合同的方式减轻自己的责任；而有关费用问题，则可以由双方当事人另行约定。在集装箱运输中，根据实际需要，货物的交接地点并不固定。

目前集装箱运输中货物的交接地点有船边或吊钩、集装箱堆场、集装箱货运站和其他双方约定的地点（门）。

集装箱堆场（Container Yard, CY）是交接和保管空箱（empty container）和重箱（loaded container）的场所，也是集装箱换装运输工具的场所。

集装箱货运站（Container Freight Station, CFS），是拼箱货交接和保管的场所，也是拼箱货装箱和拆箱的场所。

集装箱堆场和集装箱货运站也可以同处于一处。门、场、钩主要是整箱货（FCL）的交接场所，站主要是拼箱货（LCL）的交接场所。

（2）集装箱货物交接方式。集装箱货物根据装箱形式的不同，交接方式可分为以下四类：

① 整箱交、整箱接（FCL/FCL）。货主在工厂或仓库把装满货后的整箱交给承运人，收货人在目的地同样以整箱接货，换言之，承运人以整箱为单位负责交接。货物的装箱和拆箱均由货方负责。

② 拼箱交、拆箱接（LCL/LCL）。货主将不足整箱的小票托运货物在集装箱货运站或内陆转运站交给承运人，由承运人负责拼箱和装箱运到目的地货站或内陆转运站，由承运人负责拆箱后，收货人凭单接货。货物的装箱和拆箱均由承运人负责。

③ 整箱交、拆箱接（FCL/LCL）。货主在工厂或仓库把装满货后的整箱交给承运人，在目的地的集装箱货运站或内陆转运站由承运人负责拆箱后，各收货人凭单接货。

④ 拼箱交、整箱接（LCL/FCL）。货主将不足整箱的小票托运货物在集装箱货运站或内陆转运站交给承运人。由承运人分类调整，把同一收货人的货集中拼装成整箱，运到目的地后，承运人以整箱交，收货人以整箱接。

上述各种交接方式中，以整箱交、整箱接效果最好，也最能发挥集装箱的优越性。

（二）集装箱班轮货运代理实务

1. 集装箱整箱货物出口货运代理业务

（1）委托代理。在集装箱班轮货物运输过程中，货主一般都委托货运代理人为其办理有关的货运业务。货运代理关系的建立也是由作为委托人的货主提出委托、由作为代理人的国际货运代理企业接受委托后建立。

在货主委托货运代理时，会有一份货运代理委托书。在签订有长期货运代理合同时，可能会用货物明细表等单证代替委托书。

（2）订舱。货运代理人接受委托后，应根据货主提供的有关贸易合同或信用证条款的规定，在货物出运之前一定的时间内，填制订舱单向船公司或其代理人申请订舱。船公司或其代理人在决定是否接受发货人的托运申请时，会考虑其航线、船舶、运输要求、港口条件、运输时间等方面能否满足运输的要求。船方一旦接受订舱，就会着手编制订舱清单，然后分送集装箱码头堆场、集装箱空箱堆场等有关部门，并将据此安排办理空箱及货运交接等工作。在订舱时，货运代理人会填制"场站收据"联单、预配清单等单据。

（3）提取空箱。在订舱后，货运代理人应提出使用集装箱的申请，船方会给予安排并发放集装箱设备交接单。凭设备交接单，货运代理人就可安排提取所需的集装箱。

在整箱货运输时，通常是由货运代理人安排集装箱卡车运输公司（实践中通常称为集卡车队）到集装箱空箱堆场领取空箱。但也可以由货主自己安排提箱。无论由谁安排提箱，在领取空箱时，提箱人都应与集装箱堆场办理空箱交接手续，并填制设备交接单。

（4）货物装箱。整箱货的装箱工作大多是由货运代理人安排进行，并可以在货主的工厂、仓库装箱或是由货主将货物交由货运代理人的集装箱货运站装箱。当然，也可以由货主自己安排货物的装箱工作。

装箱人应根据订舱清单的资料，并核对场站收据和货物装箱的情况，填制集装箱货物装箱单。

（5）整箱货交接签证。由货运代理人或发货人自行负责装箱并加封志的整箱货，通过内陆运输运至承运人的集装箱码头堆场，并由码头堆场根据订舱清单，核对场站收据和装箱单接收货物。整箱货出运前也应办妥有关出口手续。

集装箱码头堆场在验收货箱后，即在场站收据上签字，并将签署的场站收据交还给货运代理人或发货人。货运代理人或发货人可以凭据经签署的场站收据要求承运人签发提单。

（6）换取提单。货运代理人或发货人凭经签署的场站收据，在支付了预付运费后（在预付运费的情况下），就可以向负责集装箱运输的人或其代理人换取提单。发货人取得提单后，就可以去银行结汇。

（7）装船。集装箱码头堆场或集装箱装卸区根据接受待装的货箱情况，制订出装船计划，等船靠泊后即行装船。

2. 集装箱整箱货出口货运代理单证

货主委托货代办理运输的单证可分为基本单证和特殊单证。基本单证是指通常每批托运货物都须具备的单证，如：出口货运代理委托书、出口货物报关单、外汇核销单、商业发票、装箱单、重量单（磅码单）、规格单等包装单证。特殊单证是指在基本单证以外，根据国家规定，按不同商品、按不同业务性质、不同出口地区需向有关主管机关及海关交验的单证，如：出口许可证、配额许可证、商检证、动植物检疫证、卫生证明等，进料、来料加工手册、危险货物申请书、包装证、品质证、原产地证书等。

（1）出口货运代理委托书。简称委托书，是委托方（被代理人或出口企业）向被委托方（货运代理人）提出的一种要约，被委托方一经书面确认就意味着双方之间契约行为成立。

（2）场站收据。场站收据是由发货人或其代理人编制，是承运人签发的，证明船公司已从发货人处接收了货物，并证明当时货物状态，船公司对货物开始负有责任的凭证，托运人据此向承运人或其代理人换取待装提单或装船提单。

（3）危险品清单（dangerous cargo list）。危险品清单一般须记载以下主要内容：船名、航次、船籍、装货港、卸货港、提单号、货名、国际危规类别、标志、页号、联合国编号、件数及包装、货重、集装箱号、铅封号、运输方式和装船位置等。

所有危险货物都必须粘贴规定的危险品标志，内装危险货物的集装箱也必须有规定的危险品标志。

（4）冷藏集装箱清单（list of reefer container）。冷藏集装箱清单是指装载冷冻货物或冷藏货物的冷藏集装箱的汇总清单。冷藏集装箱清单由货运代理人或装箱人缮制。

（5）动物货清单（zoological cargo list）和植物货清单（botanical cargo list）。动物及其尸体、骨、肉、皮、毛和装载这些货物的容器与包装等，以及植物、种子、新鲜水果和装载这些货物的容器与包装等货物的进口，根据进出境动植物检疫法，需要由动植物检疫机构检查和批准方可进出口。

（6）集装箱预配清单。集装箱预配清单是船公司为集装箱管理需要而设计的一种单据，各船公司的清单格式及内容大致相同。

（7）集装箱发放通知单（container release order）。又称空箱提交单（equipment dispatch order），是船公司或其代理指示集装箱堆场将空集装箱及其他设备提交给本单证持有人的书面凭证。

（8）集装箱设备交接单。

简称设备交接单（Equipment Receipt，E/R），是指集装箱所有人或其代理人签发的用以进行集装箱及其他设备的发放、收受等移交手续并证明移交时箱体状况的书面凭据。

集装箱设备交接单分进场设备交接单（in）和出场设备交接单（out），每种交接单一式三联，分别为船公司或其代理联、码头或堆场联、用箱人或运箱人联。

（9）集装箱装箱单。是指详细记载每一个集装箱内所装货物名称、数量、尺码、重量、标志和箱内货物积载情况的单证。对于特殊货物还应加注特定要求，如对冷藏货物要注明对箱内温度的要求等。其主要用途有以下几方面：

① 是发货人向承运人提供集装箱内所装货物的明细清单；

② 在装箱地向海关申报货物出口的单据，也是集装箱船舶进出口报关时向海关提交的载货清单的补充资料；

③ 是发货人对集装箱货运站与集装箱码头之间的货物交接单；

④ 是集装箱装、卸港编制装、卸船计划的依据；

⑤ 是集装箱船舶计算船舶吃水和稳性的基本数据来源；

⑥ 是在卸箱地作为办理集装箱保税运输手续和拆箱作业的重要单证；

⑦ 当发生货损时，是处理索赔事故的原始依据之一。

3. 整箱货出口货运业务流程

整箱货出口货运业务流程在我国各个港口是有所不同的，但基本流程如下：

（1）货主与货代建立货运代理关系；

（2）货代填写托运单证，及时订舱；

（3）订舱后，货代将有关订舱信息通知货主或将"配舱回单"转交货主；

（4）货主申请用箱，取得 EIR 后，方可凭以到空箱堆场提取所需的集装箱；

（5）货主"自拉自送"时，先从货代处取得 EIR，然后提空箱，装箱后制作 CLP，并按要求及时将重箱送码头堆场，即集中到港区等待装船；

（6）货代提空箱至货主指定的地点装箱，制作 CLP，然后将重箱"集港"；

（7）货主将货物送到货代 CFS，货代提空箱，并在 CFS 装箱，制作 CLP，然后"集港"；

（8）货主委托货代代理报关、报检，办妥有关手续后将单证交货代现场；

（9）货主也可自理报关；

（10）货代现场将办妥手续后的单证交码头堆场配载；

（11）配载部门制订装船计划，经船公司确认后实施装船作业；

（12）实践中，在货物装船后可以获得 D/R 正本；

（13）货代可凭 D/R 正本到船方签单部门换取 B/L 或其他单据；

（14）货代将 B/L 等单据交给货主。

整箱货出口货运业务流程如图 2-5 所示。

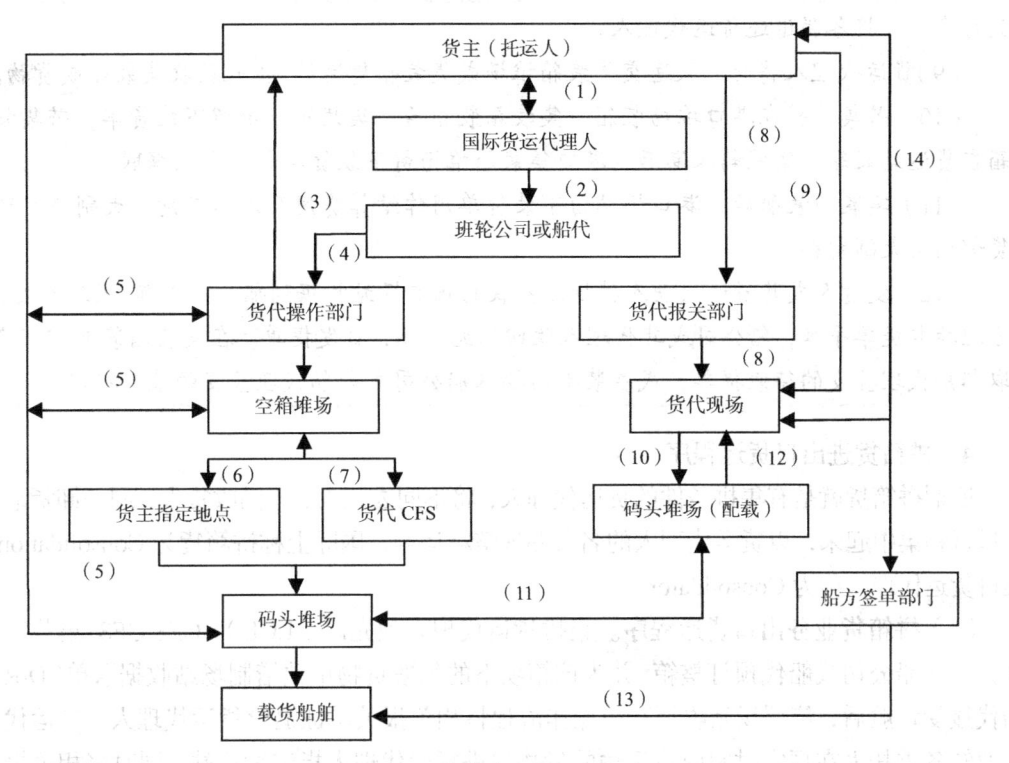

```
                        ┌─────────────────┐
                        │   货主（托运人）  │◄──────────────┐
                        └────────┬────────┘         (14)   │
                                 │(1)                      │
                        ┌────────▼────────┐    (8)         │
                        │  国际货运代理人  │                │
                        └────────┬────────┘                │
                         (3)     │(2)                      │
                        ┌────────▼────────┐                │
                        │  班轮公司或船代  │                │
                        └────┬─────┬──────┘                │
                          (4)│     │                       │
         (5)      ┌──────────▼──┐  │  ┌──────────────┐     │
     ◄───────────►│ 货代操作部门│  │  │ 货代报关部门 │     │
                  └──────┬──────┘  │  └──────┬───────┘     │
         (5)             │         │    (8)  │             │
     ◄───────────► ┌─────▼─────┐   │  ┌──────▼─────┐       │
                   │ 空箱堆场  │   │  │  货代现场  │◄──────┤
                   └──┬────┬───┘   │  └──┬──────┬──┘       │
                  (6) │    │ (7)   │ (10)│      │(12)      │
            ┌─────────▼┐  ┌▼──────┐│  ┌──▼──────▼──┐       │
            │货主指定地点│ │货代CFS││  │码头堆场(配载)│       │
            └────┬──────┘ └───┬───┘│  └─────┬──────┘       │
         (5)     │            │    │  (11)  │        ┌─────▼─────┐
                 └────┬───────┘    │        │        │船方签单部门│
                      │            │        │        └─────▲─────┘
                 ┌────▼────┐       │        │              │
                 │ 码头堆场│◄──────┘────────┘              │
                 └────┬────┘                               │
                      │                                    │
                 ┌────▼────┐    (13)                       │
                 │ 载货船舶│◄──────────────────────────────┘
                 └─────────┘
```

图 2-5　整箱货出口货运业务流程

注：（5）、（6）、（7）在实践中只选其中一种操作方式，（8）、（9）在实际业务中也只选一种操作方式。

拓展阅读

场站收据十联单的流转程序如下：

（1）托运人填制集装箱货物托运单即场站收据一式十联，委托货运代理人代办托运手续。

（2）货运代理人接单后审核托运单，若能接受委托，将货主留底联（第一联）退还托运人备查。

（3）货运代理人持剩余的九联单到船公司或船公司的代理人处办理托运订舱手续。

（4）船公司或其代理人接单后审核托运单，同意接收托运，在第五联即装货单上盖签单章，确认订舱承运货物，并加填船名、航次和提单号，留下第二至第四联共三联后，将余下的第五至第十联共六联退还给货运代理人。

（5）货运代理人留存第八联货代留底，缮制货物流向单及今后查询；将第九、十联退托运人作配舱回执。

（6）货运代理人根据船公司或其代理人退回的各联缮制提单和其他货运单证。

（7）货运代理人持第五至第七共三联：装货单、大副联和场站收据正本，随同出口货物报关单和其他有关货物出口单证至海关办理货物出口报关手续。

（8）海关审核有关报关单证后，同意出口，在场站收据副本（1）即装货单上加盖放行章，并将各联退还货运代理人。

（9）货运代理人将此三联送交集装箱堆场或集装箱货运站，据此验收集装箱或货物。

（10）若集装箱在港口堆场装箱，集装箱装箱后，集装箱堆场留下装货单；若集装箱在货运站装箱，集装箱入港后，港口集装箱堆场留下装货单和大副收据联。

（11）集装箱装船后，港口场站留下装货单用作结算费用及以后查询，大副联交理货部门送大副留存。

（12）发货人或其货运代理人持场站签收的正本场站收据到船公司或其代理人处，办理换取提单手续，船公司或其代理人收回场站收据，签发提单。在集装箱装船前可换取船舶代理签发的待装提单，或在装船后换取船公司或船舶代理签发的装船提单。

4. 拼箱货进出口货运程序

所谓拼箱货就是有集拼条件的货运代理人，将不同委托人、不同收货人、同一卸货港的零星货物集中起来，以货运代理人的名义办理整箱运输，国际上称拼箱货为 Consolidation，集拼货运代理人称为 Consolidator。

（1）拼箱货业务出口货运程序。 集拼货运代理人预先以（LCL）CFS/CFS 集装箱交接方式向船公司或船代预订整箱，并为该箱项下的每票货物单独缮制场站收据联单(D/R)。船代接受订舱后，依照场站收据联单操作流程将相关报关单证退给货运代理人，货运代理人通知各委托人在规定时间内将运输的货物送进货运代理人指定货运站，同时将相关报关资料送交货运代理人。货运代理人安排货运站适时向船代现场领取 EIR 后，将空箱运到 CFS 装箱。CFS 中的装箱人根据实际装箱情况缮制 CLP，并将实际装箱数据通知货运代理操作人员，以便于与订舱时的 D/R 数据核对。若有误，则及时要求船代更正。货运代理整理报关资料统一向海关进行出口申报。海关验放后，货运代理应及时将有关单证送交船代现场配载装运。船开后，货运代理向船代申领整箱货下的全部 M-B/L 提单，同时向各委托人分别签发货运代理的 H-B/L。业务流程如图 2-6 所示。

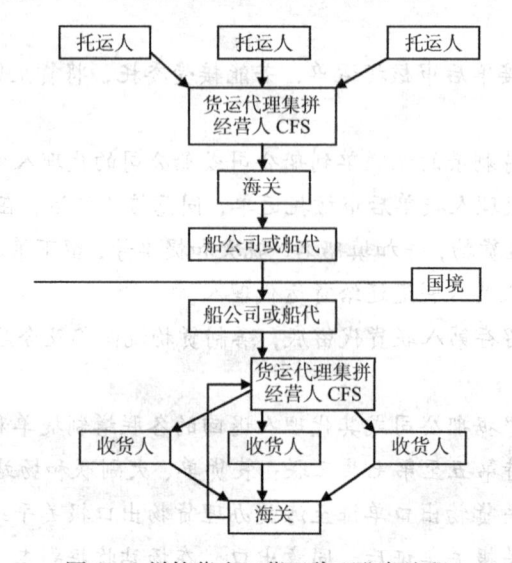

图 2-6 拼箱货出口货运代理业务流程

（2）拼箱货业务进口货运程序。集装箱拼箱进口货物按照交货人的不同，分为两种情况：由船公司负责拆箱交货；由有拼箱分拨权的货运代理负责拆箱交货。两者的共同之处在于：货物在交付前均须处于海关监管下，即存放在海关监管仓库或监管港区内。具体流程如下所述：

① 卸船拆箱。载运集装箱的船舶到港后，由船代根据积载舱单数据向海关进行货物进港的申报。船公司以 LCL 交付方式交货的集装箱则转入港区监管仓库或船公司的海关监管仓库拆箱仓储。经海关核准具备拼箱分拨权的货运代理先向海关办理整箱放箱手续，同时将整箱内所装货物的明细制作成分拨舱单，向海关发送分拨舱单信息以供验放核对之用，货物则转入海关监管仓库拆箱仓储。

② 理货及到货通知。船代或有分拨权的货运代理在货物入库拆箱后，根据舱单内容对货物进行清点、整理、分类、仓储，同时向提单上显示的收货人、通知人发到货通知。货主或其委托的货运代理凭背书后的提单向船代或有分拨权的货运代理缴清运杂费后换取提货单。提货单须有船代或有分拨权货运代理的放货章方为有效。

③ 报关报检。货主或其委托的货运代理，携提货单和其他海关规定的报关资料向海关申请货物验放。有检验检疫要求的货物，须在报关申报前办理检验检疫手续。

例外情况：非口岸地货物的检验手续由客户自行到货物目的地申请当地检验机构办理的，则接受进口报关报检委托的货运代理有义务提醒货主及时办理检验手续，以免招致相关职能部门的处罚而产生委托代理纠纷。

④ 提货转运。货主或其委托的货运代理在海关验放后，携盖有海关放行章及其他相关单位放行章的提货单，到港区监管仓库或船公司监管仓库或有分拨权的货运代理监管仓库中提货。若货主有委托代转运要求的，则货运代理还需负责将货物转运到货主的指定地点交付货物。

⑤ 转关运输。进口货物涉及转关运输必须具备若干条件：货主所在地设有海关机构；向海关交验的进境运输单据上列明到达目的地为非首达口岸，需转关运输；运输工具和货物符合海关监管要求；转关运输的单位须经海关核准等。货运代理在接受货主委托办理转关运输时，须明确海关的相关规定，对涉及的报关注意事项、转关关封等文件的管理和移交，以及转关运输工具及运输单位的选择等事务必须谨慎办理。

拓展阅读

拼箱进出口业务单证操作小结：
一、货主提供的单证
1. 出口委托书
2. 出口货物明细单
3. 装箱单（PACKING LIST）
4. 发票（INVOICE）
5. 出口许可证

6. 出口收汇核销单、退税单

7. 报关手册

二、货代负责的单证

1. 出口十联单

第一联：集装箱货物托运单（货主留底）（B/N）

第二联：集装箱货物托运单（船代留底）

第三联：运费通知（1）

第四联：运费通知（2）

第五联：场站收据（装货单）（S/O）

第五联副本：缴纳出口货物港务费申请书

第六联：大副联（场站收据副本）

第七联：场站收据（D/R）

第八联：货代留底

第九联：配舱回单（1）

第十联：配舱回单（2）

2. 提单（正本/副本）（B/L ORIGINAL/COPY）

（1）分提单（HOUSE B/L）

（2）总提单（OCEAN B/L）

3. 海运单（SEAWAY BILL）

4. 出口货物报关单证

（1）必要单证：报关单、外汇核销单、装货单、装箱单、发票、合同、信用证副本。

（2）其他单证。

出口许可证免税手册商检证明产地证明等。

5. 货物报关清单

6. 进舱通知

7. 集拼货预配清单

8. 装箱单（CLP） PACKING LIST

9. 集装箱发放/设备交接单进场/出场（ENTRANCE/OUT）

学习子情境三　班轮运费的计算

一、运费的基本概念

（一）运价

运价是指承运单位承运货物而付出的运输劳动的价格，是运输产品价值的货币表现，具体表现为运输单位产品的价格。海上运输价格，简称为海运运价。

（二）运费

运费是指承运人根据运输契约完成货物运输而向托运人收取的报酬。运费和运价的关系是：运费等于运价和运量之积。

（三）运价本

运价本（tariff），也称费率本或运价表，是船公司承运货物向托运人据以收取运费的费率表的汇总，运价本主要由条款和规定、商品分类和费率三部分组成。

承运人有时会在提单中列入有关运价本的条款，用以说明承运人的运价本的作用。因为提单的正面和背面条款虽已很多，但却是固定格式，因而不可能经常改变。同时，运输合同下各项费用的收取，结算的依据还会与具体港口的特殊要求相对应，并随市场的变化而变化。所以，承运人会用运价本的形式对此做出规定。货运代理人应充分注意承运人运价本的内容和变化。按运价制定形式不同，运价本可以分为等级费率本和列名费率本（见表2-3）。

表2-3　中国—东非航线等级费率表（单位：港元）

等　级	费　率
1	243
2	254
3	264
4	280
5	299
6	314
7	341
8	367
9	404
10	443
11	477
20	1 120
Ad Val	290

（四）运费结构

班轮运费包括基本运费和附加运费两部分。基本运费是对任何一种托运货物计收的运费；附加运费则是根据货物种类或不同的服务内容，视不同情况而加收的运费，可以说是由于在特殊情况下，或者临时发生某些事件的情况下而加收的运费。附加运费可以按每一计费吨（或计费单位）加收，也可按基本运费（或其他规定）的一定比例计收。

1. 基本运费（basic freight）

基本运费是指对运输每批货物所应收取的最基本的运费，是整个运费的主要构成部分。根据基本运价（Basic Freight Rate）和计费吨计算得出，及运价和运量之积。

2. 附加运费（surcharge or additional）

基本运费是构成全程运费中应收运费的主要部分，是根据航线上的各某本港之间进行运输的平均费用水平向普通货物收取的费用。而实际上，经常有一些需要特殊处理的货物、需要加靠非基本港或转船接运的货物需要运输，也因为基本港的自然条件、管理规定、经营方式等情况的不同而导致货物运输成本的差异。这些都会使班轮公司在运营中支付相应的费用。为了使这些增加开支得到一定的补偿，需要在基本运费的基础上，在计算全程运费时收一定的追加额。这一追加额就是班轮运费的另一组成部分——附加运费。附加运费的种类主要有：燃油附加费、货币贬值附加费、超长附加费、超重附加费、港口附加费、港口拥挤附加费、选卸附加费、绕航附加费等。

（五）计费标准

班轮运费的计费标准也称计算标准，是指计算运费时使用的计算单位。在运价表中，计算单位为运费吨，一般用 FT（freight ton）表示。目前，世界各国大多采用国际单位制，以吨（t）和立方米（m³）为计费单位。

不同的船公司使用不同的运价本，因此有不同的规定。航运界通用的一般标准有：

（1）按货物的重量"W（weight）"计算；

（2）按货物的体积"M（Measurement）"计算；

（3）按货物重量或体积吨"W/M"计算，取高者；

（4）起码运费（Minimum Rate/Minimum Freight）；

（5）按货物毛重每一担（112 lb 或 50.8 kg）为计费单位，以"CWT"表示；

（6）对于从价运费"Ad. val"的计算，则按照货物 FOB 价的一定百分比计收；

（7）按货物重量或体积或价值"W/M or Ad. val"，选择其中较高者为计费单位；

（8）按货物重量或体积选择高者，再加上从价运费"W/M plus Ad. val"计算；

（9）以每件货物为单位，如 Per Unit, Per Head 等；

（10）按临时议定的价格（Open Rate）计算。

在班轮运输中，主要使用的计费标准是按容积和重量计算运费，但对于贵重商品，则按货物价格的某一百分比计算运费；在集装箱运输中有按每一个集装箱计算收取运费的规定。此时，根据集装箱的箱型、尺寸规定不同的费率（box rate）。此外，还有起码运费（Minimum rate）的规定。起码运费也称起码提单，是指以一份提单为单位最少收取的运费。承运为维护自身的最基本利益对小批物收取起码运费用于补偿最基本的装卸、整理、运输等操作过程中的成本支出。不同的承运人使用不同的起码运费标准，件杂货和拼箱货一般以 1 运费吨为起码运费标准，最高不超过 5 运费吨；有的以提单为单位收取起码运费，按提单为标准收取起码运费后不再加收其他附加费。

二、运费的计算

（一）杂货班轮运费的计算

（1）根据装货单留底联或托运单查明所运货物的装货港和目的港所属的航线。

（2）了解货物名称、特性、包装状态，是否为超重或超长货件、冷藏货物。

（3）从货物分级表（见表2-4）中查出货物所属等级，确定应采用的计算标准。

表2-4 货物分级表

货 名	计算标准	等 级
农业机械（包括拖拉机）	W/M	9
棉布及棉织品	M	10
小五金及工具	W/M	10

（4）查找所属航线等级费率表，找出该等级货物的基本费率。

（5）查出各项应收附加费的计费办法及费率。

（6）总运费为基本运费和附加运费之和。

具体的计算公式为：

$$运费总额=基本费率\times运费吨+附加运费$$，即：$F=fQ+\sum S$

或：运费总额=基本运费×运费吨×（1+附加费率），即：

$$F=fQ(1+S_1+S_2+\cdots+S_n)$$

例 2-1

上海运往肯尼亚蒙巴萨港口"门锁"（小五金）一批计100箱。每箱体积为20 cm×30 cm×40 cm。每箱重量为25 kg。当时燃油附加费为40%。蒙巴萨港口拥挤附加费为10%，试计算该货物的运费。

计算方法为：

（1）查阅货物分级表。

门锁属于小五金类，其计收标准为W/M，等级为10级。

（2）计算货物的体积和重量。

100箱的体积为：（20 cm×30 cm×40 cm）×100=2.4 m³

100箱的重量为：25×100=2.5（t）。

由于2.4 m³小于2.5 t，因此计收标准为重量。

（3）查阅"中国—东非航线等级费率表"，10级费率为443港元，则基本运费为：

443×2.5=1 107.5（港元）

（4）附加运费为：

1 107.5×（40%+10%）=553.75（港元）

（5）上海运往肯尼亚蒙巴萨港100箱门锁，其应付运费为：

1 107.50+553.75=1 661.25（港元）

（二）集装箱班轮运费的计算

国际集装箱海运运费的计算办法与普通班轮运费的计算办法一样，也是根据费率本规定的费率和计费办法来计算，同样也有基本运费和附加费之分。不过，由于集装箱货物既可以交集装箱货运站（CFS）装箱，也可以由货主自行装箱整箱托运，因在运费计算方式上也有所不同。主要表现在当集装箱货物是整箱托运，并且使用的是承运人的集装箱时，集装箱海运运费计收有"最低计费吨"和"最高计费吨"的规定。此外，对于特种货物运费的计算以及附加费的计算也有其特殊规定。

1. 国际集装箱海运运价的基本形式

目前，国际集装箱海上运输，有几种不同的运价形式，其中主要包括：包箱费率和运量折扣费率等。

（1）包箱费率。包箱费率是为适应海运集装箱化和多式联运发展的需要而出现的一种运价形式。这种费率形式是按不同的商品和不同的箱型，规定了不同的包箱费率，即将各项费率的计算单位由"吨"（重量吨或体积吨）简化为按"箱"计。对于承运人来说，这种费率简化了计算，同时也减少了相关的管理费用。

（2）运量折扣费率。运量折扣费率是为适应集装箱运输发展需要而出现的又一种费率形式。它实际上就是根据托运货物的数量给予托运人一定的费率折扣，即：托运货物的数量越大，支付的运费率就越低。当然，这种费率可以是包箱费率，也可以是某一特定商品等级费率。由于这种运量激励方式是根据托运货物数量确定运费率，因而大的货主通常可以从中受益。

2. 国际集装箱海运运费的计算

（1）拼箱货海运运费的计算。目前，各船公司对集装箱运输的拼箱货运费的计算，基本上是依件杂货运费的计算标准，按所托运货物的实际运费吨计费，即尺码大的按尺码吨计费，重量大的按重量吨计费。另外，在拼箱货海运运费中还要加收与集装箱有关的费用，如拼箱服务费等。由于拼箱货涉及不同的收货人，因而拼箱货不能接受货主提出的有关选港或变更目的港的要求。所以，在拼箱货海运运费中没有选港附加费和变更目的港附加费。

（2）整箱货海运运费的计算。对于整箱托运的集装箱货物运费的计收：一种方法是同拼箱货一样，按实际运费吨计费；另一种方法是目前采用较为普遍的方法，即根据集装箱的类型按箱计收运费。

在整箱托运集装箱货物且所使用的集装箱为船公司所有的情况下，承运人则有按"集装箱最低利用率"和"集装箱最高利用率"支付海运运费的规定。

规定集装箱最低利用率的主要目的是，如果所装货物的吨数（重量或体积）没有达到规定的要求，则仍按其最低利用率时相应的运费吨计算运费，以确保承运人的利益。

按集装箱最高利用率计收运费是指当集装箱内所载货物的体积吨超过集装箱规定的容积装载能力（集装箱内容积）时，运费按规定的集装箱内容积计收，也就是说超出部分免收运费。至于计收的费率标准，如果箱内货物的费率等级只有一种，则按该费率计收；

如果箱内装有不同等级的货物，计收运费时通常采用下列两种做法：一种做法是箱内所有货物均按箱内最高费率等级货物所适用的费率计算运费；另一种做法是按费率高，从高费率起往低费率计算，直至货物的总体积吨与规定的集装箱内容积相等为止。

规定集装箱最高利用率的目的主要是鼓励货主使用集装箱装运货物，并能最大限度地利用集装箱的内容积。

（3）附加费的计算。与普通班轮一样，国际集装箱海运运费除计收基本运费外，也要加收各种附加费。附加费的标准与项目，根据航线和货种的不同而有不同的规定。有关附加费的计收规定与普通班轮运输的附加费的计收规定相似。

（4）货物滞期费。在集装箱运输中，货物运抵目的地后，承运人通常给予箱内货物一定的免费堆存期，但如果货主未在规定的免费期内前往承运人的堆场提取货箱，或去货运站提取货物，则针对超出的时间向货主收取滞期费。货物的免费堆存期通常是从货箱卸下船时起算，其中不包括星期六、星期天和节假日。但一旦进入滞期时间，便连续计算，即在滞期时间内若有星期六、星期天或节假日，该星期六、星期天及节假日也应计入滞期时间，免费堆存期的长短以及滞期费的计收标准与集装箱箱型、尺寸以及港口的条件等有关，同时也因班轮公司而异，有时对于同一港口，不同的船公司有不同的计算方法。

根据班轮公司的规定，在货物超过免费堆存期后，承运人有权将箱货另行处理。对于使用承运人的集装箱装运的货物，承运人有权将货物从箱内卸出，存放于仓储公司仓库，由此产生的转运费、仓储费以及搬运过程中造成的事故损失费与责任均由货主承担。

（5）集装箱超期使用费。若货主所使用的集装箱和有关设备为承运人所有，而货主未能在免费使用期届满后将集装箱或有关设备归还给承运人，或送交承运人指定地点，承运人则按规定对超出时间向货主收取集装箱超期使用费。

学习子情境四　租船运输业务

一、租船货运业务概述

（一）租船运输的概念

租船运输是相对于班轮运输的另一种海上运输经营方式，它没有固定的船舶班期，也没有固定的航线和挂靠港，而是按照货主或承租人对货物运输的要求，根据船舶所有人或出租人与需要船舶运输的货主或承租人双方事先签订的租船合同来安排货物运输，所以又称为不定期船运输。

（二）租船运输的业务的分类

1. 航次租船

航次租船又称"航程租船"或"程租船"、"程租"，是指由船舶出租人向承租人提供船舶或船舶的部分舱位，在指定的港口之间进行单向或往返的一个航次或几个航次，用以运输指定货物的租船运输方式。航次租船是租船市场上最活跃，最普遍的一种租船方式，对运价水平的波动最为敏感。在国际现货市场上成交的绝大多数货物通常都是通过航次租船方式运输的。在航次租船中，根据承租人对货物运输的需要，而采取不同的航次数来订立航次租船合同。航次租船方式可分为下列几种形式：

（1）单航次租船。单航次租船是指船舶出租人与承租人双方约定，提供船舶完成一个单程航次货物运输的租船方式。船舶出租人负责将指定的货物从起运港运往目的港，货物运抵目的港卸船交付货物后，船舶出租人的运输合同义务即告完成。

（2）往返航次租船。往返航次租船是指船舶出租人与承租人双方约定，提供船舶完成一个往返航次的租船方式。返航航次的出发港及到达港并不一定与往航航次的相同，也就是说，同一船舶在完成一个单航次后，会根据货物运输需要在原卸货港或其附近港口装货，返回原装货港或其附近港口。卸货后，往返航次租船结束，船舶出租人的合同义务完成。

（3）连续单航次租船。连续单航次租船是指船舶出租人与承租人约定，提供船舶连续完成几个单航次的租船运输方式。被租船舶在相同两港之间连续完成两个或两个以上的单航次运输后，航次租船合同结束，船舶出租人的合同义务完成。

这种运输经营方式主要应用于某些货主拥有数量较大的货载，一个航次难以运完的情况下。在连续单航次租船中，连续单航次租船合同可按单航次签订若干份租船合同，也可以只签订一份租船合同。

（4）连续往返航次租船。连续往返航次租船是指船舶出租人与承租人约定，提供船舶连续完成几个往返航次的租船运输方式。被租船舶在相同两港之间连续完成两个以上往返航次运输后，航次租船合同结束，船舶出租人的合同义务完成。

2. 定期租船

定期租船又称"期租船"、"期租"，是指由船舶出租人向承租人提供约定的由出租人配备船员的船舶，由承租人在约定的时间内按照约定的用途使用，并支付租金的一种租船方式。这种租船方式以约定的使用期限为船舶租期，而不以完成航次数多少来计算。在租期内，承租人利用租用的船舶既可以进行不定期船货物运输，也可以投入班轮运输，还可以在租期内将船舶转租，以取得运费收入或谋取租金差额。在定期租船中，租期的长短完全由船舶出租人和承租人根据实际需要约定，少则几个月，多则几年，或更长的时间。

3. 光船租船

光船租船又称船壳租船，是指船舶出租人向承租人提供不配备船员的船舶，在约定的时间内由承租人占有、使用和营运，并向出租人支付租金的一种租船方式。这种租船方式实质上是一种财产租赁方式，船舶出租人不具有承揽运输的责任。在租期内，船舶出租人只提供一艘空船给承租人使用。船舶的配备船员、营运管理、供应，以及一切固定或变动的营运费用都由承租人负担。船舶出租人在租期内除了收取租金外，对船舶和其经营不再承担任何责任和费用。

（1）光船租船的特点。

① 船舶出租人提供一艘适航空船，不负责船舶的运输。

② 承租人配备全部船员，并负有指挥责任。

③ 承租人以承运人身份负责船舶的经营及营运调度工作，并承担在租期内的时间损失，包括船期延误、修理等。

④ 承租人负担除船舶的资本费用外的全部固定及变动成本。
⑤ 以整船出租，租金按船舶的载重吨、租期及商定的租金率计算。
⑥ 船舶的占有权从船舶交予承租人使用时起，转移至承租人。

4. 包运租船

包运租船是指船舶出租人向承租人提供一定吨位的运力，在确定的装卸港口之间，按事先约定的时间、航次周期和每航次较为均等的运量，完成合同规定的全部货运量的租船方式。包运租船方式所签订的租船合同称为"包运租船合同"，或称"运量合同"。

二、租船货运业务程序

在通常情况下租船合同的洽订是通过租船经纪人进行的。一项租船业务从发出询价到缔结租船合同的全过程称为租船程序。在通常情况下，租船程序大致经过租船询价、租船要约、租船还价、租船承诺、签订租船合同几个阶段。租船程序的整个过程实际上是船舶出租人和承租人通过经纪人或直接就各自的交易条件向对方进行说明、说服、协商的谈判过程。

（一）租船询价

租船询价又称租船询盘。询盘的作用是让对方知道发盘人的意向和需求的概况，通常是指承租人根据自己对货物运输的需要或对船舶的特殊要求，通过租船经纪人在租船市场上发出租用船舶的意向。询价也可以由船舶出租人为承揽货载而首先通过租船经纪人向租船市场发出。当然，询价也可以由船舶出租人或承租人直接发出。

（二）租船要约

租船要约又称租船报价或租船发盘，承租人或船舶出租人围绕租船询价中的内容，就租船涉及的主要条件答复询价方即为租船要约。当船舶出租人从租船经纪人那里得到承租人的询价后，经过成本估算或者比较其他的询价条件，通过租船经纪人向承租人提出自己所能提供的船舶情况和运费率或租金率。租船要约的具体内容与租船询价的具体内容大致相同。由于要约对于要约人有约束力，实务中往往在租船要约中附带某些保留条件，从而使得租船要约报价按不同的约束力分为绝对发盘和条件发盘两种情形。

1. 绝对发盘

绝对发盘是指具有绝对成交的意图，主要条款明确肯定、完整而无保留，具有法律效力。发盘方不能撤回或更改发盘中的任何条件。绝对发盘时，发盘人一般都规定对方接受并答复的期限。发盘人在期限内不得再向第三方做出相同内容发盘；接受方要在期限结束前给予明确答复，否则无效。绝对发盘的发出意味着租船业务洽谈进入决定时刻。如果接受发盘方认可发盘中的条件，并在期限内予以同意的答复时，该项租船业务即告成交。如果接受发盘方不接受发盘中的条件，或明确表示不接受发盘中的条件，或在期限内不予答复，该项租船业务即告失败。

2. 条件发盘

条件发盘是指发盘方在发盘中对其内容附带某些"保留条件",所列各项条件仅供双方进行磋商,接受发盘方可对发盘中的条件提出更改建议的发盘方式。由于租船要约对于租船要约人有约束力,为了避免这种约束以及在谈判中掌握主动,租船要约人在实务中往往在租船要约中附带某些保留条件,在保留条件未成就前,条件发盘不构成一项具有约束力的合同,对租船业务谈判双方不具备限制力。

条件发盘中比较常见的保留条件有:以细节内容为条件;以发货人接受船舶受载期为条件;以双方签订正式合同文本为条件;以船舶未出租为条件等。

(三)租船还价

租船还价称还盘,是接受发盘的一方对发盘中的一些条件提出修改,或将自己的新条件向发盘人提出的过程。还价意味着询价人对报价人报价的拒绝和新的报价开始,我国合同法将还盘认定为一种新要约的行为。因此,报价人对还价人的还价可能全部接受,也可能接受部分还价,对不同意部分提出再还价或新报价。这种对还价条件做出答复或再次做出新的报价称为反还价或反还盘。

(四)租船承诺

租船承诺又称受盘或接受订租,即为明确接受或确认对方所报的各项租船条件。原则上,接受订租是租船程序的最后阶段,一项租船业务即告成交,至此租船合同成立。

(五)签订租确认书

租船实务中通常的做法是在达成租船承诺后,当事人之间还要签署一份"订租确认书"。双方签认的订租确认书实质上就是一份供双方履行的简式的租船合同,订租确认书经当事人双方签署后,各保存一份备查。

签订租确认书主要内容包括:订租确认书签订日期;船名,或可替代船舶;签约双方的名称和地址;货物名称和数量;装卸港名称及受载期;装卸费用负担责任;运费或租金率、支付方法;有关费用的分担(港口使费、税收等);所采用标准租船合同的名称;其他约定特殊事项;双方当事人或其代表的签字等。

实训演练

一、单项选择题

1. 航次期租下,承租人支付的费用是( )。
   A. 运费　　　B. 附加费　　　C. 租金　　　D. 包干运费
2. 件杂货按货物重量或体积吨计算,取高者的表达方式是( )。
   A. W　　　　B. M　　　　　C. W/M　　　D. CWT
3. ( )是船公司承运货物时据以收取运费的费率表的汇总。
   A. 运价　　　B. 运价本　　　C. 运费　　　D. 费率

4. 船代凭（　　）签发提单。
A. 装箱单　　　　　　　　B. 托运单
C. 场站收据　　　　　　　D. 装货单
5. 订舱单经（　　）签字盖章后，承运、托运双方的运输合同即告成立。
A. 大副　　　　　　　　　B. 船长
C. 船公司代理　　　　　　D. 货运代理

二、判断题

1. 班轮运输也称定程运输，是指船舶按事先制定的船期表，在特定的航线定的挂靠港口顺序，相对确定的运价，经常地从事航线上各港口间的船舶运输。（　　）
2. 货物衡重应以毛重计算。（　　）
3. 积载因数的大小，说明货物的轻重程度。（　　）
4. 杂货班轮运输的托、运双方须事先签订书面运输合同。（　　）
5. 班轮运价包括货物从装港船边（船舷）或吊钩至目的港的船边（船舷）全程运输费用。（　　）
6. 国际上统计集装箱箱量数统一按 ITEU 为计算单位。（　　）
7. 按照货物的性质可以将货物分为普通货物和特殊货物。（　　）
8. 出口货运代理委托书是货主向货运代理人委托办理货运代理事项的文件。（　　）
9. 能作为运输工具的密闭容器，即可称为"集装箱"。（　　）
10. 杂货班轮运输方式，比较适宜开展多式联运。（　　）

三、简答题

1. 请简述装货清单的定义、作用和内容。
2. 请简述提单的定义与主要功能。
3. 请简述载货清单概念及其作用。

四、计算题

1. 我方某公司向东京某进口商出口自行车 100 箱，每箱一件，每箱体积是 20 cm×50 cm×120 cm，计收运费的标准为 M，基本运费为每运费吨 280 港元，另加收燃油附加费 30%，港口拥挤费 10%。试计算：该批商品的运费是多少？
2. 出口商品到科威特 1 000 箱，每箱体积为 40 cm×30 cm×20 cm，毛重为 30 kg，查船公司运价表，该商品运费计算标准为 M/W，等级为 10 级，查中国至科威特为海湾航线 10 级，商品按每吨收费 222 港元，燃油附加费 26%。试计算：该批商品的运费是多少？

学习情境三　国际航空货运代理操作实务

学习目标

▶ **知识目标**
1. 掌握航空运输及货代的基础知识
2. 掌握航空货运的程序
3. 了解航空货运单及其他相关单证的知识

▶ **能力目标**
1. 能够独立进行航空运输业务的操作
2. 能够正确填制航空运输单据和其他相关单证

情境引例

重庆华兴公司与墨西哥某公司签订了一份 21 英寸彩电出口合同，货物共 100 台，总值 10 000 美元。双方约定采用信用证方式支付，使用国际航空运输方式出口货物，由卖方负责运输，并支付运输费用。德强公司收到买方开立信用证后，随即委托顺达货运代理公司办理货物从重庆至墨西哥的运输业务。请问该货运代理公司如何完成此项业务？

学习子情境一　国际航空货物运输概述

一、国际航空货物运输的概念

航空运输，是指使用航空器运送人员和货物的一种运输方式，可以用于运输的航空器有气球、飞艇、飞机、直升机等。

国际航空货物运输是指以航空器作为运输工具，根据当事人签订的航空运输合同，无论运输有无间断或者有无转运，运输的出发地点、目的地点或者约定的经停地点之一不在中华人民共和国境内，而将货物运送至目的地并收取报酬或提供免费服务的运输方式。

拓展阅读

1. 国际上用于货物运输的飞机按照用途的分类

（1）全货机：主舱及下舱全部载货。

（2）全客机：只在下舱载货。

（3）客货混用机：在主舱前部设有旅客座椅，后部可装载货物，下舱内也可以装载货物。

2. 常见集装器种类

（1）集装板和网套（见图3-1）。集装板是具有标准尺寸的，四边带有卡锁轨或网带卡锁眼，带有中间夹层的硬铝合金制成的平板，以便货物在其上码放；网套是用来把货物固定在集装板上，网套的固定靠专门的卡锁装置来限定。

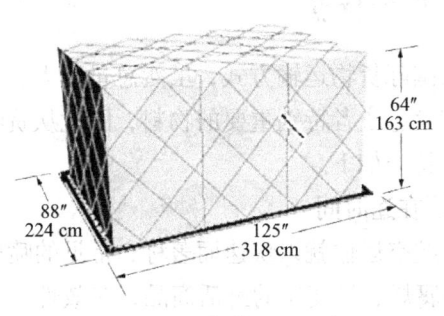

图3-1 集装板和网套

（2）集装棚（见图3-2）。非结构的集装棚是一个非结构的棚罩（可用轻金属制成），罩在货物和网套之间。结构集装棚是指带有固定在底板上的有外壳的集装设备，它形成了一个完整的箱，不需要网套固定，分为拱形和长方形两种。

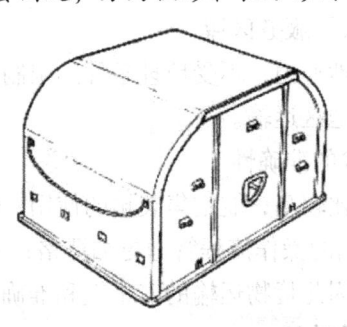

图3-2 结构集装棚

（3）集装箱（见图3-3）。类似于结构集装棚，它又可分为：①空陆联运集装箱，分为20 ft或40 ft，高和宽为8 ft，只能装于全货机或客机的主舱，主要用于陆空、海空联运。②主货舱集装箱，只能用于全货机或客机的主货舱，高度在163 cm以上。③下货舱集装箱，只能装于宽体飞机的下货舱。

图 3-3 集装箱

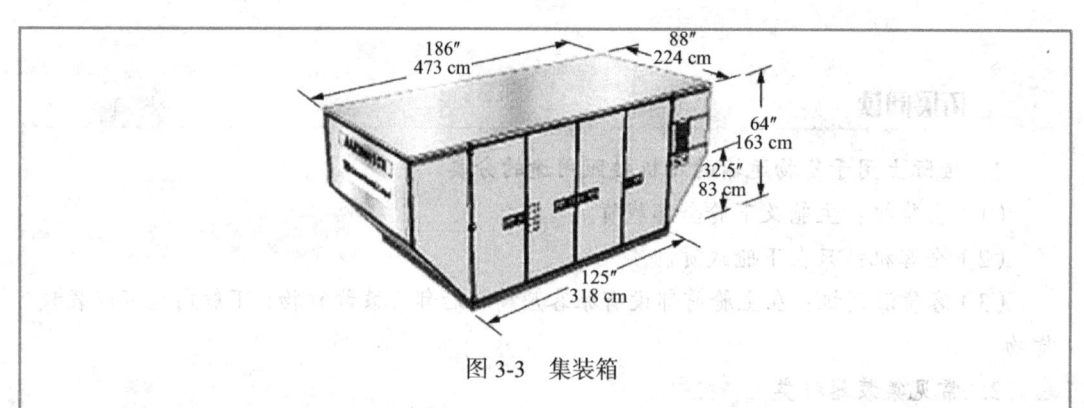

此外，还有一些特殊用途的集装箱，如保温箱，分为密闭保温主箱和动力控制保温箱两种。还有运载活体动物和特种货物的专用集装箱，如汽车运输设备、马厩、牛栏。

二、国际航空货物运输的特点

航空货物运输是重要的国际货物运输方式，虽然总量不大，但是由于一般运输对象都是价值相对较高、需求比较紧急或者特别重要的物料，因此从货物本身来看，其作用举足轻重。航空货物运输的主要特征如下。

1. 运送速度快，缩短了在途时间

从航空业诞生之日起，航空运输就以快速而著称，常见的喷气式飞机的巡航速度大都在 850~900 km/h。对于易腐烂、易变质的鲜活商品，时效性、季节性较强的报刊、应季水果等，以及抢险、救急品等对时效性要求较高的货物，航空运输的优势就尤为突出；对于许多贵重物品、精密仪器，因为航空运输的快捷性，大大缩短了货物的在途时间，从而使得货物的在途风险降低；对于国际市场激烈的竞争环境而言，航空运输所提供的快速服务，使得供货商可以对国外市场瞬息万变的行情做出迅速反应，从而获得更好的市场。

2. 地理条件限制小，增大了服务区域

航空运输利用天空这一自然通道，不受地理条件的限制，对外辐射面广，非常合适地面条件恶劣、交通不便的内陆地区运输。

3. 安全性高，提高了运输的准确性

一般航空运输的货物价值比较高，航空集装箱的使用，使货物破损率大大降低；与其他运输方式相比，航空货物运输的操作流程管理更加严格；一般的飞机航行有固定的班期，其准点率比其他运输方式高，因此货物运输的安全性和准确性更高。

4. 运输成本高，对货物限制多

虽然修建机场比修铁路、公路占用土地少、投资省，但是由于航空运输技术要求高，飞行器体积、舱位、载重等的限制，所以航空货物运输规模小，从而大幅度增加了航空货物运输的成本和限制条件。例如，海运的运费是以公吨或 TEU 来计算，而航空运费则是以千克来计算的；如一架波音 747 民用客货机最大载重体积不超过 96 m^3，载重量不到 100 t，相对于火车运输的几千吨和船只运输的几万吨，有着巨大的差别。因此，航空运输适于运输相对体积小、重量轻且价值比较高的货物。

> **拓展阅读**

航线、主要航空公司及航空货运代码。

1. 航线

民航从事运输飞行必须按照规定的线路进行，这种线路叫作航空交通线，简称航线。航线不仅确定了航行的方向和经停地点，还根据空中管理的需要，规定了航路的宽度和飞行的高度，以维护空中交通秩序，保证飞行安全。

2. 主要航空公司

目前，在我国空域获得航权的航空运输企业有60多家，经营国际航空运输的主要航空公司有中国国际航空公司、南方航空公司、上海航空公司；国外主要航空公司有美国联合航空公司、德国汉莎航空公司、英国航空公司、荷兰皇家航空公司等。

3. 航空货运代码

航空货运代码具有识别容易、简洁明了的优点，方便单证制作和业务操作，对整个航空货运的顺畅运作起着举足轻重的作用。

（1）国家代码：国家代码用两字代码表示（见表3-1）。

表3-1 国家代码

中文全称	英文全称	代　　码
中国	China	CN
英国	United Kingdom	UK
美国	United States	US
日本	Japan	JP
加拿大	Canada	CA
澳大利亚	Australia	AU
新加坡	Singapore	SG

（2）城市代码：城市代码用三字代码表示（见表3-2）。

表3-2 城市代码

中文全称	英文全称	代　　码
北京	Beijing	BJS
上海	ShangHai	SHA
纽约	New York	NYC
伦敦	London	LON
东京	Tokyo	TYO
大阪	Osaka	OSA
巴黎	Paris	PAR

（3）机场代码：机场代码用三字代码表示（见表3-3）。

表3-3　机场代码

中文全称	英文全称	代码	所在国家
首都国际机场	BeiJing Capital International Airport	PEK	中国
浦东机场	ShangHai PuDong International Airport	PVG	中国
西斯罗机场	Longdon Heathrow Airport	LHR	英国

（4）航空公司代码：航空公司代码用二字代码表示（见表3-4）。

表3-4　航空公司代码

中文全称	所在国家	代码
中国国际航空公司	中国	CA
中国东方航空公司	中国	MU
中国南方航空公司	中国	CZ
空桥航空公司	俄罗斯	RU
美国西北航空公司	美国	NW

三、国际航空货物运输的类别

国际航空货物运输的主要方式有以下几种。

1. 班机运输（Scheduled AirLine）

班机运输是指在固定航线上飞行的航班，它有固定的始发站、途经站和目的站。

2. 包机运输（Chartered Carrier）

包机运输分为整包机与部分包机两种。整包机由航空公司或包租代理公司按照事先约定的条件和费用将整机租给租机人，从一个或几个空站将货物运至指定目的地，它适合运送大批量的货物，运费不固定，一次一议，通常较班机运费低；部分包机由几家货运代理公司或发货人联合包租一架飞机，或者由包机公司把一架飞机的舱位分别租给几家空运代理公司，其运费虽较班机低，但运送的时间比班机长。办理包机至少需在发运前一个月与航空公司洽谈，并签订协议，以便航空公司安排运力办理包机过境、入境、着陆等有关手续。如货主找空运代理办理包机应在货物发运前40天提出申请。

3. 集中托运（Consolidation）

集中托运是指由空运代理将若干单独发货人的货物集中起来组成一整批货物，由其向航空公司托运到同一到站，货到国外后由到站地的空运代理办理收货、报关并分拨给各个实际收货人。集中托运的货物越多，支付的运费越低。因此，空运代理向发货人收取的运费要比发货人直接向航空公司托运低。

4. 陆空陆联运（TAT Combined Transport）

陆空陆联运分为三种：一是 TAT，即 Train-Air-Truck 的联运；二是 Truck-Air 的联运；三是 Train-Air 的联运。

5. 急件传递（Air Express）

急件传递不同于一般的航空邮寄和航空货运，它是由专门经营这项业务的公司与航空公司合作，设专人用最快的速度在货主、机场、用户之间进行传递。例如，传递公司接到发货人委托后，用最快的速度将货物送往机场赶装最快航班，随即用电传将航班号、货名、收货人及地址通知国外代理接货，航班抵达后，国外代理提取货物后急送收货人。这种方式又称为"桌至桌"（desk to desk）运输。

6. 送交业务（Delivery Business）

送交业务通常用于样品、目录、宣传资料、书籍报刊之类的空运业务，由国内空运代理委托国外代理办理报关、提取、转送并送交收货人。其有关费用均先由国内空运代理垫付，然后向委托人收取。

学习子情境二　国际航空运输业务流程

国际航空货物运输的业务流程是指为了满足货物运输消费者的需求而进行的从托运人发货到收件人收货的整个全过程的物流、信息流的实现和控制管理的过程。

为了更好地为客户服务，航空货运代理人必须非常熟悉国际货物运输的业务流程，能够及时地掌握航空运输的全过程，使一票货物的运输顺畅，能够及时运送到收货人的手中。

一、国际航空货物出口运输代理操作流程

航空货物出口运输代理业务程序包含以下环节：市场销售→委托运输→审核单证→预配舱→预订舱→接单→制单→接货→标签→配舱→订舱→出口报关→出仓单→提板箱→装板箱→签单→交接发运→航班跟踪→信息服务→费用结算。

流程如图3-4所示。

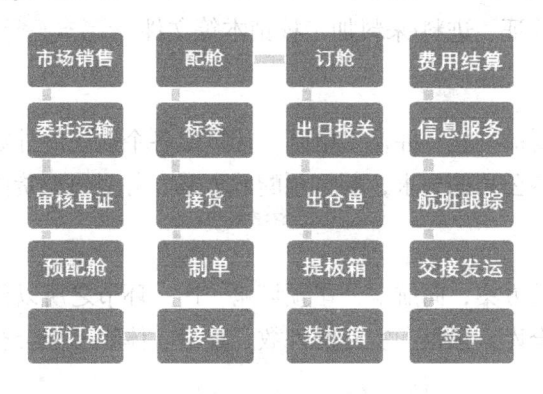

图3-4　航空货物出门运输代理业务流程

（一）市场销售

作为航空货物运输销售代理，销售的产品是航空公司的舱位，承揽货物处于整个航空货物出口运输业务程序的核心地位。

代理公司要对整个区域经济的发展有充分了解，了解哪些行业的产品适合空运。代理

公司营销人员在具体操作时需及时向出口单位介绍本公司的业务范围、服务项目、各项收费标准，特别是向出口单位介绍优惠运价，介绍本公司的服务优势等。

航空公司与出口单位（发货人）就出口货物运输事宜达成意向后，可以向发货人提供所代理的有关航空公司的"国际货物托运书"。对于长期出口或出口量大的单位，航空代理公司一般都与之签订长期的代理协议。

发货人发货时，首先需填写托运书，并加盖公章，作为货主委托代理承办航空货运出口货物的依据。航空货运代理公司根据委托书要求办理出口手续，并据以结算费用。因此"国际货物托运书"是重要的法律文件。

（二）委托运输

根据《华沙公约》《海牙议定书》和承运人运输条件的条款规定，承运人的承运条件是为托运人准备航空货运单。同时《中华人民共和国民用航空法》规定，承运人有权要求托运人填写航空运单。由此可见，航空货运单的填开责任人是托运人，即托运人对航空货运单所填写各项内容的正确性、完备性负责。由于货运单所填内容不准确、不完备致使承运人或他人遭受损失，托运人负有责任。承运人或其代理人可以应托运人的请求代托运人填写航空货运单。

托运书是托运人用于委托承运人或代理人填开航空货运单的一种表单，表单上列有填制货运单所需的各项内容，并印有授权于承运人或代理人代其在货运单上签字的文字说明。（关于航空货物托运书的具体填制方法将在学习子情境四进行详细讲解。）

（三）审核单证

在接受托运人委托后，航空货运代理公司通常会指定专人对托运书进行审核。审核重点应看价格和航班日期。审核后，审核人员必须在托运书上签名并注明日期以示确认。

航空货运代理审核单证除了托运书之外，还需审核商品发票、装箱单、报关单、外汇核销单、许可证、商检证、进料/来料加工核销本等文件。

（四）预配舱

代理人汇总所接受的委托，并输入电脑，计算出各个航线的件数、重量、体积，按照客户的要求和各个航空公司的要求，制订预配舱方案，并对每票货配上运单号。

（五）预订舱

代理人根据预配舱方案，向航空公司预订舱。这一环节之所以称为预订舱，是因为此时货物可能还没有入仓库，预报和实际的件数、重量、体积等都会有差别，这些留待配舱时再做调整。

货物订舱需根据发货人的要求和货物标识的特点而定。一般来说，大宗货物、紧急物资、鲜活易腐烂物品、危险品、贵重物品等，必须预订舱位。非紧急的零散货物，可以不预订舱位。

通常对下列货物应当预订航班舱位，否则承运人可以不予受理。

（1）货物在中转时需要特殊对待。

(2)不规则形状或者尺寸超限的货物。
(3)批量较大的货物。
(4)特种货物,如危险品、活体动物等。
(5)需要两家及其以上承运人运输的联运货物。
(6)货物的声明价值超过10万美元或者其等价货币。

(六)接单

接受单证,是指货运代理公司接受托运人或其代理人送交的已经审核确认的托运书及报关单证和收货凭证。将电脑中的收货记录与收货凭证核对。制作操作交接单,填上所收到的各种报关单证份数,给每份交接单配一份总运单或分运单。将制作好的交接单、配好的总运单、报关单证移交制单。如此时货未到或未全到,可以按照托运书上的数据填入交接单并注明,货物到齐后再进行修改。

(七)制单

航空货运单包括总运单和分运单,填制航空货运单的主要依据是发货提供的国际货物委托书,委托书上的各项内容都应体现在货运单项式上,一般用英文填写。填制航空货运单是空运出口业务最重要的环节,货运单填写的准确与否直接关系到货物能否及时、准确地运达目的地,货运单也是发货人结汇的主要有效凭证,因此必须单货一致、单单一致。

(八)接货

接受货物,是指航空货运代理公司把即将发运的货物从发货人手里接过来并运送到自己的仓库。

接收货物一般与接单同时进行。对于通过空运或铁路从内地运往出境地的出口货物,货运代理按照发货提供的运单号、航班号及接货地点日期,代其提取货物。如货物已在始发地办理了出口海关手续,发货人应同时提供始发地海关的关封。

接货时,双方应办理货物的交接、验收,进行过磅称重和丈量,根据发票、装箱单或送货单清点货物,核对货物的数量、品名、合同号或唛头等是否与货运单上所列一致;检查货物的外包装是否符合运输的要求。

(九)标签

标记是指在外包装上由托运人书写的有关事项和记号,包括托运人、收货人的姓名、地址、联系电话、传真、合同号及运输(操作)注意事项等。

标签从作用上来区分可分为识别标签、特种货物标签和操作标签。

1. 识别标签

识别标签是指说明货物的货运单号码、件数、重量、始发站、目的站、中转站的一种运输标志。分为挂签、贴签两种(见图3-5)。

图 3-5　识别标签

2. 特种货物标签

特种货物标签是指说明特种货物性质的各类识别标志。分为活体动物标签、危险品标签和鲜活易腐烂物品标签（见图 3-6）。

a. 危险品、标签　b. 活体动物标签　b. 鲜活易腐烂物品标签

图 3-6　特种货物标签

3. 操作标签

操作标签是指说明货物储运注意事项的各类标志（见图 3-7）。

图 3-7　操作标签

（十）配舱

配舱时，需运出的货物都已入库。这时需要核对货物的实际件数、重量、体积与托运书上预报数量的差别；应注意对预订舱位、板箱的有效领用、合理搭配，按照各航班机型、板箱型号、高度、数量进行配载。同时，对于货物晚到、未到情况及未能顺利通关放行的货物做出调整处理，为制作配舱单做准备。实际上，这一过程一直延续到单、货交接给航空公司后才完毕。

（十一）订舱

订舱就是将所接收空运货物向航空公司正式提出运输申请并订妥舱位。

订舱的具体做法和基本步骤是：接到发货人的发货预报后，向航空公司吨控部门领取并填写订舱单，同时提供商品名称、体积、重量、件数、目的地、运输要求等相应信息。

航空公司根据实际情况安排航班和舱位。航空公司舱位销售的顺序原则是：抢险救灾、急救、外交信袋、枪械、灵柩骨灰、AOG（Aircraft On Ground，飞机停航待修）押运货物及政府制定指定急运的物品；邮件固定配额舱位高运价货物舱位；临时拉卸的已订妥舱位的货物；国际国内已订舱的中转联程货物；一般鲜活易腐烂物品；零星小件货物每票货物实际重量或计费重量在30kg以下的；其他普通货物；预拉货。

货运代理公司订舱时，可依照发货人的要求选择最佳的航线和最佳的承运人，同时为发货人争取最低、最合理的运价。为此，就要求航空货运代理必须掌握每家航空公司、每条航线、每个航班甚至每个目的港的运价和航班日期的信息。

在订舱过程中，货运代理要与货主保持密切联系，订舱前，就航班选择、运价情况先征求货主同意，订舱后，要及时向客户确认航班以及相关信息（将订舱情况通知委托人），以便及时备单、备货。

（十二）出口报关

出口报关的基本程序是：首先将发货人提供的出口货物报关单的各项内容输入电脑；在通过电脑填制的报关单上加盖报关单位的报关专用章；然后将报关单与有关的发票、装箱单、货运单综合在一起，并根据需要随附有关的证明文件；以上报关单证齐全后，由持有报关证的报关员正式向海关申报；海关审核无误后，在用于发运的运单正本上加盖放行章，同时在出口收汇核销单和出口报关单上加盖放行章，在发货人用于产品退税的单证上加盖验讫章，贴上防伪标识，完成出口报关手续。

（十三）出仓单

配舱方案制订后就可着手编制出仓单：出仓单的日期、承运航班的日期、装载板箱形式及数量、货物进仓顺序编号、总运单号、件数、重量、体积、目的地三字代码和备注。出仓单交给出口仓库，用于出库计划、出库时点数并向装板箱交接。出仓单交给装板箱环节用于向出口仓库提货的依据。出仓单交给货物的环节用于从装板箱环节收货凭证和制作"国际货物交接清单"的依据，该清单用于向航空公司交接货物。

（十四）提板箱

根据订舱计划向航空公司办理申领板、箱的相应手续，以便装货。

订妥舱位后，航空公司吨控部门将根据货量出具和发放"航空集装箱、板"凭证，货代凭此向航空公司板箱管理部门领取与订舱货量相应的集装板和集装箱。

大宗货物、集中托运货物可以在货运代理公司自己仓库、场地装，亦可在航空公司指定的场地装板、装箱。

（十五）装板箱

注意事项：不要用错集装箱、集装板，不要用错板型、箱型；不要超装箱板尺寸；要垫衬，封盖好塑料纸，防潮、防雨淋；集装箱、板内货物尽可能配装整齐，结构稳定，并接紧网索，防止运输途中倒塌；对于大宗货物、集中托运货物，尽可能将整票货物装一个或几个板、箱内运输。

(十六) 签单

货运单在盖好海关放行章后还需到航空公司签单，主要是审核运价使用是否正确以及货物的性质是否适合空运。例如危险品等是否已办好了相应的证明和手续，航空公司的地面代理规定，只有签单确认后才允许将单、货交给航空公司。

(十七) 交接发运

交接是向航空公司交单交货。

交单就是将随机单据和应由承运人留存的单据交给航空公司。随机单据包括第二联航空运单正本、发票、装箱单、产地证明、品质鉴定证书。

交货就是把与单据相符的货物交给航空公司。交货之前必须粘贴或拴挂货物标签，交货时根据标签清点和核对货物，填制"国际货物交接清单"。大宗货、集中托运货，以整板、整箱称重交接；零散小货按票称重，计件交接。航空公司审验货后，在交接签单上验收，将货物存入出口仓库，单据交吨控部门，以备配舱。

(十八) 航班跟踪

国内几大航空公司都使用了货物追踪查询系统。如国航、东航、南航、上航，都可以使用网络查询，货物追踪。

要进行货物追踪，首先要确认货物是通过哪家航空公司承运的，得到其相应的提单号码，通过相应航空公司的对应网站的货物在线追踪系统即可得知。若有些尚未在网上使用在线追踪系统的，可以通过相关的查询电话进行追踪。及时将信息反馈给客户，以便遇到不正常情况时及时处理。

(十九) 信息服务

航空货运代理公司须在多个方面为客户做好信息服务。如订舱信息、审单及报关信息、仓库收货信息、交运称重信息、一程及二程航班信息、集中托运信息、单证信息等。总之，航空货运代理应为委托人进行全程信息服务。

(二十) 费用结算

费用结算主要涉及与发货人、承运人和国外代理人三方面的结算。

（1）与航空公司结算费用：向航空公司支付航空运费及代理费，同时收取代理佣金。

（2）与发货人结算费用：与发货人结算航空运费（在运费预付的情况下）、地面杂费、各种服务费和手续费。

（3）与国外代理人结算：与国外代理人结算到付运费和利润分成。目前中国民航的各航空公司暂不办理运费到付业务。

二、国际航空货物进口运输代理操作流程

航空货物进口运输代理业务程序，是指代理公司对于货物从入境到提取或转运的整个流程的各个环节所需办理的手续，以及准备相关单证的全过程。

流程图解如图 3-8 所示。

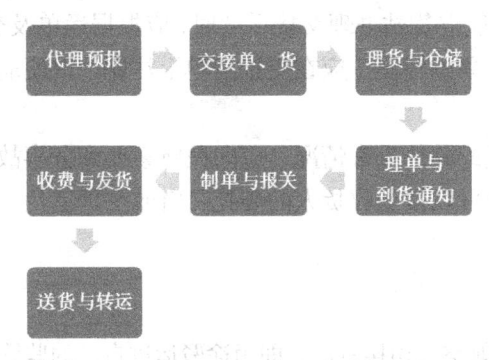

图 3-8　航空货物进口运输代理业务流程

（一）代理预报

在国外发货之前，国外代理公司会将运单、航班、件数、重量、品名、实际收货人及其他地址、联系电话等内容通过传真或电子邮件发给目的地代理公司，这一过程被称为预报。

注意事项有以下两个方面：

（1）注意中转航班。中转点航班的延误会使实际到达时间和预报时间出现差异。

（2）注意分批货物。从国外一次性运来的货物在国内中转时，由于国内载量的限制，往往采用分批的方式运输。

（二）交接单、货

航空货物入境时，与货物相关的单据（运单、发票、装箱单等）也随机到达，运输工具及货物处于海关监管之下。货物卸下后，将货物存入航空公司或机场的监管仓库，进行进口货物仓单录入，将舱单上总运单号、收货人、始发站、目的站、件数、重量、货物品名、航班号等信息通过电脑传给海关留存，供报关用。

同时根据货运单上的收货人或通知人寄发取单、提货通知。若运单上收货人或通知人为某航空公司货运代理，则把运输单据及与之相关的货物交给该航空公司货运代理。航空公司的地面代理向货运代理公司交接的有国际货物交接清单、总运单、随机文件、货物。交接时要做到：单、单核对，即交接清单与总运单核对；单、货核对，即交接清单与货物核对。核对后出现问题的处理方式如表 3-5 所示。

表 3-5　单、货交接出现问题处理方式

总运单	清　单	货　物	处理方式
有	无	有	清单上加总运单号
有	无	无	总运单退回
无	有	有	总运单后补
无	有	无	清单上划去
有	有	无	总运单退回
无	无	有	货物退回

另外，还需注意分批货物，做好空运进口分批货物登记表。

总之，货运代理在与航空货站办理交接手续时，应根据运单及交接清单核对实际货物，若存在有单无货或有货无单的情况，应在交接清单上注明，以便航空公司组织查询并通知入境地海关。

发现货物短缺、破损或其他异常情况，应向民航索要商务事故记录，作为实际收货人交涉索赔事宜的依据。也可以接受收货人的委托，由航空货运代理公司代表收货人向航空公司办理索赔。

（三）理货与仓储

航空货运代理公司自航空公司接货后，即短途驳运进自己的监管仓库，组织理货及仓储。

货物进驻自己监管仓库后，首先逐一核对每票货物件数，再次检查破损情况，遇有异常，确属接货时未发现的问题，可向民航提出交涉。根据《华沙公约》第二十六条："除非有相反的证据，如果收货人在收受货物时没有异议，就被认为货物已经完好地交付，并和运输凭证相符。"此规定对收货人不利。后《海牙议定书》(《华沙公约》修正本）中第十五条规定："关于损坏事件，收货人应于发现损坏后立即向承运人提出异议……最迟应在收到货物后 14 天内提出。"

核对货物无误后，按大货、小货、重货、轻货、单票货、混载货、危险品、贵重品、冷冻、冷藏品，分别堆存、进仓。堆存时注意货物箭头朝向，总运单、分运单标志朝向，注意重不压轻，大不压小。

（四）理单与到货通知

将集中托运进口的每票总运单项下的分运单分理出来，审核与到货情况是否一致，并制成清单输入电脑；将集中托运总运单项下的发运清单输入海关电脑，以便实施按分运单分别报验报关、提货。

货物到达目的港后，货运代理应从航空运输的时效出发，为减少货主仓储费，避免海关滞报金，尽早、尽快、尽妥地通知货主到货情况，提请货物配齐有关单证，尽快报关。

（五）制单与报关

1. 制单

制单指按海关要求，依据运单、发票、装箱单及证明货物合法进口的有关批准文件，制作"进口货物报关单"。

货物代理公司制单时一般程序为：

（1）长期协作的货主单位，有进口批文、证明手册等存放于货运代理处的，货物到达，发出到货通知后，即可制单、报关，通知货主运输或代办运输。

（2）部分进口货，因货主单位（或经营单位）缺少有关批文、证明的，可于理单、审单后，列明内容，向货主单位催寄有关批文、证明，亦可将运单及随机寄来单证、提货单以快递形式寄货主单位，由其备齐有关批文、证明后再决定制单、报关事宜。

（3）无须批文和证明的，可即行制单、报关，通知货主提货或代办运输。

（4）部分货主要求异地清关时，在符合海关规定的情况下，制作"转关运输申报单"办理转关手续。报关单上需由报关人填报的项目有：进口口岸、收货单位、经营单位、合同号、批准机关及文号、外汇来源、进口日期、提单或运单号、运杂费、件数、毛重、海关统计商品编号、货品规格及货号、数量、成交价格、价格条件、货币名称、申报单位、申报日期等，转关运输申报单内容少于报关单，亦需按要求详细填列。

2. 进口报关

进口报关是进口运输中关键的环节。报关程序中，还有很多环节，大致可分为初审、审单、征税、验放四个环节。

（1）初审：包括海关审核报关单所填报的内容与原始单证是否相符，商品的归类编号是否正确，报关单的预录入是否有误等。初审只对报关单证做形式上的审核，不做实质性的审查。

（2）审单：是报关的中心环节，从形式和内容上对报关单证进行全面的详细审查。审核内容包括：报关单证是否齐全准备；所报内容是否属实；有关的进口批文和证明是否有效；报关单所填报的货物名称、规格、型号、用途及金额与批准文件是否一致；确定关税的征收和减免等。

（3）征税：根据报关单证所填报的货物名称、用途、规格、型号及构成材料等，确定商品的归类编号及相应的税号和税率。

（4）验放：如果单证提供齐全，税款和有关费用全部结清，报关未超过规定期限，审核无误后，海关在分运单正本上加盖放行章，通关放行。

（六）收费与发货

办完报关、报验等进口手续后，货主须凭盖有海关放行章、检验检疫章（进口药品须有药品检验合格章）的进口提货单到所属监管仓库付费提货。

货物交接不当将会导致纠纷及索赔，应予以特别注意：

（1）分批到达货，收回原提单，出具分批到达提货单，待后续货物到达后即通知货主再次提取。

（2）航空公司责任的破损、短缺，应由航空公司签发商务记录。

（3）货运代理公司责任的破损、短缺，应由代理公司签发商务记录。

（4）遇有货运代理公司责任的破损事项，应尽可能商同货主、商检单位立即在仓库做商品检验，确定货损程度，避免后面运输中加剧货损的发展。

（七）送货与转运

出于多种因素，许多货主或国外发货人要求将进口到货由货运代理报关、垫税，提货后运输到直接收货人手中。货运代理公司在代理客户制单、报关、垫税、提货、运输的一揽子服务中，由于工作熟练，衔接紧密，服务到位，因而受到货主的欢迎。

送货上门业务是指进口清关后货物直接送至货主单位，运输工具一般为汽车。

转运业务是指将进口清关后的货物转运至内地的货运代理公司，运输方式主要为飞机、汽车、火车、水运、邮政等。

转关是指货物入境后不在进境地海关办理进口报关手续，而运往另一设关地点办理进口海关手续，在办理进口报关手续前，货物一直处于海关监管之下，转关运输也称监管运输。

学习子情境三　特殊货物航空运输业务流程

特种航空运输是指对非常规物品使用飞机进行运输，特种货物包括贵重货物、活动物、尸体、骨灰、危险物品、外交信袋、作为货物运输的行李和鲜活易腐的货物。

一、特种运输的概念

（一）活动物的收运

IATA（国际航空运输协会）每年都会出版一期《活体动物规则》，活体动物的基本收运条件必须是健康状况良好、无传染病，并具有卫生检疫证明的活动物，托运人必须办妥相关海关手续，妊娠期的哺乳动物应当先观察再托运，在动物与尚在哺乳期的幼畜同时交运的情况，把成年动物与幼畜分开方可托运，对于有特殊不良气味的动物将不予收运。

活体动物的容器应坚固，防止动物破坏、逃逸和接触外界，容器必须防止动物粪便溢漏，污损飞机，容器必须有足够的通气孔以防动物窒息，必要时在容器内备有饲料设备和饲料，容器上应贴有下列标贴："动物"标贴（LIVE ANIMAL）、"不可倒置"标贴（THIS SIDE UP），对危害人的有毒动物应贴"有毒"（POSIONOUS）。

动物运输必须在订妥全程舱位后方可托运，并且不办理运费到付手续；动物运输应尽量采用直达航班，到站日期尽量避开周末和节假日；动物在运输过程中，由于自然原因发生的病、伤或死亡，承运人不负责任，除非证明是承运人的原因造成的；由于托运人的过失或违反承运人的运输规定，致使动物在运输过程中对第三者造成损害或损失时，应由托运人承担责任；动物在运输途中或到达目的地后死亡，所发生的一切处理费用应由托运人或收货人承担除非证明死亡的原因是由承运人造成的。

（二）贵重物品的收运

常见的贵重物品每千克毛重的声明价值超过1 000美元的任何物品、现金、宝石、铂金或铂金类的稀有贵重金属等物品。

贵重物品应用硬质木质或铁箱包装，不得使用纸质包装，必要时外包装上应用"井"字铁条加固，并使用火漆封志或铅封，外包装上不得有任何提示包装内物品的标志。

贵重物品托运应当优先使用直达航班，尽量缩短运输时间，避开周末和节假日，订妥全程舱位，不得使用地面运输；托运时如需变更续程承运人，必须得到有关承运人的认可，如需特别安全措施，应在电文中注明；货物在装机和装集装箱过程中，至少有三个人在场，其中一个必须是承运人代表；如果发现贵重货物有破损、丢失或短少等现象，应立即停止运输，填写"货物不正常运输记录"并通知有关部门。

（三）危险品的收运

凡具有易燃、易爆、腐蚀、毒害、放射线等性质，在运输过程中能引起人身伤亡和财产损失的货物称为危险货物，包括爆炸品、氧化剂、压缩气体和液化气、自燃和易燃物品、毒害品、腐蚀和放射物品等。

危险物品的包装件在组装集装器或装机前，必须进行认真的检查，包装件在完全符合要求的情况下才能继续作业；装有液体危险品的包装件均按要求贴有向上标签，在搬运、装卸以及装机的过程中必须按照标签的指向始终保持包装件直立向上；在搬运或装卸危险品的过程中，必须坚持轻拿轻放的原则，防止磕、碰、摔、撞；危险品装入飞机货舱后，装载人员应设法固定，防止危险品在飞机飞行过程中发生倾倒或翻滚，造成飞机和货物的损坏。

二、特种货物运输规定

1. 国内航班

国内航班（包括正班、加班、公务、训练、调机飞行）除一、二级包装的放射性同位素外，一律不载运危险品（包括民航内部的公务危险品）。

2. 国防急需

遇国防急需民航空运危险品时，必须经发货人的归口单位与民航局联系，经民航局同意后，安排包机承运。接到要求的运输部门亦应同时逐级上报。

3. 进口货物

凡经国际航班进口的危险货物，除易燃、易爆物品每年 6—9 月不能转运外，只要原包装完好，符合国际空运要求均可利用国内航班载运，并按 150%收取费用。若危险物品已被提离机场，一般情况下不再负责转运。

4. 可按普通货物收运的化学物品

民航局编制的化学物品运输规定所附可按普通货物收运的化学物品品名表中列有品名的化学物品，可以按普通货物承运。

5. 化学物品

对于化学物品，可根据"危险品与可按普货承运物品的划分"区分能否承运，判断不了的货物不予承运。如为工农业生产急需物资，可将化学品名、性质、件数、单件重量、任务性质等详细情况上报民航局主管业务部门审定。

三、特种货物航空流程

1. 出口流程

（1）货代提前（一般提前 24 小时）以书面形式向特货室提出入仓申请，由特货室通知相关部门做好相应准备。

（2）特货室检查岗按各类特货的收运要求检查货物的包装、材料和文件资料是否齐全且符合要求。如货物检查合格，同意货物入仓后，特货室检查岗填写《特种货物接收记录本》和《特种货物出库记录表》。出口操作岗人员按货物性质的不同将货物存放于不同仓库。如货物检查不合格，则应把货物退回货代，直至合格后方可以入仓。

（3）出口文件室接收运单及相关文件，按照航空公司要求将货物配运航班，同时填写《特种货物出库记录表》。

（4）出口操作岗接收货物配运信息，将货物从相应库区中提出，按装载要求装载，保障货运运输过程的安全。

（5）出口文件室单证岗填写机长通知单，一式四份，分别交给机长、目的站、出发站和代办。货物出港后，查询岗应及时拍发特种货物电报，通知对方站相关信息。出口文件室需将所有相关资料整理归档。

2. 进口流程

（1）分拣岗与进口文件室交接有特种货物航班的舱单，收集有关信息。

（2）分拣岗在指定区域与地勤正确交接板箱，然后按照各种特种货物的包装及货物操作要求指挥理货岗按要求分拣、存放。危险品货物必须存放在危险品仓。

（3）分拣岗将航班信息反馈给文件室，如有无货物破损，不正常情况等。

（4）分拣岗按不同航班将舱单、分拣表、破损报告、不正常报告等整理归档。

案例评析

空运危险货物导致天价索赔案

2000年2月，中国化工建设大连公司（以下简称大连化建公司）要将80桶"8 且羟基喹啉"化工产品从北京空运至印度马德拉斯。3月15日，航班从北京飞抵马来西亚吉隆坡梳邦机场。在中转卸货过程中，工作人员发现涉案货物泄漏，腐蚀性很强，飞机严重受损，5名工作人员吸入化学气体，发生晕厥，送往医院紧急治疗后才避免了严重后果。当马来西亚航空公司（以下简称马航）致函大连化建公司询问托运货物情况后，大连化建公司回复表示，托运的不是"8 且羟基喹啉"，而是80桶草酰氯，并说明草酰氯是无色发烟液体，属酸性腐蚀物品，具有刺鼻气味，并对人体具有危害。大连化建公司曾致函马航，希望通过海运收回这批草酰氯，但遭到拒绝。之后，马来西亚民航局下令销毁这批草酰氯。2001年2月28日，法国空中客车工业公司出具了飞机修理成本估算报告，认为飞机修理成本将可能超过8 900万美元，而且即使勉强修理好飞机，也无法保障飞行安全，因此认定飞机已无修理价值。马航根据上述报告结论和飞机原始保险合同的有关约定，宣告飞机全损，并将飞机机身及引擎拆分出售。飞机报废后，马来西亚保险公司等5家境外保险公司依据飞机原始保险合同和再保险合同的约定，向马航支付了飞机约定价值全部9 500万美元的保险赔偿。2002年3月13日，马航和马来西亚保险公司等5家境外保险公司将大连化建公司及嘉里大通物流有限公司等6家与此事件有关的公司上诉至北京市高级人民法院。2002年12月5日，北京高院一审判决大连化建公司赔偿5家境外保险公司6 500余万美元。

（资料改编自：http://www.op56.com/news/content/200712/detail13098.html）

> 评析：本案例中托运人至少有两项义务没有正确履行。首先，托运人应当按照航空货物运输合同的约定提供货物，如实申报货物的品名、重量和数量，不得夹带禁止运输或者限制运输的物品、危险品、贵重物品、保密文件和资料等。其次，货物包装应当保证货物在运输过程中不致损坏、散失、渗漏，不致损坏和污染飞机设备或者其他物品。托运人应当根据货物性质及重量、运输环境条件和承运人的要求，采用适当的内、外包装材料和包装形式，妥善包装。精密、易碎、怕震、怕压、不可倒置的货物，必须有相适应的防止货物损坏的包装措施。严禁使用草袋包装或草绳捆扎。

小思考

1. 请同学们分组并上网查阅以下危险品托运的相关注意事项。
（1）爆炸品。
（2）打火机。
（3）易燃固体硫黄。
（4）氧化剂（如硝酸钠）。
（5）有毒物质和有感染性物质（如苯胺）。
（6）放射性物质。
（7）腐蚀性物质（如硝酸）。
（8）杂项危险货物（如干冰）。
2. 请同学们上网查阅联合国关于危险货物的分类及其标志。

学习子情境四　国际航空运价与运费

一、航空运价与运费的基本概念

航空运费是指将货物自始发地机场运输到目的地机场所收取的航空运输费用。一般航空运费的计算公式为：

$$航空运费 = 计费重量 \times 运费率$$

（一）航空运价

航空运价又称费率，是指承运人对所运输的每一重量单位货物（公斤或磅）所收取的自始发地机场至目的地机场的航空费用。

1. 航空货物运价所使用的货币

货物的航空运价一般以运输始发地的本国货币公布，有的国家以美元代替其本国货币公布。

2. 货物运价的有效期

销售航空货运单所使用的运价应为填制货运单之日的有效运价，即在航空货物运价有效期内适用的运价。

（二）航空运费

航空运费是指航空公司将一票货物从始发地机场运至目的地机场所应收取的航空运输费用。

（三）其他费用

其他费用是指由承运人、代理人或其他部门收取的与航空货物运输有关的费用。包括提供地面运输、仓储、制单、国际货物的清关等环节服务的部门所收取的费用。

二、航空运费计算的基本知识

（一）计费重量

计费重量是指用以计算货物航空运费的重量，货物计费重量一般是货物的实际毛重，或货物的体积重量，或较高重量分界点的重量。

1. 毛重

毛重是指包括货物包装在内的货物重量。一般质量大而体积相对小的高密度货物用实际毛重作为其计费重量，如机械、金属零件等。

2. 体积重量

体积重量是指将货物体积利用折算公式成以重量单位千克为计量单位的货物重量。由于飞机舱容的限制，对于质量小而体积相对较大的低密度货物用体积重量作为其计费重量，如棉花、泡沫等。

不论货物形状是否规则，计算货物体积时，均以最长、最宽、最高的三边厘米长度计算，小数部分按四舍五入取整，体积重量的计算公式为：

$$体积重量 = 货物体积/6\,000$$

$$= (长 \times 宽 \times 高)/6\,000$$

例3-1 一件货物尺寸为 82 cm×48 cm×32 cm，计算其体积重量。

$$体积重量 = 82 \times 48 \times 32 \div 6\,000 = 20.99（kg）$$

通常情况下，货物的实际毛重与货物的体积重量两者相比取高者，即在货物体积小、重量大时，按实际重量计算；在货物体积大、重量小时，按体积重量计算。

3. 较高重量分界点的重量

如果托运货物的重量接近于较高重量分界点，用较高重量分界点的较低运费计算出来的运费低于适用运价计算出来的运费，则按较低运价收费，较高重量分界点作为该批货物的计费重量。

例3-2 一批货物40 kg，从上海运往东京，45 kg以下普通货物运价为30.22元/kg，45 kg以上普通货物运价为22.71元/kg。

如果按45 kg以下普通货物运价计算，则

$$40 \times 30.22 = 1\ 208.80（元）$$

因为 40 kg 接近于 45 kg 重量分界点，尝试用较高重量分界点 45 kg 作为计费重量计算运费，运价降为 22.71 元/kg，则

$$45 \times 22.71 = 1\ 021.95（元）< 1\ 208.80（元）$$

由此可见，虽然按照较高运费计算，但是运价较低，故按照较低运价收费，以较高重量分界点 45kg 作为该批货物的计费重量。

4. 计费重量的单位进整

国际航协规定，国际货物的计费重量以 0.5 kg 为最小单位，重量尾数不足 0.5 kg 的，按 0.5 kg 计算；0.5 kg 以上不足 1 kg 的进整为 1 kg。例如：

103.001 kg→103.5 kg

103.501 kg→104.0 kg

（二）最低运费

最低运费又称起码运费，是指一批货物自始发地机场至目的地机场航空运费的最低限额，不论货物的重量或体积大小。因此，航空公司规定无论所运送的货物适用哪一种航空运价，所计算出来的运费总额都不得低于起码运费。若计算出的数值低于起码运费，则以起码运费计收，另有规定的除外。

三、航空运费的计算

（一）普通货物运价

普通货物运价（GCR）是指除等级货物运价和指定商品运价以外的适合普通货物运输的运价。普通货物运价根据货物重量的不同，分为若干个重量等级分界点运价。

N：45 kg 以下普通货物运价。

Q45：45 kg 以上普通货物运价。

Q100：100 kg 以上普通货物运价。

Q300：300 kg 以上普通货物运价。

用货物的计费重量和其适用的普通货物运价计算而得的航空运费不得低于运价资料上公布的航空运费的最低收费标准（M）。

1. 普通货物运价的计算步骤

第一步：算货物体积重量。

第二步：与实际毛重比较，取高者作为暂时的计费重量，根据计费重量找出货物所适用的运价，计算出运费。

第三步：若计费重量过低，则应考虑计算出的运费是否小于起码运费 M，若小于起码运费 M，则应将起码运费作为最终运费。

第四步：若计费重量接近较高计费重量分界点，则应以较高计费重量分界点为计费重量计算运费，与第二步计算出的运费相比较，取较低者。

第五步：填制航空运单的运费计算栏。

2. 普通货物运价计算

例 3-3

Routing：BEIJING，CHINA to TOKYO，JAPAN

Commodity：CLOTHES

GrossWeight：28.4 kg

Dimensions：82 cm×48 cm×32 cm，公布运价如下：

BEIJING	CN		BJS
Y.RENMINGBI	CNY		kg
TOKYO	JP		
		M	200
		N	38.67
		45	29.04

计算该票货物的航空运费。

解：Volume：82×48×32=125 952 cm^3

Volume Weight：125 952/6 000=20.992 kg≈21 kg

Chargeable Weight：28.4 kg

Applicable Rate：GCR N 38.67 CNY/kg

Weight Charge：28.5×38.67=CNY1 102.10

因此，该票货物的航空运费为 CNY1 102.10。

航空运单的运费计算栏填制如下：

No.of Pieces RCP	Gross Weight	kg lb	Rate Class		Chargeable Weight	Rate/ Charge	Total	Nature and Quantity of Goods（Incl.Dimensions or Volume）
			N	Commodity Item No.				CLOTHES
1	28.4	K			28.5	38.67	1 102.1	DIMS: 82 cm×48 cm×32 cm

例 3-4 Routing：BEIJING，CHINA to SINGAPORE

Commodity：PARTS

Gross Weight：42.6 kg

Dimensions：101 cm×58 cm×32 cm，公布运价如下：

BEIJING		CN		BJS
Y.RENMINGBI		CNY		kg
TOKYO		JP		
			M	200
			N	30.5
			45	22.49

计算该票货物的航空运费。

解：① 按实际重量计算：

Volume：101×58×32=187 456 cm^3

Volume Weight：187 456/6 000=31.24 kg≈31.5 kg

Chargeable Weight：43.0 kg

Applicable Rate：GCR N 30.50 CNY/kg

Weight Charge：43.0×30.50=CNY 1311.50

② 采用较高重量分界点的较低运价计算：

Chargeable weight：45.0 kg

Applicable Rate：GCR Q45 22.49 CNY/kg

Weight Charge：45.0×22.49=CNY1 012.05

①和②相比，取运费较低者，即

Weight Charge：CNY1 012.05

因此，该票货物的航空运费为 CNY1 012.05。

航空运单的运费计算栏填制如下：

No. of Pieces RCP	Gross Weight	kg	Rate Class	Chargeable Weight	Rate/ Charge	Total	Nature and Quantity of Goods（Incl.Dimensions or Volume）
	42.6	lb	Q				PARTS
			Commodity Item No.				
1	42.6	K		45	22.49	1 012.05	DIMS: 101 cm×58 cm×32 cm

例 3-5 Routing：SHANGHAI，CHINA to PARIS，FRANCE

Commodity：TOY

Gross Weight：EACH 2.6kg，2 PIECEY TOTAL

Dimensions：29 cm×21 cm×28 cm EACH，公布运价如下：

SHANGHAI	CN	BJS
Y.RENMINGBI	CNY	kg
PARIS	FR	
	M	320
	N	50.37
	45	41.43

计算该票货物的航空运费。

解：Volume：29×21×28×2=34 104 cm^3

Volume Weight：34 104/6 000=5.684 kg=6.0 kg

Gross Weight：2.6×2=5.2 kg

Chargeable Weight：6.0 kg

Applicable Rate：GCR N 50.37 CNY/kg

Weight Charge：6.0×0.37=CNY302.22

Minimum Charge：CNY320.00＞CNY302.22

因此该票货物的航空运费为 CNY320.00。

航空运单的运费计算栏填制如下：

No. of Pieces	Gross Weight	kg lb	Rate Class		Chargeable Weight	Rate/ Charge	Total	Nature and Quantity of Goods（Incl.Dimensions or Volume）
RCP	5.2		M	Commodity Item No.				PARTS
2	5.2	K		6		320	320	DIMS:29 cm×21 cm×28 cm×2

（二）指定商品运价计算

指定商品运价（Special Commodity Rate，SCR），适用于从规定始发地到规定目的地运输特定商品货物的运价。通常情况下，指定商品运价低于相应的普通货物运价，是一种优惠性质的运价。

使用指定商品运价计算航空运费的货物，其航空货运单的"RateClass"栏用字母"C"表示。

指定商品运价在"TACT RATES BOOK"的 SECTION2 中根据货物性质、属性和特点将货物分成 10 组，每一组又分为 10 个小组，并对其分组形式用阿拉伯数字进行编号，该编号即指定商品的品名编号。如表3-6所示。

表 3-6 商品编号

编　号	中文名称
0001~0999	可食用的动植物产品
1000~1999	活体动物及非食用的动植物产品
2000~2999	纺织品、纤维及其制品
3000~3999	金属及其制品，不包括机器、汽车和电气设备
4000~4999	机器、汽车和电气设备
5000~5999	非金属材料及其制品
6000~6999	化工材料及相关产品
7000~7999	纸张、芦苇、橡胶和木材制品
8000~8999	科学仪器、专业仪器、精密仪器、器械配件
9000~9999	其他

1. 指定商品运价的计算步骤

第一步：查询运价表，如有指定商品代号，则考虑优先使用指定商品运价。

第二步：查找在"TACT RATES BOOK"的品名表，找出与运输货物品名相对应的指定商品代号。

第三步：如果货物的计费重量超过指定商品运价的最低重量，则优先使用指定商品运价。

第四步：如果货物计费重量没有超过指定商品运价的最低重量，则需要比较计算，取较低运费。

2. 指定商品运价的计算

例 3-6 Routing：BEIJING，CHINA to OSAKA，JAPAN

Commodity：FRESH PEACH

Gross Weight：EACH 52.6 kg，6 PIECES TOTAL

Dimensions：100 cm×50 cm×20 cm EACH，公布运价如下：

BEIJING	CN		BJS
Y.RENMINGBI	CNY		kg
OSAKA	JP		
	M		230
	N		37.51
	45		28.13
	0008	300	18.8
	0300	500	20.61
	1093	100	18.43
	2195	500	11.32

计算该票货物的航空运费。

解：Volume：100×50×20×6=600 000cm^3

　　Volume Weight：600 000/6 000=100 kg

　　Gross Weight：52.6*6=315.6 kg

　　Chargeable Weight：316.0 kg

查找"TACT RATES BOOK"的品名表，品名编号"0008"对应的货物名称为"FRUIT, VEGETABLES-FRESH"，本例中 FRESH PEACH 符合"0008"商品，并且计费重量316.0 kg 超过了指定商品运价的最低重量 300 kg 的要求，所以，优先使用指定商品运价。

Applicable Rate：SCR0008/Q300 18.80 CNY/kg

Weight Charge：316.0×18.8=CNY 5940.80

因此，该票货物的航空运费为 CNY5 940.80。

航空运单的运费计算栏填制如下：

No. of Pieces RCP	Gross Weight	kg lb	Rate Class Commodity Item No.	Chargeable Weight	Rate/ Charge	Total	Nature and Quantity of Goods (Incl.Dimensions or Volume)
	315.6						
6	315.6	K	C	316	18.8	5 940.8	PARTS DIMS:100 cm×50 cm×20 cm×6

例 3-7

Routing：BEIJING, CHINA to OSAKA, JAPAN

Commodity：FRESH PEACH

Gross Weight：EACH 52.6 kg, 5 PIECES TOTAL

BEIJING	CN		BJS
Y.RENMINGBI	CNY		kg
OSAKA	JP		
	M		230
	N		37.51
	45		28.13
	8	300	18.8
	300	500	20.61
	1 093	100	18.43
	2 195	500	11.32

Dimensions：100 cm×50 cm×20 cm EACH，公布运价如下：
计算该票货物的航空运费。

解：Volume：100×50×20×5=500 000 cm^3
　　Volume Weight：500 000÷6 000=83.33 kg=83.5 kg
　　Gross Weight：52.6×5=263.0 kg
　　Chargeable Weight：263.0 kg

查找"TACT RATES BOOK"的品名表，品名编号"0008"对应的货物名称为"FRUIT, VEFETABLES-FRESH"，本例中 FRESH PEACH 符合"0008"商品，但是货物计费重量 263.0 kg 没有达到指定商品运价的最低重量 300 kg 的要求，所以，需要比较计算。

① 按普通货物运价使用规则计算：
　　Applicable Rate：GCR/Q45 28.13 CNY/kg
　　Weight Charge：263.0×28.13=CNY7 398.19

② 按指定商品运价使用规则计算：
　　Applicable Rate：SCR0008/Q300 18.80CNY/kg
　　Weight Charge：300.0×18.8=CNY5 640.00

比较①和②的计算结果，取运费较低者。
所以 Weight Charge：CNY5 640.00
因此，该票货物的航空运费为 CNY5 640.00。
航空运单的运费计算栏填制如下：

No. of Pieces RCP	Gross Weight	kg lb	Rate Class C	Commodity Item No.	Chargeable Weight	Rate/ Charge	Total	Nature and Quantity of Goods (Incl.Dimensions or Volume)
5	263	K			300	18.8	5 640	PARTS DIMS:100cm×50cm×20cm×5

（三）等级货物运价

等级货物运价（Class Rate）是指在规定的 IATA 业务区内或业务区之间运输特别指定的等级货物的运价。

等级货物运价是在普通货物运价基础上附加或附减一定百分比的形式构成，此种附加或附减的规则公布在 TACT Rules 中。通常附加或不附加也不附减的等级货物运价用代号"S"表示；附减的等级货物运价用代号"R"表示。

IATA 规定的等级货物运价主要包括：① 活体动物运价；② 贵重货物运价；③ 书报杂志类货物运价；④ 作为货物运输的行李运价；⑤ 尸体、骨灰运价；⑥ 汽车运价等。

例 3-8

Routing：SHANGHAI，CHINA to SEATTLE，UNITED STATES
　　　Commodity：A LIVE DOG

GrossWeight：28.2 kg

Dimensions：120cm×60cm×30cm，公布运价如下：

SHANGHAI	CN	BJS
Y.RENMINGBI	CNY	kg
SEATTLE	US	
	M	630.00
	N	64.46
	45	48.34
	100	45.19
	300	41.86

计算该票货物的航空运费。

解：Volume：120×60×30=216 000 cm³

Volume Weight：216 000÷6 000=36.0 kg

Gross Weight：28.2 kg

Chargeable Weight：36.0 kg

查找"TACT Rules"的活体动物运价规则，上海到西雅图活体动物的运价构成形式是"110% of Appl.GCR"。

① 按查找的运价构成形式计算：

Applicable Rate：S 110% of Applicable GCR 110%×64.46=70.91 CNY/kg

Weight Charge：36.0×70.91=CNY2 552.76

② 按较高重量分界点较低运价计算：

由于货物计费重量36.0 kg已接近于较高重量分界点45 kg，因此可以考虑用较高重量分界点的较低运价计算。

Applicable Rate：S 110% of Applicable GCR 110%×48.34=53.17 CNY/kg

Weight Charge：45.0×53.17=CNY2 392.65

比较①和②计算结果，取运费较低者。

所以 Weight Charge：45.0×53.17=CNY2 392.65

因此，该票货物的航空运费为 CNY2 392.65。

航空运单的运费计算栏填制如下：

No. of Pieces RCP	Gross Weight	kg lb	Rate Class		Chargeable Weight	Rate/ Charge	Total	Nature and Quantity of Goods (Incl.Dimensions or Volume)
			S	Commodity Item No.				PARTS
1	28.2	K		Q110	45	53.17	2 392.65	DIMS:120 cm×60 cm×30 cm

> **拓展阅读**

1. 国际民用航空组织

国际民用航空组织（International Civil Aviation Organization，ICAO）是各国政府之间组成的国际航空运输机构，总部设在加拿大的蒙特利尔。其具体任务主要有：满足全世界人民从航空事业中获取安全和经济效用；鼓励各国为发展国际民航事业的航路、航站及助航设备而努力；鼓励各国为和平用途改进航空器的使用技术；确保各缔约国的权力获得完全的尊重，并在国际民航方面获得平等的机会；促进国际民用航空器的飞行安全；促进各国平等交换空中通过权；促进各国民航业务的全面发展。

2. 国际航空运输协会

国际航空运输协会（International Air Transport Association，IATA，以下简称"国际航协"）是各国航空运输企业之间的联合组织。会员必须是国际民用航空组织的成员国颁发定期航班运输许可证的航空公司。国际航协的具体任务有：设定实施分级联运，使一张票据可通行全世界；协议议定客货运段，防止彼此间的恶性竞争；协议制定各文书的标准格式；协议规定运送人承运时在法律上应负的责任和义务；协议会员间相互利用装备，并提供新的技术知识；设置观察员，以确保决议的切实执行。

3. 中国航空运输协会

中国航空运输协会（China Air Transport Association，CATA，以下简称"中国航协"）是依据我国有关法律规定，以民用航空公司为主体，由企业、事业法人和社团法人自愿参加结成的行业性的、不以盈利为目的的、经中华人民共和国民政部核准登记的全国性社团，成立于2005年9月26日。

学习子情境五　航空货运单的缮制

一、航空货运单的概念及种类

（一）航空货运单的概念

航空货运单是由托运人或以托运人的名义填制的，托运人和承运人之间在承运人的航线上运输货物所订立的运输合同证明。

目前我国使用的航空运单基本为具有各航空公司标志的货运单，由各公司自行印制。

（二）航空货运单的种类

1. 根据是否印有承运人标志

根据是否印有承运人标志将航空运单分为航空公司货运单和中性货运单。

航空公司货运单是指印有出票航空公司标识（航徽、代码等）的航空运单；中性货运单是指无承运人的任何标志，供代理人使用的航空货运单。

2. 根据航空货运单的签发人不同

根据航空货运单的签发人不同将航空运单分为分运单和主运单。

（1）分运单（House Air Waybill，HAWB）：集运商在进行集中托运货物时，首先从各个托运人处收取货物，在收取货物时需要给托运人一个凭证，这个凭证就是分运单。分运单表明托运人把货物交给了集运商，集运商收到了托运人的货物，它是集运商与发货人之间交接货物的凭证。集运商可以自己颁布分运单，不受航空公司的限制，但通常的格式还是按照航空公司主运单来制作。

在分运单中，托运人栏填写真正的托运人，收货人栏填写真正的收货人。

（2）主运单（Master Air Waybill，MAWB）：集运商在收取货物之后进行集中托运，需要把来自各个托运人的货物集中到一起，交给航空公司，集运商和航空公司之间就需要一个凭证，这个凭证就是主运单。主运单对航空公司和集运商都非常重要，它记载了货物的最主要信息，以保证货物运送的安全性和准确性。因此，主运单是集运商和航空公司交接货物的凭证，同时又是承运人运输货物的正式文件。在我国，只有航空公司才能颁布主运单，任何集运商不得自己印制、颁布主运单。在主运单中，托运人栏和收货人栏都填写集运商。

航空主运单和分运单的关系如图 3-9 所示。

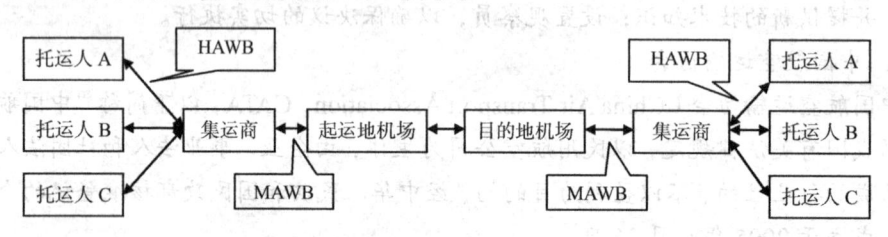

图 3-9 航空主运单和分运单的关系

二、航空货运单的缮制

（一）航空货运单填制要求

（1）航空货运单要求使用英文打字机或计算机，用英文大写字母打印，各栏内容必须准确、清楚、齐全，不得随意涂改。

（2）航空货运单已填内容在运输过程中需要修改时，必须在修改项目的近处盖章注明修改航空货运单的承运人名称、地址和日期。

（3）航空货运单各栏目中有些栏目印有阴影，其中有标题的阴影栏仅供承运人填写。没有使用标题的阴影栏一般不需填写，除非承运人特殊需要。

（二）航空货运单各栏目填写说明

以表 3-6 的航空货运单为例，接下来详细说明航空货运单的填写方法。

1. 航空货运单号码（The Air Waybill Number）

每本货运单都有一个航空货运单号码，它是组织运输必不可少的依据，也是查询货物运输情况的重要依据。航空货运单号码应清晰地印在航空货运单的左右上角和右下角，由航空公司的票证代号、始发站机场三字代码、航空货运单序号三部分组成，右上角和右下角的航空货运单号码缺省始发站机场三字代码。

航空公司的票证代号：是航空货运单号码的前三位，直接确定的是航空货运单的所有人，如国航为 999，东航为 781，南航为 784。

Ⅰ．始发站机场三字代码：应于货运单左上角的航空公司票证代号后打印始发站机场 IATA 三字代码（如不知道机场代码，可打印机场所在城市的 IATA 三字代码）。

Ⅱ．航空货运单序号：航空货运单序号由 8 位数字表示，其中 1~7 位是航空货运单序号，第 8 位是航空货运单检验号。如 64736276 为航空货运单序号，其中前 7 位是序列号，最后一位 6 为检验位，它是前 7 位数值对 7 取模的结果。

2. 托运人栏（Shipper）

Ⅲ．托运人姓名和地址（Shipper's Nameand Address）：填制收货人的姓名（名称）、地址、国家或地区（国家或地区的两字代码）及托运人的电话、电传或传真号码。

Ⅳ．托运人账号（Shipper's Account Number）：此栏仅供承运人使用，一般不需填写，除非最后的承运人需要。

3. 收货人栏（Consignee）

Ⅴ．收货人姓名和地址（Consignee's Name and Address）：填制收货人的姓名（名称）、地址、国家或地区（国家或地区两字代码）及托运人的电话、电传或传真号码。

Ⅵ．收货人账号（Consignee's Account Number）：此栏仅供承运人使用，一般不需填写，除非最后的承运人需要。

4. 填开货运单的承运人的代理人栏（Issuing Carrier's Agent）

Ⅶ．承运人代理人名称和城市（Issuing Carrier's Agent Name and City）：填制向承运人收取佣金的国际航协代理人的名称和所在机场或城市。

根据货物代理机构管理规则，该佣金必须支付给目的站国家的一个国际航协代理人，则该国际航协代理人的名称和所在机场或城市必须填入本栏。填入"Commission-ableA-gent"（收取佣金代理人）字样。

Ⅷ．国际航协代号（Agent's IATA Code）：代理人在非货账结算区（Not-CASS Areas），打印国际航协 7 位数字代号，例如 14-30288。

代理人如果在货账结算区（CASSAreas），打印国际航协 7 位数字代号，后面是三位 CASS 地址代号和一个数字代号检验位，例如 34-41234/5671。

Ⅸ．账号（Account No.）：一般本栏不需填写，除非承运人需要。

5. 运输路线（Routing）

Ⅹ．始发站机场（Airport of Departure）：此栏填制始发站机场或所在城市的全称。

Ⅺ．运输路线和目的站（Routing and Destination）：

To（by first carrier）——至第一承运人。填制目的站机场或第一个转运点的 IATA 三字代码（当该城市有多个机场，不知道机场名称时，可用城市代号）。

By first carrier——由第一承运人。填制第一承运人的名称（全称与 IATA 两字代号皆可）。

To（by first carrier）——至第二承运人。填制目的站机场或第二个转运点的 IATA 三字代码（当该城市有多个机场，不知道机场名称时，可用城市代号）。

By——由第二承运人。填制第二承运人的名称（全称与 IATA 两字代号皆可）。

Ⅻ.目的站机场（Airport of Destination）：填制最后承运人的目的地机场全称（当该城市有多个机场，不知道机场名称时，可用城市全称）。

Flight/Date——航班/日期。本栏一般不需填写，除非参加运输各有关承运人需要。

6. 财务说明（Accounting Information）

此栏填制有关财务说明事项。

付款方式：现金支票或其他方式。

用 MCO 付款时，只能用于作为货物运输的行李的运输，此栏应填制 MCO 号码，换取服务金额，以及旅客客票号码、航班、日期及航程。

7. 货币（Currency）

此栏填制始发国的 ISO 的货币代号。

8. 运费代号（CHGS Code）

本栏一般不需填写，仅供电子传送货运单信息时使用。

9. 运费（Charges）

WT/VAL 栏中，PPD 表示航空运费预付，COLL 表示航空运费到付。如果航空运费是预付，则在 PPD 栏下打"×"；如果航空运费是到付，则在 COLL 栏下打"×"。

Other 栏表示在始发站的其他费用支付情况，如果其他费用是预付，则在 PPD 栏下打"×"；如果其他费用是到付，则在 COLL 栏下打"×"。

Declared Value for Carriage——供运输使用的声明价值。在此栏打印托运人向承运人托运货物的声明价值的金额，如果没有声明价值，则此处填写"NVD"（No Value Declared）字样。

Declared Value for Customs——供海关使用的声明价值。在此栏填写货物报关时所需的声明价值金额，如果没有声明价值，则此处填写"NCV"（No Commercial Value）字样。

10. 保险金额（Amount of Insurance）

如果承运人向托运人提供代办保险业务时，此栏填写托运人投保货物的金额。如果承运人不提供此项业务或托运人不要求投保时，此栏内打"×××"符号。

11. 运输处理注意事项（Handing Information）

此栏用于填制相应的出票航空公司的注意事项。

运输危险货物时，如果需要托运人附危险品申报单，则本栏应填制"DANGEROUS GOODS AS PER ATTACHE SHIPPER'S DECLARATION"字样，对于要装货机的危险品，还应填制"CARGO AIRCRAFT ONLY"字样。

运输危险品货物时，如果不需要托运人附危险品申报单，则本栏应填制"SHIPPER'S DECLARATION NOT REQUIED"。

填写货物在运输、仓储中需要特殊处理的事项：如货物的标志、包装方法，货运单所附文件，另请通知人（ASLO NOTIFY）的姓名、地址、电话，货物所需的特殊处理规定等。填写时尽可能使用"货物交换电报程序"中的代号和简语。

12. 货物运价明细（Consignment Rating Details）

一票货物中如含有两种或两种以上不同运价类别计费的货物，则应分别填写，每填写一项另起一行。如含有危险物品，则该危险品应列在第一项。

XⅢ. 件数（No.of Pieces RCP）：填制货物的件数，如使用非公布直达运价计算运费，在件数的下面还应填制运价组合点城市的IATA三字代号。

XⅣ. 毛重（Gross Weight）。填制货物的实际毛重（以kg为单位时可保留至小数点后两位）。kg/lb栏中，如果以千克为单位时，填写单位代号"K"，如果以磅为单位，则填写单位代号"L"。

XⅤ. 运价等级（Rate Class）。根据需要填制以下代号：

M——Minimum Charge 最低运费。

N——Normal Rate（45kg以下普通货物运价）。

Q——Quantity Rate（45kg以上普通货物运价）。

C——Special Commodity Rate（指定商品运价）。

R——Class Rate Reduction（附减等级运价）。

S——Class Rate Surcharge（附加等级运价）。

U——Unit Load Device Basic Charge or Rate（集装化设备基本运费或运价）。

XⅥ. 商品品名编号（Commodity Item No.）：使用指定商品运价时，此栏填制指定商品品名代号；使用等级运价时，此栏填制附加或附减运价的比例（百分比）。

XⅦ. 计费重量（Chargeable Weight）：填制与运价相对应的计费重量。

XⅧ. 运价/运费（Rate/Charge）：填制与运价代号相对应的运价，当使用最低运费时，此栏与运价代号"M"相对应，填制最低运费。

XⅨ. 总计（Total）：填制计费重量与适用运价相乘后的运费金额；如为最低运费，本栏与运价/运费金额相同。

XX. 货物品名和数量（Nature and Quantity of Goods）：填制货物的品名时用英文大写字母。当一票货物中含有危险物品时，应分别填制，危险品应列在第一项。填写货物的体积，用"长×宽×高"表示，如DIMS：45cm×30cm×20cm。

13. 其他费用（Other Charges）

填制始发地运输中发生的其他费用，按全部预付或全部到付。作为到付的其他费用，应视为"代垫付款"，托运人应按代垫付款规定支付手续费。填制此栏，应冠以费用代号。

14. 预付（Prepaid）

XXI. 运费（Weight Charge）：填制货物计费重量计得的货物运费。

XXⅡ. 声明价值附加费（Valuation Charge）：如托运人申报货物运输声明价值，则此栏填制计得的声明价值附加费金额。

XXⅢ. 税款（Tax）：填制适用的税款。

XXIV. 其他费用总额（Total Other Prepaid Charges）：
Total other Charges Due Agent——预付由代理人收取的其他费用。
Total other Charges Due Carrier——预付由承运人收取的其他费用。

15. 代付（Collect）
填制方法与预付相同，在相应此栏中填制所有到付款项。

16. 托运人填写栏（Shipper's Certification Box）
填制托运人名称，并在本栏内签字或盖章。

17. 承运人填写栏（Carrier's Certification）
XXV. 填开日期（Executed on Date）：按日、月、年的顺序填制货运单的填开日期（月份可以缩写）。
XXVI. 填开地点（At Place）：填制货运单填开地机场或城市的全称或缩写。
XXVII. 填开货运单的承运人或代理人签字（Signature of Issuing Carrier or its Agent）。

18. 仅供承运人在目的站使用（For Carrier's Useonly at Destination）
此栏不需打印。

19. 用目的地国家或地区货币付费（仅供承运人使用）
XXVIII. 货币兑换比价（Currency Conversion Rates）：填制目的地国家或地区货币代号，后面是兑换比率。
XXIX. 目的地国家或地区货币付费额（CC Charges in Destination Currency）：将到付运费总额，使用相应的货币换算比率折算成目的地国家或地区货币，填制在本栏。
XXX. 目的地费用（Charges at Destination）：由最后承运人将目的地的费用金额，包括利息（自然增长的）等填制在本栏内。
XXXI. 到付费用总额（Total Collect Charges）：填制包括"目的地国家或地区货币付费额"、"目的地费用"在内的费用金额之和。

图 3-10 为航空运单样表。

999	I	II	999-		II	
Shipper's Name and Address	Shipper's Account Number		NOT NEGOTIABLE Air Waybill Issued by		中国国际航空 AIR CHINA BEIJING CHINA	
III	IV					
Consignee's Name and Address	Consignee's Account Number		Copies 1,2 and 3 of this Air Waybill are originals and have the same validity. It is agreed that the goods described herein are accepted in apparent good order and condition (except as noted) for carriage SUBJECT TO THE CONDITIONS OF CONTRACT ON THE REVERSE HEREOF, ALL GOODS MAY BE CARRIED BY ANY OTHER MEANS, INCLUDING ROAD OR ANY OTHER CARRIER UNLESS SPECIFIC CONTRARY INSTRUCTIONS ARE GIVEN HEREON BY THE SHIPPER. THE SHIPPER'S ATTENTION IS DRAWN TO THE NOTICE CONCERNING CARIER'S LIMITATION OF LIABILITY. Shipper may increase such limitation of liability by declaring a higher value of carriage and paying a supplemental charge if required.			
V	VI					
Issuing Carrier's Agent Name and City VII						
Agent's IATA Code VIII	Account No. IX		Accounting Information			
Airport of Departure (addr. Of First Carrier) and Requested Routing X			(6)			

	By first carrier Routing and Destination	To	By	To	By	Currency	CHGS Code	WT/VAL PPD	WT/VAL COLL	OTHER PPD	OTHER COLL	Declared Value for Carriage	Declared Value for Customs
To													
XI						(7)	(8)					(9)	

Airport of Destination	Flight/Date (for carrier use only) Flight/Date		Amount of Insurance	INSURANCE-If carrier offers insurance and such insurance is requested in accordance with the conditions thereof indicate amount to be insured in figures in box marked "Amount of Insurance"
XII			(10)	

Handing Information
(11)

No. of Pieces RCP	Gross Weight	kg/lb	Rate Class Commodity Item No.	Chargeable Weight	Rate/Charge	Total	Nature and Quantity of Goods (incl. Dimensions of Volume)
XIII	XIV		XV XVI	XVII	XVIII	XIX	XX

Prepaid Weight Charge	Collect	Other Charges
XXI	(15)	
Valuation Charge XXII		(13)
Tax XXIII		
Total other Charges Due Agent XXIV		Shipper certifies that the particulars on the face hereof are correct and that insofar as any part of the consignment contains dangerous goods, such part is properly described by name and is in proper condition for carriage by air according to the applicable Dangerous Goods Regulations.
Total other Charges Due Carrier XXIV		(16) Signature of Shipper or his agent

Total Prepaid	Total Collect			
Currency Conversion Rates	CC Charges in Destination Currency	XXV	XXVI	XXVII
XXVIII	XXIX	Executed on Date	At Place	Signature of Issuing Carrier or its Agent
For Carrier's Use only at Destination	Charges at Destination	Total Collect Charges	999-	II
	XXX	XXXI		

图 3-10 航空运单

学习子情境六　不正常运输处理

不正常运输是指货物在运输过程中由于运输事故或工作差错等原因造成的不正常情况。凡发生不正常运输情况的航站、承运人必须立即查询，认真调查，及时采取措施，妥善处理，将损失减少到最低。

一、不正常运输的货物总类和代号

1. 货物漏装（Shortshipped Cargo—SSPD）

货物始发站在班机起飞后发现货邮舱单上已列的货物未装机，航空货运单已随机带走，称为货物漏装。

2. 货物漏卸（Overcarried Cargo—OVCD）

货物漏卸是指按照货邮舱单卸机时应卸下的货物而没有卸下。

3. 货物错卸（Offloaded by Error—OFLD）

货物错卸是指经停站由于工作疏忽和不慎而将他站的货物卸下。

4. 货物少收（Shortlanded Cargo—STLD）

货物少收是指由于装卸等原因造成到达站短收货物。

5. 货物多收（Found Cargo—FDCA）

货物多收是指由于装卸等原因造成在到达站多收货物。

6. 有货无单（Missing AWB—MSAW）

有货无单是指在到达站只收到货物而未收到航空货运单。

7. 有单无货（Found AWB—FDAW）

有单无货是指在到达站只收到航空货运单而未收到货物。

8. 货物破损（Damaged Cargo—DMG）

货物破损是指货物在运输过程中造成破裂、伤损、变形、湿损、毁坏等现象。

9. 标签脱落（Missing Lable）

10. 错贴（挂）货物标签（Mislabeled Cargo）

二、货物不正常运输的种类

1. 货物破损或内损

货物破损是指货物的外部或内部变形，因而使货物的价值可能或已遭受损失，如破裂、损坏或短缺。货物内损是指货物包装完好而内装货物受损，只有收货人提取后或交海关时才能发现。货物破损或内损的处理方法如表3-6所示。

表 3-6　货物破损或内损的处理方法

发现时间	货物破损或内损的处理方法
收运时	拒绝收运
出港操作时	破损（内物未损坏），则加固包装，继续运输
	严重破损（内物损坏），则停止运输，通知发货人或始发站，征求处理意见
进港操作时	填开不正常运输记录
	拍发电报通知装机站和始发站
交接中转货物	轻微破损，则在 TRM 的备注栏内说明破损情况
	严重破损，则拒绝转运

2. 货物无人提取

货物到达目的地 14 天后无人提取时，称为无人提取的货物。

（1）造成货物无人提取的原因如下：

① 货运单所列地址无此收货人或收货人地址不详。

② 收货人对提取货物通知不予答复。

③ 收货人拒绝提货。

④ 收货人拒绝支付有关款项。

⑤ 出现了其他一些影响正常提货的问题。

（2）到付运费的收取。

① 目的站填开 CCA，向始发站结算所有费用。

② 始发站负责人向托运人收取到付运费和目的站产生的其他所有费用。

（3）无人提取货物的通知。

对于无人提取的货物，通常需发出无法交付货物通知单（IRP），IRP 应交给始发站的出票航空公司或其当地代理人，填开 IRP 的单位，出票承运人的财务部门应有副本。

三、变更运输

（一）变更运输的概念

托运人在交运货物之后和收货人提取货物之前，有权对货运单上除声明价值和保险金额之外的其他各项做变动。

托运人要求变更运输时应做到：

（1）书面提出要求，并出示货运单正本（托运人联）。

（2）保证负担由此产生的一切费用。

（二）变更运输的范围

1. 费用方面

（1）将运费预付改为运费到付，或将运费到付改为运费预付。

（2）更改垫付款的数额。

2. 运输方面

（1）在运输的始发站将货物撤回。

（2）在任何经停站停止货物运输。

（3）更改收货人。

（4）要求将货物运回始发站机场。

（5）变更目的站。

（6）从中途或目的站退运。

（三）变更运输的处理方式

1. 货物发运前，要求变更付款方式或垫付款数额

（1）收回原货运单。

（2）重新填开新货运单。

（3）分别情况补收或退回运费，并按有关航空公司的收费标准向托运人收取变更运输手续费、货运单费等。

2. 在始发站要求退货（发运前退运）

（1）承运人收回货运单正本。

（2）扣除已经发生的各项费用。

（3）填开退款签收单，在退款单签收上注明应当扣除款项、类别及金额。

（4）将所余金额，连同退款签收单的托运人联一并交给托运人。

3. 发运后和提取前，要求变更付款方式或垫付款数额

（1）填写货物运费更改通知单。

（2）分别情况补收或退回运费，并按有关航空公司的收费标准。

向托运人收取变更运输手续费、货运单费等。

4. 发运后变更运输

（1）始发站应当与有关航站联系，有关航站应当复电证实。

（2）收到始发站要求变更运输的通知后，承运人应当视情况按有关规定办理。

（3）分别情况补收或退回运费，并按有关航空公司的收费标准向托运人收取变更运输手续费、货运单费等。

（4）托运人变更要求不能执行时，承运人应当立即通知托运人。

（四）更改货运单

1. 修改现有货运单

对货运单各种修改应在剩余各联同时进行，修改后的内容尽可能靠近原内容。并注明修改企业和修改地的机场或城市代号。

2. 填开新货运单

原货运单号注于新货运单的"accounting information"栏。所有本该向收货人收取而未收取的费用，填在新货运单的"other charges"栏。

（五）填制货物运费更改通知单（CCA）

如果始发站、目的站或中途站发现航空货运单、航空邮运结算单的货（邮）运费计算错误，而货物、邮件承运人联已在传递途中，应填写货（邮）运费更改通知单，通知始发站，始发站确认补收运费后立即通知目的站、有关承运人、运单所属航空公司财务部门和航空邮运运费清算单位。承运人凭航空货运单、航空邮运结算单和货（邮）运费更改通知单办理运费分摊及结算。各承运人在得到始发站填开的货（邮）运费更改通知单后，才能按调整后的运价办理结算事宜，补收运费所用运单与原运单合并办理结算。货物运费更改通知单的相关内容如下：

1. 用途

在运输过程中，由于托运人的原因或承运人（或其代理人）的工作差错，货物已运离始发站，需要更改运费的具体数额或运费的付款方式时，经有关承运人和货物目的站有关部门同意并复电证实后，填制 CCA，予以更正。

2. 填开原因

货物已运离始发站，但需要更改运费的具体数额或运费的付款方式时，都应填制 CCA。任何与货物运输有关的承运人都可填制 CCA。更改运费的数额超过 5 美元时，才有必要填制 CCA。具体原因包括：

（1）托运人以书面形式提出变更运输或付款方式的要求，书面申请由承运人保存。

（2）由于天气、机械故障、禁运和承运人的其他原因造成非自愿变更运输，从而导致费用数额和付款方式的改变。

（3）制单承运人发现航空货运单上所列费用错误后，将详细情况通知其他承运人。

（4）某一联运承运人发现航空货运单上所列费用错误后，将详细情况通知制单承运人和其他有关承运人。

（5）在货物的中转站所发生的费用未在航空货运单上列明时，将此项费用通知给其他有关承运人。

（6）在货物的目的站，由于货物无人提取，承运人无法收取有关费用时，可在发出无人提取通知单一个月后，通知制单承运人。

若货物退运至始发站时，重新填制航空货运单，可不必填制 CCA。

3. 各联的分配

每次填开 CCA 的份数应根据发送部门的多少确定，但至少一式五份。始发站、填开部门、财务部门、目的站和承运人各一份，同时要根据货物中转的次数增加 CCA 的份数。向各部门发布 CCA 时，应随附一份航空货运单。

4. 流转程序

（1）CCA 由填制企业交第一承运人，再由第一承运人转交第二承运人，依次类推。

（2）相关单位收到 CCA 后，应同货运单副本一起交财务部门、查询部门登记备查。

（3）若货物中转站收到 CCA 上未指明各航段承运人时，应将续运情况填写在有关栏内，并立即转送给目的站。

（4）货物目的站收到 CCA 后，应在 14 日内将 CCA 回执联的各栏内容填写完毕，送回填制 CCA 的承运人。

（5）持有航空货运单的航站收到 CCA 后，应根据要求更改航空货运单，具体方法是：① 在更改处加盖更改站的图章或签字；② 在"处理情况"栏内注明更改的依据；③ 将处理情况电告始发站。

5. 填制时限

（1）承运人必须确知货物尚未交付给收货人后，方可填制 CCA。

（2）如果需承运人之间结算费用时，应在航空货运单填制 6 个月内填制 CCA。

6. 货物运费更改通知单填制实例

航空运单号码：999-91713252。始发地：北京。目的地：法兰克福。原运费：CNY 2 250.00。现运费：CNY 2 850.00。原合计运费：CNY 2 300.00。现合计运费：CNY 2 900.00。所有运费均为预付。

根据以上资料填写的货物运费更改通知单如图 3-11 所示。

图 3-11　货物运费更改通知单

案例分析

航空托运货物竟"失踪"

一名客户在汕头机场委托一家航空公司将一批货物托运往重庆,后来发现这批货物丢失了。双方因赔偿的问题发生纠纷,最后对簿公堂。

客户方某称,2016年10月27日,他在汕头机场委托该航空公司运输用编织袋包装的复读机一件,总重量为36 kg,价值21 600元。合同约定货物在重庆机场自提,方某支付了运费277元,但重庆方面并没有提到货物。为此,方某请求法院判令这家航空公司赔偿货物损失21 600元,以及直接经济损失1 360元等。

航空公司提交的律师代理意见认为,本案作为典型的航空货物运输合同纠纷,合同是成立的。按照《中国民用航空货物国内运输规则》的相关规定,赔偿额最高每千克20元。方某提出货物损失21 600元,既没提供货物实际名称、重量、金额等证据,又没有其他法律依据,航空公司不予认同。方某提出直接经济损失1 360元,也不能证明是货物丢失所必然产生的损失。

经审理查明,2016年10月27日,方某在汕头机场委托航空公司运输货物时,在货物托运单中货物名称一栏填写"复读机一件",总重量为36 kg。合同签订并支付了运费后,这批货物当天已运往重庆,但货物丢失。之后,方某两次分别利用该航空公司提供的免费机票和自己购买的自深圳至重庆的机票,前往重庆处理相关货物丢失事宜。

评析

该航空公司在运输过程中导致客户货物丢失,构成违约,应承担赔偿责任。但依照《中华人民共和国民用航空法》有关规定,对货物的赔偿受赔偿责任限额的限制。依照《中国民用航空货物国内运输规则》有关规定,由于方某在托运货物时未声明货物价值,应以货物毛重每千克人民币20元作为赔偿标准,即赔偿货物损失720元。同时,方某为处理货物丢失事宜曾自己前往重庆并支付了路费,属于该项损失的间接损失,这家航空公司应当赔偿方某路费开支。为此,该法院作出判决:由该航空公司赔偿方某货物损失720元、运费277元和车票、机票款1 360元。

拓展阅读

1. 国际航空货物运输的相关规定

在国际航空货物运输方面,我国主要按照《统一国际航空运输某些规则的公约》(通称《华沙公约》)及《海牙议定书》)执行。另外《中华人民共和国民用航空法》(以下简称《民用航空法》)和《中国民用航空货物国际运输规则》也对国际航空货物运输中的相关问题做了特殊规定。

《华沙公约》是1929年颁布并于1933年12月生效的,是目前国际上有关航空运输最主要的,也是最基本的公约,已有100多个国家和地区加入该公约。我国在1958年加入该公约。1955年颁布的《海牙议定书》是对《华沙公约》的修订,我国已于1975年加入。

(1) 货物的托运和承运。

国际航空货物运输的托运和承运的过程与国内航空货物运输基本一致，只是在航空货运单的填制方面，国际航空货物运输的相关规定明确要求航空货运单应当由托运人填写，同时明确了承运人根据托运人的请求填制货运单的，在没有相反证据的情况下，应当视为代托运人填写，进一步明确了承运人和托运人之间填制货运单的责任。

《华沙公约》规定，航空货运单是订立合同、接受货物和运输条件的初步证据。航空货运单的缺少、不合规定或灭失，不影响运输合同的存在和有效。货物承运人有权要求托运人填制航空货运单，托运人有权要求承运人接受这项凭证。

(2) 合同双方的义务。

在托运人和承运人的义务方面，国际航空货物运输与国内航空货物运输的相关规定是一致的。

(3) 承运人的责任。

国际航空货物运输中承运人的责任与国内航空货物运输的相关规定有所不同，主要表现在承运人的免责事项和责任限额方面。

《华沙公约》规定，承运人应对货物在航空运输期间发生的因毁灭、遗失或损坏而产生的损失负责。航空运输期间包括货物在承运人保管下的整个期间，包括在航空站内、在航空器上或在航空站外降停的任何地点。航空运输期间不包括在航空站以外的任何陆运、海运或河运，但如果该项运输是为了履行航空运输合同而进行的装载、交货或转运空运货物的运输，如发生损失，也应视为是在航空运输期间发生的，除非有相反证据，承运人也应对该损失负责。承运人还应对在航空运输中因延误而造成的货物损失负责。

① 承运人的免责事项。

《民用航空法》虽然没有对承运人的免责事项作出特别规定，但《华沙公约》规定，在下列情况下，承运人可以免除或减轻其责任：

a. 如果承运人能证明自己和代理人或受雇人为了避免损失，已经采取了一切必要的措施，或不可能采取这些相应措施时，承运人对货物的损失可不负责任。

b. 如果承运人证明损失的发生是由于在驾驶中、航空器的操作中或航行中的过失引起的，并证明自己和代理人在其他方面已经采取了必要的措施以避免损失时，承运人对货物的损失可不负责任。

c. 如果承运人能证明损失是由于受损方的过失所引起或促成的，则法院可依法免除或减轻承运人的责任。

② 承运人的责任限额。

《民用航空法》规定，国际航空货物运输承运人的赔偿责任限额为每千克17SDR（特别提款权或其等值货币）。托运人在交运货物时，特别声明在目的地点交付时的利益，并在必要时支付附加费的，除承运人证明托运人声明的金额高于货物在目的地点交付时的实际利益外，承运人应当在声明金额范围内承担责任。货物的一部分或者货物中的任何物件毁灭、遗失、损坏或者延误的，用以确定承运人赔偿责任限额的重量，仅为该一包件或者数包件的总重量；但是，因货物的一部分或者货物中的任何物件的毁灭、遗失、损坏或者延误，影响同一份航空货运单所列其他包件的价值的，确定承运人的赔偿责任限额时，此包件的总重量也应当考虑在内。

《民用航空法》还规定，在国际航空货物运输中，承运人同意未经填制航空货运单而载运货物的，或者航空货运单上未依照所适用的国际航空货物运输公约的规定而在首要条款中做出此项运输适用该公约的声明的，承运人无权援用《民用航空法》第129条有关赔偿责任限额的规定。

《华沙公约》规定，货物的灭失、损坏或迟延交付，承运人的最高赔偿限额为每千克250金法郎，但托运人在向承运人交货时，特别声明货物运到后的价值，并已缴付必要的附加费，则不在此限。同时又规定，如货物损失的发生是由于承运人或其代理人的故意的不当行为或过失引起的，则承运人无权免除或限制其责任。《海牙议定书》将"故意的不当行为"改为"故意造成或明知可能造成而漠不关心的行为或不作为"。

（4）索赔期限和诉讼时效。

《华沙公约》规定在货物损坏、灭失的情况下，收货人应在收到货物后7日内提出异议，在延迟交付的情况下，应在货物由收货人支配起14日内提出异议。《海牙议定书》延长了索赔期限，将前者延长为14天，后者延长为21天。《华沙公约》规定的诉讼时效是自航空器到达目的地或应该到达之日起两年。

2. 国内航空货物运输的相关规定

在国内航空货物运输方面，由于承运人的原因造成货物丢失、短缺、变质、污染、损坏，应按照下列规定赔偿：

（1）未向承运人办理声明价值的货物，承运人按照实际损失的价值进行赔偿，但赔偿最高限额为毛重每千克人民币20元。

（2）已向承运人办理声明价值的货物，按声明的价值赔偿；如承运人证明托运人的声明价值高于民用航空规定货物的实际价值时，按实际损失赔偿。

（3）超过货物运输合同约定期限运达的货物，承运人应当按照运输合同的约定进行赔偿。

托运人或收货人发现货物有丢失、短缺、变质、污染、损坏或延误等情况，收货人应当场向承运人提出，承运人应当按规定填写运输事故记录并由双方签字或盖章。如有索赔要求，收货人或托运人应于签发事故记录的次日起，按法定时限向承运人或其代理人提出索赔要求，并填写货物索赔单，随附货运单、运输事故记录，以及能证明货物内容、价格的凭证或其他有效证明。超过法定索赔期限，收货人或托运人未提出赔偿要求，则视为自动放弃索赔权利。索赔要求一般在目的站处理。承运人对托运人或收货人提出的赔偿要求，应当在两个月内处理答复。不属于受理索赔的承运人接到索赔要求时，应当及时将索赔要求转交有关承运人，并通知索赔人。

《中国国际货运航空有限公司货物国际运输总条件》中规定了责任与赔偿条款，对不正常运输下的赔偿进行了详细规定，并针对承托双方可能产生的纠纷制定了解决办法，其他航空公司也都有类似的规定。

案例分析

一票货物从柏林到上海。货运单号：999-87654938。航班：XY767/16MAY。货物价值：2 564 美元。品名：干酪，1 件 328 千克。事故情况：解冻后受损。事故原因：当天上午 10 点发出到货通知，收货人当天提取货运单，办理海关手续后来提货，发现货物没有冷藏；货运单的操作注意事项上明确写明 KEEP COOL，但是分拣的工作人员没有注意到。经过拣选，最终损失达到 60%。

请分析并给出处理意见。

实训演练

一、单项选择题

1. 空运时，国际货物托运单应由（　　）填写。
   A. 托运人　　B. 货代　　C. 承运人　　D. 航空公司
2. 航空货运单是（　　）。
   A. 可议付的单据　　　　　B. 物权凭证
   C. 货物收据和运输合同　　D. 提货凭证
3. 航空运价代号 M 表示（　　）。
   A. 最低运费　　　　　　　B. 普通货物运价
   C. 等级货物运价　　　　　D. 指定商品运价
4. 航空货运中对于 45 kg 以上的不同重量分界点的普通货物运价均用（　　）表示。
   A. S　　B. C　　C. Q　　D. M

二、判断题

1. 航空主运单的发货人栏和收货人栏必须列明真正的托运人和收货人。（　　）
2. 填制航空货运单必须用英文大写字母。（　　）
3. 指定商品运价的英文缩写是 GCR。（　　）

三、简答题

1. 航空运输有哪些特点？
2. 航空运输有哪些经营方式？
3. 简述航空货物运输的进出口业务流程。

四、技能训练

法国商人从中国采购一批玩具，以空运方式从中国上海到法国巴黎，基本信息如下：
routing：SHANCHAI, CHINA（BJS）to PARIS, FRANCE（PAR）
commodity：TOY
gross weight：5.6 kg

dimensions：40 cm×28 cm×22 cm

公布运价如下：

SHANCHAI	CN		CHA
Y.RENMINBI	CNY		kg
PARIS	FR	M	320.00
		N	50.22
		45	41.43
		300	37.90
		500	33.42
		1 000	30.71

要求：

1. 请计算该票货物的航空运费。
2. 请根据计算结果，填写航空货运单运费计算栏。

学习情境四　国际陆路货运代理操作实务

学习目标

▶ 知识目标	▶ 能力目标
1. 掌握陆路运输及货代的基础知识 2. 掌握陆路货运的程序 3. 掌握货运单及其他单证的知识	1. 能独立进行国际铁路、公路联运业务的操作 2. 能正确填制国际铁路运单和其他相关单证

情境引例

辽宁德强公司与俄罗斯某公司签订一份铁矿石出口合同,货物共50吨,总值500 000美元。双方约定采用信用证方式支付,使用国际铁路联运方式出口货物,由卖方负责运输,支付运输费用。德强公司收到买方开立的信用证后,随即委托顺然货运代理公司办理货物从西安至俄罗斯的国际铁路联运业务。

请问:该货运代理公司应如何完成此项业务?

学习子情境一　国际铁路货物联运业务概述

知识准备

一、国际铁路货物联运的概念、特点和类别

（一）国际铁路货物联运的概念

国际铁路货物联运（International Railway Through Goods Traffic），简称国际铁路联运,是指在跨及两个及两个以上国家铁路的货物运送过程中,无须发、收货人参加中途联运工作,而由参加国铁路共同使用一份运输票据,并以连带责任办理货物的全程铁路运送。

（二）国际铁路货物联运的特点

1. 仅使用一种运输方式

国际铁路货物联运仅使用一种铁路运输方式，不涉及其他运输方式的参与，货物甚至可以不经换装就可实现长距离的陆上跨国运输而运抵目的地，保证了国际货物运输的连贯性、持续性，节省了运输时间和成本，加速了货物流转，方便了货主。

2. 一次托运，一票到底

在国际铁路联运中，联运铁路承运人使用一份铁路联运票据对发货人（托运人）或收货人负责，办理从一国铁路始运站至另一国铁路终到站的全过程运输。即使在由一国铁路向另一国铁路移交货物时，其交接工作也纯属联运国铁路之间的内部作业而无须发货人或收货人参加。

3. 涉及国家多、运距远

国际铁路联运必须由两个及两个以上的国家铁路参加运送。有时，还要通过签订了《国际铁路货物联运协定》（以下简称《国际货协》）的国家，向未签订《国际货协》的西欧、北欧国家办理转发送，才能完成全程的运送工作，最后达到目的地，因此运距较长，特别是通过苏联铁路运送的，运距长达 8 000 公里。

4. 运输要求较高，手续复杂

国际铁路联运货物在运送中要顾及各参加国铁路的设备条件、运输组织方式和相关的法规制度，涉及外贸、海关、商检、发货人、收货人、收转入等各方面，其运输票据、货物、车辆及有关单证都必须符合有关规定和一些国家的正当要求，从而也决定了该项业务操作的复杂性。

5. 运输责任统一

参与国铁路系共同承运人，应对发货人或收货人承担连带运输责任，从而可以更有效地保护发货人与收货人的利益。货物在运输过程中如出现损坏、短少、灭失等，无论发生在铁路联运中的任一国家，都按照联运国铁路签署的国际公约对收、发货人负责。

拓展阅读

国际铁路通用轨道宽度为 1 435 mm。中国、朝鲜及欧洲大部分国家都是按此标准宽度修建铁路的。俄罗斯及中亚地区国家均使用宽轨铁路，其铁路宽度为 1 520 mm。这种宽轨铁路是苏联留下来的，其历史可追溯到沙皇时期，尼古拉一世为防止拿破仑军队入侵并很快打到莫斯科，而将铁路进行扩宽。目前，除了苏联原部分地区外，蒙古国、波兰、芬兰等国有宽轨铁路。另外，斯诺文尼亚也有部分宽轨铁路。两种铁路的存在造成运输上的相当不便。从中国发往俄罗斯、蒙古国、哈萨克斯坦等国的列车，均需在边境口岸换轨或换装后方可前行，既增加成本又浪费时间。目前，有些国际组织已开始探讨是否可以将现存的宽轨铁路改造为国际通用轨道而扫清铁路运输过程中的障碍，但这个改造项目因涉及国家太多、金额太大，还停留在务虚阶段。

（三）国际铁路货物联运的类别

根据发货人托运的货物数量、性质、体积、状态等条件，国际铁路联运货物种别分为整车、零担和大吨位集装箱货物三种。

（1）整车货物是指按一份运单托运的一批货物的重量、体积或形状需要单独一辆或一辆以上车辆运输的货物。一批货物无论是总重还是总体积能装足一辆货车标记载重量或充满一辆货车的容积都应办理整车；一件货物的形状不适合进入棚车或敞车与其他货物拼装，或者货物的性质决定、有特殊运输要求，以及不能清点件数的货物也应按整车办理。

（2）零担货物是指按一份运单托运的一批货物，重量不超过 5 000 千克，按其体积或种类不需要单独车辆运送的货物。在国际铁路运输中，零担运输也因其极不适应现代国际铁路快速规模运输方式（包括海关、商检、交接等手续繁杂），在我国已停办多年。

（2）大吨位集装箱货物是指按一张运单办理的、用大吨位集装箱（符合 ISO 第 I 系列的国际标准集装箱）运送的货物。

> **拓展阅读**
>
> **国际铁路货物联运禁止运送的货物**
>
> （1）参加运送铁路的任一国家禁止运送的物品；属于参加运送铁路的任一国家的邮政专运物品。
>
> （2）炸弹、弹药和军火，但狩猎和体育用品除外；在《国际货协》附件 2 中没有列载的爆炸品、压缩气体、液化气体或在压力下溶解的气体、自燃品和放射性物质。
>
> （3）一件重量不足 10 kg，并且体积不超过 0.1 m^3 的零担货物；在换装运送中，使用不能接盖棚车运送的一件重量超过 1.5 t 的货物。
>
> （4）按《国际货协》各参加国铁路规定不准在一辆车内混装的货物。

二、国际铁路货物联运适用的公约与规章

（一）国际公约

1.《国际货约》

《关于铁路货物运输的国际公约》（*Convention Concerning International Carriage of Goods by Rail*），国外通常简称为 CIM 公约（CIM Convention），是在 1890 年制定的《国际铁路货物运送规则》（以下简称《伯尔尼公约》）基础上发展起来的，规定了货物运送条件、运送组织、运输费用计算核收办法及铁路与发（收）货人之间的权利与义务等问题。目前，参加该公约的国家主要有：德国、奥地利、瑞士、法国、意大利、比利时、荷兰、西班牙、葡萄牙、土耳其、芬兰、瑞典、挪威、丹麦、匈牙利、波兰、保加利亚、罗马尼亚、捷克、斯洛伐克等。其中，匈牙利、德国、波兰、保加利亚、罗马尼亚、捷克、斯洛伐克等国铁路既是《国际货约》的参加国，又是《国际货协》的参加国。

2.《国际货协》

《国际货协》(Agreement Concerning International Carriage of Goods by Rail)是关于国际铁路货物联运的多边条约，1951年由苏联、罗马尼亚、匈牙利、波兰等8个东欧国家签订。中国、朝鲜、蒙古国于1953年7月加入该协定。目前，《国际货协》的签约国有阿塞拜疆、阿尔巴尼亚、白俄罗斯、保加利亚、越南、格鲁吉亚、伊朗、朝鲜、古巴、吉尔吉斯斯坦、拉脱维亚、立陶宛、摩尔多瓦、蒙古国、俄罗斯、土库曼斯坦、乌兹别克斯坦、乌克兰和爱沙尼亚等。阿尔巴尼亚、古巴两国实际上已不参加《国际货协》的活动。

(二) 国际其他相关协定

1.《统一过境运价规程》

《统一过境运价规程》(以下简称《统一货价》)，过去从属于《国际货协》，新的《统一货价》于1991年7月1日起实施，具有独立的法律地位。我国铁路于1991年9月1日实行上述新规定。目前，波兰、捷克、匈牙利、前东德（现为德国）四国已不再参加新的《统一货价》，但仍采用《国际货协》的规定。因而，过境这四国的进出口货物需用自由外汇结算过境运费，而且费率明显提高。

2.《国境铁路协定》

《国境铁路协定》是两个相邻国家铁路部门签订的，规定办理联运货物交接的国境站、车辆及货物的交接条件和方法，交换列车和机车运行办法及服务方法等。根据《国际货协》的规定，如果有关各国铁路机关间另有商定条件，则应适用该双边协定而不适用《国际货协》的上述规定。目前，我国分别与朝鲜、越南、蒙古国等国家签署了双边协定，对两国运送条件做出了具体的规定。因此，我国运送到这些国家的铁路联运货物，应按照双边协定办理。

(三) 国内相关规章

我国颁布的相关规章主要有：《铁路危险货物运输规则》、《铁路鲜活货物运输规则》、《铁路超限货物运输规则》、《铁路货物装载加固规则》、《铁路货物运输计划管理办法》、《铁路集装箱运输规则》、《铁路货物保价运输办法》、《铁路货物运输杂费管理办法》，有关的文件有《国际铁路货物联运办法》。

凡《国际货协》有规定而国内规章也有规定时，不论两者是否相同，应适用《国际货协》的规定。但在两邻国铁路间有特殊规定时，应按其规定的条件办理。《国际货协》中没有规定的事项，适用国内铁路规章。

学习子情境二　国际铁路货物联运操作实务

知识准备

国际铁路货物联运操作程序包括发送站的发送作业、发送路国境站作业、过境路作业（如需国际）、到达路国境站作业、到达路的到发作业等环节。在实际业务中，客户（发货人、收货人)往往委托国际货运代理办理国际铁路联运的进出口手续。

一、国际铁路货物联运出口操作程序

在国际铁路货物联运出口业务中,国际货运代理需要经过接受委托—提报计划—制单(铁路联运运单)—配车—报检、报关—口岸交接(审核、换装、签署交接证件)—国外交货等业务环节,具体如图4-1所示。

| 提报计划和组织准备 | 出口发运 | 出口口岸的交接 | 境外运输 | 到达交付 |

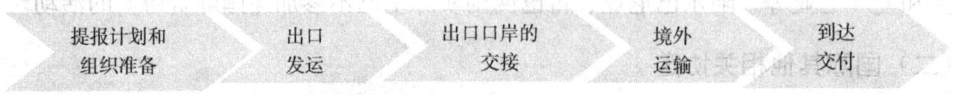

图4-1 国际铁路货物联运出口业务环节

1. 提报计划和组织准备

提报计划和组织准备工作主要包括向铁路部门申请出口运输计划,制订运输组织方案、车辆配载方案和装载加固/包装方案,缮制国际货协运单、装箱单及报关报检单据等。

2. 出口发运

出口发运工作主要包括办理报关报检工作、凭编制好的国际货协运单向车站请报日装车计划、装车和加固、对需押运的货物办理押运手续、交付运杂费取得加盖日期戳的国际货协运单。

3. 出口口岸的交接

出口口岸的交接工作主要包括办理货物在口岸的报关报检、货物交接与查验、货运事故处理等事宜。出口国境站货运调度根据国内前方站列车到达预报,通知交接所和海关做好接车准备工作。出口货物列车进站后,铁路会同海关接车,并将列车随带的运送票据送交接所处理,货物及列车接受海关的监管和检查。交接所实行联合办公,由铁路、海关、外运等单位参加,按照业务分工,开展流水作业,协同工作。最后,由双方铁路部门具体办理货物和车辆的交接手续,并签署交接证件。

4. 境外运输

在参加《国际货协》的国家,必须是在国家主管部门和铁路当局注册的运输公司才能从事外贸和过境运输业务。

5. 到达交付

货物到达到站后,收货人向铁路付清运单所载的一切应付的运送费用后,铁路必须将货物、运单正本和货物到达通知单(运单第1联和第5联)交付收货人,收货人必须支付运送费用并领取货物。收货人领取货物时,应当在运行报单上填记货物领取日期,并加盖收货戳记。

二、国际铁路货物联运进口操作程序

国际铁路联运进口货物运输与出口货物运输在货物与单据的流转程序上基本相同,只是在流转方向上正好相反。其业务环节如图4-2所示。

进口运输计划的申报 → 进口组织准备工作 → 国境站交接 → 分拨与分运 → 进口货物交付

图 4-2　国际铁路货物联运进口业务环节

1. 进口运输计划的申报

申报国际铁路联运进口运输计划申报和运单填制时，应注意，国内订货部门应提出确切的到达站（如北京东站、上海西站等）的站名称和到达路局的名称，除个别单位在国境站设有机构者外，均不得以我国国境站或换装站（如满洲里站、二连站等）为到达站，也不得以对方国境站为到达站。

2. 进口组织准备工作

进口单位对外签订订货合同时，必须按照商务部的统一规定编制运输标志，不得颠倒顺序和增加内容，否则会造成错发、错运事故。同时，应及时将合同的中文副本、附件、补充协议书、确认函电、交接清单等寄送国境站外运机构，在这些资料中要有合同号、订货号、品名、规格、数量、单价、经由国境站、到达路局、到站、唛头、包装及运输条件等内容。事后如有某种变更事项也应及时将变更资料抄送外运机构。

3. 国境站交接

进口货物列车到达国境站后，由铁路会同海关接车，双方铁路部门根据列车长提供的货物交接单办理交接。交接过程中，铁路部门负责签办交接证件，翻译货运单据，组织货物换装和继续发运。在交接过程中，如发现有残短，铁路部门应进行详细记载，以作为铁路双方签署商务记录的原始依据。外运部门负责根据进口合同资料对运单及其他所用货运票据进行核对，如无问题便制作进口货物报关单。海关负责对货物进行监管，进口货物报关后，海关根据报关单查验货物，在单、证、货相符的情况下签字放行。

4. 分拨与分运

国外发货人集中托运，以我国国境站为到站、外运机构为收货人的小额订货，以及国外铁路将零担货物合装整车发运至我国国境站的，外运机构在国境站接货后负责办理分拨、分运业务。所谓分拨、分运，是按货物的流向换装车辆，换装后的车辆按流向重新编组向内地运输。如货物在分拨、分运中发现有货损、货差情况且属于铁路部门责任的，应由铁路部门出具商务记录；如属于发货人责任的，应及时通知有关进口单位向发货人索赔。

5. 进口货物交付

货物到站后铁路部门需向收货人发出到货通知，收货人接到通知后即向铁路部门付清运送费用，然后由铁路部门将运单和货物一并交给收货人，收货人在取货时应在运行报单上加盖收货戳记，作为收货凭证。

承运人卸车完毕后对无从接收的货物需及时向收货人发出催领通知。到站发出催领通知（不能实行催领通知的为卸车之后）的次日起，两日内收货人应将货物全部搬出。对超出两日（铁路局可规定为一日）未能搬出者，车站向收货人核收货物暂存费。收货人拖延领取、拒绝领取或无人领取时，铁路采取解决措施无效后，自发出催领通知满三十日（搬家货物为六十日）仍无人领取或收货人未按规定期限提出处理意见的，承运人按无法交付货物进行处理。对性质不宜长期保管的货物，承运人根据具体情况可缩短处理期限。

拓展阅读

我国通往邻国的铁路干线、国境站和轨距如表4-1所示。

表4-1 我国通往邻国的铁路干线、国境站和轨距

我国与邻国	我国铁路干线	我国国境站站名	邻国国境站站名	我国轨距（mm）	邻国轨距（mm）	交接、换装地点 出口	交接、换装地点 进口	至国境线距离（km）我国国境站	至国境线距离（km）邻国国境站
中俄间	滨州线	满洲里	后贝加尔	1 435	1 520	后贝加尔	满洲里	9.8	1.3
中俄间	滨绥线	绥芬河	格罗迭科沃	1 435	1 520	格罗迭科沃	绥芬河	5.9	20.6
中俄间	珲马线	珲春	卡梅绍娃亚	1 435	1 520	卡梅绍娃亚	珲春	8	18.7
中哈间	北疆铁路	阿拉山口	德鲁日巴	1 435	1 520	德鲁日巴	阿拉山口	4.02	8.13
中蒙间	集二线	二连	扎门乌德	1 435	1 520	扎门乌德	二连	4.8	4.5
中朝间	沈丹线	丹东	新义州	1 435	1 435	新义州	丹东	1.4	1.7
中朝间	长图线	图们	南阳	1 435	1 435	南阳	图们	2.1	1.3
中朝间	梅集线	集安	满浦	1 435	1 435	满浦	集安	7.3	3.8
中越间	湘桂线	凭祥	同登	1 435	1 435	同登	凭祥	13.2	4.6
中越间	昆河线	河口	老街	1 000	1 000	老街	河口	6.5	4.2

三、国际铁路货物联运单证缮制

1. 国际铁路货物联运单证种类

国际铁路联运运单（International through Rail Waybill）是托运人与参加国际铁路货物联运的铁路部门之间缔结的运输契约，它规定了托运人与参加联运的铁路部门之间在货物运送上的权利、义务、责任和豁免，对托运人和铁路部门都具有法律效力，是国际铁路联运中重要的运输单证。国际铁路运单具有运输合同证据的功能，不具有物权凭证的功能，不具有流通性。因此，《国际货协》和《国际货约》均明确规定铁路联运运单中的收货人一栏必须是记名的。

国际铁路联运运单包括国际货协运单和国际货约运单，分别适用于国际货约国和国际货协国。根据组织联运运输方法的不同，国际铁路联运的范围可以分成如下三类。

（1）我国同参加《国际货协》的国家和未参加《国际货协》但采用《国际货协》规定的国家铁路部门间的货物运送，铁路部门从发站以一份国际货协运送票据，负责运送至最终到站交付给收货人。

（2）我国同未参加《国际货协》的国家铁路部门间的货物运送，发货人采用国际货协运单办理至参加《国际货协》国的最后一个过境铁路的出口国境站，由国境站站长或由发货人在这些站委托的代理人以发货人的全权代理人的身份，采用适当的运单负责办理转发至最终的到达站。

（3）从参加《国际货协》的国家，通过参加《国际货协》的过境铁路港口，向其他国家（不论这些国家的铁路是否参加《国际货协》）或相反方向运送货物时，用国际货协运送票据只能办理至过境铁路港口站止或从这个站起开始办理，由港口站的收转人办理转发送。

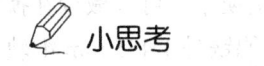

小思考

如果我国通过波兰或德国等国港口向芬兰等国发货，该填写什么联运单？如何操作？

解析：如系我国通过波兰或德国等国港口向芬兰等国发货，此种运输方式为铁/海联运，称为欧洲流向。方法是发货人采用《国际货协》运单运送至过境铁路港口，然后由发货人委托在港口站的代理人办理海运至最终目的地。

拓展阅读

国际货协/国际货约统一运单

亚欧大陆的政府间铁路合作组织有两个，即铁路合作组织（OSJD）和国际铁路货物运输政府间组织（OTIF），在各自范围内分别适用"国际货协运单"和"国际货约运单"。这样带来的问题是联运的货物必须在适当的边境站重新办理发运手续，重新制作另一种运输法律体系的单据，不但耽误时间，也浪费人力物力。为解决上述问题，两个组织成立联合工作组，制定了国际货协/国际货约统一运单，简称"统一运单"。

编制的国际货约/国际货协统一运单，是国际货协运单和国际货约运单的物理合并，保留了国际货协运单原有各栏内容，只是在次序上对部分栏进行了调整，同时新增了国际货约运单部分内容，以及与办理转发运手续相关的内容，共有112项。与国际货协运单相比，新运单主要有以下特点：

（1）增加了运单语文种类。新运单的印制和填写除中文、俄文外，还可采用英文、德文或法文中的一种。

（2）统一了运送票据，并未改变运输法规的属性。在《国际货协》适用范围内采用时，新运单作为国际货协运单使用，适用《国际货协》的规定；在《国际货约》适用范围内采用时，作为国际货约运单使用，适用《国际货约》规定。

（3）采用新运单不改变《国际货约》和《国际货协》中关于责任、赔偿请求等相关规定。

2010年8月，铁道部致函海关总署和质检总局，征求对采用统一运单的意见。在征得海关等联检部门同意后，铁道部正式通知铁组委员会，自2012年1月1日起，对由中国经满洲里、二连、阿拉山口三个口岸到欧洲国家的集装箱运输，试验采用国际货协/国际货约运单。亚欧大陆铁路直通运输单据基本完成，为进一步发展亚欧铁路直通（过境）运输奠定了良好的基础。

2012年10月31日，第一次采用国际货协/国际货约统一运单的集装箱试验列车由重庆出发（渝新欧班列），11月16日到达德国的杜伊斯堡，试验取得了圆满成功。

综上所述，原使用国际货协运单发运亚欧直通运输时，列车在波兰（《国际货协》成员）和德国国境站交接时，需要换单（国际货协运单更换成国际货约运单）。要重新缮制运单，需要一定的劳务和时间。使用统一运单后，不用在波德交接换单，可以减少在换单时产生的误差。但因货物要在国境站换装（波铁是1 520 mm宽轨，德铁是1 435 mm准轨），所以时间并没有减少很多，只减少了换单费用。

2014年10月17日，国际铁路合作组织运输法专门委员会国际货协问题会议通过了2015年7月1日版《国际铁路货物联运协定》和《国际铁路货物联运协定办事细则》的正文和部分附件，自2015年7月1日起生效。适用《国际货协/国际货约运单指导手册》的《国际货约》成员有22个铁路部门参加，《国际货协》成员有14个铁路部门参加。《国际货约》成员包括保加利亚国家铁路（BDZ）、捷克铁路（CD）、卢森堡铁路货运公司（CFL Cargo）、吉厄尔—肖普朗—埃宾富尔特铁路股份公司（GySEV）、罗马尼亚国有铁路货运股份公司（CFR MARFA）、罗马尼亚铁路集团股份公司（GFR）、立陶宛铁路股份公司（LG）、波兰国家铁路股份公司（PKP S.A.）、奥地利铁路货运股份公司（RCA）、德国铁路股份公司（Railion Deutschland AG）、伊朗伊斯兰共和国铁路（RAI）、瑞士铁路股份公司（SBB）、比利时铁路（SNCB/NMBS）、意大利Trenitalia股份公司（TrenitaliaS.p.A）、乌克兰国家铁路管理总局（乌[克]铁）（Uz）、匈牙利国家铁路货运股份公司（MAV Cargo ZRt）、斯洛伐克铁路货运股份公司（ZSSK CARGO）。《国际货协》参加者有白俄罗斯、保加利亚、匈牙利、格鲁吉亚、吉尔吉斯、拉脱维亚、立陶宛、波兰、俄罗斯联邦、斯洛伐克、乌克兰、爱沙尼亚。其中，部分国家铁路部门是同时参加两个协定，有保加利亚、立陶宛、波兰、罗马尼亚、斯洛伐克、捷克和匈牙利铁路部门。斯洛伐克不是《国际货协》的正式参加者，但适用《国际货协》的规定。以上国家铁路部门基本上包括了亚欧大陆桥铁路运输的主要发运国和过境国。

遵照《铁组运输法专门委员会国际货协问题会议议定书》，截至2015年6月30日所缔结的国际铁路货物联运合同中各方的关系，由2014年7月1日版《国际铁路货物联运协定》调节；截至2015年6月30日所缔结的国际铁路货物联运合同中承运人之间的关系，由2014年7月1日版《国际铁路货物联运协定办事细则》调节。

2. 国际铁路运单缮制

我国是《国际货协》参加国,在办理国际铁路货物托运业务时,铁路部门要求必须使用国际货协运单作为唯一法定运单办理货物托运手续。国际货协运单分为慢运和快运两种。这两种运单格式相同,区别在于慢运运单不带红边。托运人选择白色运单用纸或带有红线的运单用纸,则表示货物在运送全程中应按慢运或快运办理运送,因此,两者不得互相代用。

国际货协运单系一整套票据,由带编号的 6 张和必要份数的补充运行报单组成。国际货协运单的构成、各联用途及流转程序如表 4-2 所示。

表 4-2 国际货协运单的构成、各联用途及流转程序

张 次	各张名称	各张的领收人	各张用途
1	运单正本	收货人	随同货物至到站
2	运行报单	将货物交付收货人的承运人	随同货物至到站
3	货物交付单	将货物交付收货人的承运人	随同货物至到站
4	运单副本	发货人	运输合同缔结后,交给发货人
5	货物接收单	缔约承运人	缔约承运人留存
6	货物到达通知单	收货人	随同货物至到站
无号码	补充运行报单	承运人	给货物运送途中的承运人(将货物交付收货人的承运人除外)

运单用纸的印制和运单的填写,应采用铁路合作组织工作语(中文、俄文)中的一种,即当货物由中国、朝鲜和越南发往其他货协参加国时,应采用中文;在其他情况下,使用俄文。同时规定,运单用纸和运单各栏的填写,可附其他语文的译文;并经运送参加方商定,运单的填写可以采用其他任何一种语文。

运单填写必须正确、规范,字迹清楚。内容如有更改,在更改处需加盖托运人或承运人的印章证明。运单正面未画粗线的为运送本批货物所需的各栏,由发货人填写。运单正面画粗线的各栏和背面所有各栏,均由铁路部门填写。运单中记载的事项,应严格按照为其规定的各栏和各行范围填写,但第 9~11 栏的"一般说明"中规定的情况除外(见表 4-3)。

四、国际铁路货物联运运费核算

1. 国际铁路联运费用的构成与支付方式

国际铁路联运货物运费计算与核收的主要依据是《统一货价》、《国际货协》和我国的《铁路货物运价规则》(以下简称《国内价规》)。国际铁路联运费用由发送路运送费用、过境路运送费用和到达路运送费用三部分构成。

(1)发送路运送费用:按承运当日发送路国内规章规定计费,以发送国货币在发站向发货人核收。

表4-3　国际货协运单模板

运单正本—**Оригинал накладной** （给收货人）—（Для получателя）							29 批号—Отправка №	
国际货物运单—Накладная СМГС 中铁—КЖД	1 发货人—Отправитель 签字—Подпись				2 发站—Станция отправления			
					3 发货人的声明—Заявления отправителя			
	4 收货人—Получатель							
	5 到站—Станция назначения							
					8 车辆由何方提供—Вагон предоставлен/9 载重量—Грузоподъёмность 10 轴数—Оси/11 自重—Масса тары/12 罐车类型—Тип цистерны			
	6 国境口岸站—Пограничные станции переходов	7 车辆—Вагон	8　9　10　11　12				换装后—После перегрузки	
							13 货物重量 Масса груза	14 件数 К-во мест
	15 货物名称—Наименование груза			16 包装种类 Род упаковки	17 件数 К-во мест	18 重量（公斤） Масса (в кг)	19 封印—Пломбы	
							数量 К-во	记号—знаки
							20 由何方装车—Погружено 21 确定重量的方法 Способ определения массы	
				22 承运人—Перевозчики		（区段自/至—участки от/до）		车站代码 (коды станций)
	23 运送费用的支付—Уплата провозных платежей							
	24 发货人添附的文件—Документы, приложенные отправителем							
				25 与承运人无关的信息，供货合同号码 Информация, не предназначенная для перевозчика, № договора на поставку				
	26 缔结运输合同的日期 Дата заключения договора перевозки	27 到达日期—Дата прибытия		28 办理海关和其他行政手续的记载 Отметки для выполнения таможенных и других административных формальностей				

续表

计算运送费用的各项 — Разделы по расчёту провозных платежей					向发货人计算的费用 Расчёты с отправителем		向收货人计算的费用 Расчёты с получателем	
А	37 区段—Участок Коды станций	车站代码	38 里程（公里） Расстояние, км	39 计费重量（公斤） Расчётная масса, кг	44 运价货币 Валюта тарифа	45 支付货币 Валюта платежа	46 运价货币 Валюта тарифа	47 支付货币 Валюта платежа
	自—От				48	49	50	51
	至—До							
	40 杂费 Дополнительные сборы	=	=	=	52 } 53 } 54 } 55			
	41 运价—Тариф	42 货物代码—Код груза	43 兑换率—Курс пересчёта	共计 Итого: ▶	56	57	58	59
Б	37 区段—Участок Коды станций	车站代码	38 里程（公里） Расстояние, км	39 计费重量（公斤） Расчётная масса, кг	44 运价货币 Валюта тарифа	45 支付货币 Валюта платежа	46 运价货币 Валюта тарифа	47 支付货币 Валюта платежа
	自—От				48	49	50	51
	至—До							
	40 杂费 Дополнительные сборы	=	=	=	52 } 53 } 54 } 55			
	41 运价—Тариф	42 货物代码—Код груза	43 兑换率—Курс пересчёта	共计 Итого: ▶	56	57	58	59
В	37 区段—Участок Коды станций	车站代码	38 里程（公里） Расстояние, км	39 计费重量（公斤） Расчётная масса, кг	44 运价货币 Валюта тарифа	45 支付货币 Валюта платежа	46 运价货币 Валюта тарифа	47 支付货币 Валюта платежа
	自—От				48	49	50	51
	至—До							
	40 杂费 Дополнительные сборы	=	=	=	52 } 53 } 54 } 55			
	41 运价—Тариф	42 货物代码—Код груза	43 兑换率—Курс пересчёта	共计 Итого: ▶	56	57	58	59
Г	37 区段—Участок Коды станций	车站代码	38 里程（公里） Расстояние, км	39 计费重量（公斤） Расчётная масса, кг	44 运价货币 Валюта тарифа	45 支付货币 Валюта платежа	46 运价货币 Валюта тарифа	47 支付货币 Валюта платежа
	自—От				48	49	50	51
	至—До							
	40 杂费 Дополнительные сборы	=	=	=	52 } 53 } 54 } 55			
	41 运价—Тариф	42 货物代码—Код груза	43 兑换率—Курс пересчёта	共计 Итого: ▶	56	57	58	59
Д	37 区段—Участок Коды станций	车站代码	38 里程（公里） Расстояние, км	39 计费重量（公斤） Расчётная масса, кг	44 运价货币 Валюта тарифа	45 支付货币 Валюта платежа	46 运价货币 Валюта тарифа	47 支付货币 Валюта платежа
	自—От				48	49	50	51
	至—До							
	40 杂费 Дополнительные сборы	=	=	=	52 } 53 } 54 } 55			
	41 运价—Тариф	42 货物代码—Код груза	43 兑换率—Курс пересчёта	共计 Итого: ▶	56	57	58	59
Е	37 区段—Участок Коды станций	车站代码	38 里程（公里） Расстояние, км	39 计费重量（公斤） Расчётная масса, кг	44 运价货币 Валюта тарифа	45 支付货币 Валюта платежа	46 运价货币 Валюта тарифа	47 支付货币 Валюта платежа
	自—От				48	49	50	51
	至—До							
	40 杂费 Дополнительные сборы	=	=	=	52 } 53 } 54 } 55			
	41 运价—Тариф	42 货物代码—Код груза	43 兑换率—Курс пересчёта	共计 Итого: ▶	56	57	58	59
64 计算和核收运送费用的记载—Отметки для исчисления и взимания провозных платежей					总计 Всего: ▶	60 61 62 63			
					65 应向发货人补收的费用 — Дополнительно взыскать с отправителя за				

（2）过境路运送费用：对参加《统一货价》的铁路部门，按承运当日《统一货价》规定计费，以瑞士法郎算出的款额，按支付当日规定的兑换率折成核收运送费用国家的货币，根据运单第 20 栏的记载，在发站向发货人或在到站向收货人或直接向其代理人核收；对未参加《统一货价》的铁路部门的过境运送费用，由该铁路部门直接向发货人或收货人或其代理人核收。

（3）到达路运送费用：按承运当日到达路规章规定，以到达国货币在到站向收货人核收。

我国出口的联运货物，交货共同条件一般均规定在卖方车辆上交货，因此我方仅负责至出口国境站一段的运送费用。但联运进口货物，则要负担过境运送费和我国铁路段的费用。

在实践中，根据买卖双方约定，其运费支付方式主要有以下几种：

① 发货人交纳全程运费，包括发运路费用、过境费用和到达路费用。

② 发货人交纳发送路费用，过境费用和到达路费用由收货人支付。

③ 发货人交纳发送路费用和过境费用，到达费用由收货人支付。

2. 国际铁路联运费用的计算

（1）过境运费的计算。过境运费按《统一货价》规定计算，其计算程序是：

① 根据运单上载明的运输路线，在过境里程表中查出各通过国的过程里程。

② 根据货物品名，在货物品名分等表中查出其可适用的运价等级和计费重量标准化。

③ 在慢运货物运费计算表中，根据货物运价等级和总的过境里程查出适用的运费率。

其计算公式为：

$$基本运费额 = 货物运费率 \times 计费重量$$

$$运费总额 = 基本运费额 \times (1 + 加成率)$$

加成率是指运费总额应按托运类别在基本运费额基础上所增加的百分比。快运货物运费按慢运运费加 100%，零担货物加 50% 后再加 100%。随旅客列车挂运整车费，另加 200%。

（2）国内段运费的计算。国内段运费按《国内价规》计算，其计算程序是：

① 根据货物运价里程表确定发到站间的运价里程。一般应根据最短路径确定，并需将国境站至国境线的里程计算在内。

② 根据运单上所列货物品名，查找货物运价分号表，确定适用的运价号。

③ 根据运价里程与运价号，在货物运价表中查出适用的运价率。

计费重量与运价率相乘，即得出该批货物的国内运费。其计算公式为：

$$运费 = 运价率 \times 计费重量$$

📖 例 4-1

甲国有 5 个车辆的整车货物随旅客列车挂运，经我国运往乙国，已知车辆标重为 16 吨。按过境里程和运价等级，该货物在《统一货价》中的基本运价率为 6 美元/吨，而根据运价里程和运价号查得该货物在我国《国内价规》中的运价率折合美元为 7 美元/吨，若两个运价的计费重量均为货车标重，我国应向甲国发货人收取多少运费？

解：国内运费=7 美元/吨×16 吨×5=560 美元

随旅客列车挂运的整车货物的加成率为 200%。

过境段基本运费额=6 美元/吨×16 吨×5=480 美元

过境运费=480 美元×（1+200%）=1 440 美元

所以，应收取运费总计：

1 440 美元+560 美元=2 000 美元

学习子情境三　国际公路货物联运业务概述

一、国际公路货物运输的概念、特点和作用

（一）国际公路货物运输的概念

国际公路货物运输（international road freight transportation），也称道路过境货物运输或出入境汽车货物运输，是指根据相关国家政府间有关协定，经过批准，通过国家开放的边境口岸和道路进行出入国境的汽车货物运输。

根据途经国家多少，国际公路货物运输可分为双边汽车货物运输和多边汽车货物运输。前者是指中国与其接壤的国家通过签订双边汽车运输协定而开展的汽车货物运输；后者是指有接壤、非接壤国家之间通过签订多边汽车运输协定而开展的汽车货物运输，含出入境、过境汽车货物运输（通过第三国的领土、货物的起讫点均不在通过国的运输）。

（二）国际公路货物运输的特点

与国内公路货物运输相比，国际公路货物运输具有以下特点。

1. 按双边或多边汽车运输协定运作

国际道路货物运输必须遵守按我国与其他国家签订的双边或多边协定进行运作与管理。

2. 实行许可证制度

（1）货运经营许可证制度。国内公路运输企业欲开展出入境汽车运输业务，需要取得交通运输部门颁发的国际公路运输经营许可证。

（2）行车许可证制度。对于国际公路运输，我国同其他国家协商实行车辆行车许可证制度，即相互交换同等数量的许可证，一个国家的车辆可以持许可证进入其他国家境内，进行运输。

3. 出入境监管

（1）车辆抵达边境口岸时，必须接受口岸国际公路运输管理机构的查验，具体查验车辆驾驶员的国际驾证、国际公路运输行车许可证、国际公路运输国籍识别标志、国际公路运输有关牌证及相关单证。过境到对方口岸也要接受对等的查验。

（2）基于国家安全考虑，各国所能开放的运输线路是有限定的，运输车辆必须按照规定的线路运行。

（3）为了便于监管，承运海关转关运输车辆应为厢式货车、集装箱拖头车或布面集装

箱车辆，经海关批准可以为散装货车。

4. 具有明显的地域性

国际道路货物运输是邻国间边境贸易货物运输的主要方式。

5. 政府定价

出入境汽车货物运价，按双边或多边出入境汽车运输协定，由两国或多国政府主管机关协商确定，运输企业不能随意更改。

（三）国际公路货物运输的作用

国际公路运输，在蓬勃发展的国际多式联运中发挥着主力军和桥梁、纽带的双重作用，尤其是高速公路的建设和集装箱运输的发展更为国际公路运输提供了发展的契机，在出入境运输、集疏港运输中扮演着越来越重要的角色。目前，公路运输主要承担以下三个方面的进出口货物运输业务。

1. 集疏运服务

公路运输可以配合船舶、火车、飞机等运输工具完成运输的全过程，是港口、车站、机场集散货物的重要手段。尤其是鲜活商品、集港疏港抢运，往往能够起到其他运输方式难以起到的作用。可以说，其他运输方式往往要依赖汽车运输来最终完成两端的运输任务。

2. 独立实现门到门运输

目前，公路运输是欧洲大陆国家之间进出口货物运输的最重要的方式之一。我国与邻国之间，以及供应港澳物资和通过港澳中转物资的运输，很大部分是由汽车运输独立承担的。

3. 参与多式联运

公路运输可以将两种或多种运输方式串联起来，实现多种运输方式的联合运输，做到进出口货物的"门到门"服务。

拓展阅读

我国一类对外开放口岸一览表如表4-4所示。

表4-4 我国一类对外开放口岸一览表

地 区	空 港	陆 港	水 港
北京	北京		
天津	天津		天津、塘沽
河北	石家庄		秦皇岛、唐山
山西	太原		
内蒙古	呼和浩特、海拉尔	二连浩特、满洲里	
辽宁	沈阳、大连	丹东	营口、锦州、大连、丹东、
吉林	长春	集安、珲春、图们	大安
黑龙江	哈尔滨、佳木斯、齐齐哈尔、牡丹江	逊克、抚远、密山、漠河、绥芬河	哈尔滨、佳木斯

续表

地 区	空 港	陆 港	水 港
上海	上海		上海
江苏	南京		连云港、南通、镇江、张家港、南京、扬州、江阴、常熟
浙江	杭州、宁波、温州		宁波、镇海、舟山、温州
安徽	合肥、黄山		芜湖、铜陵
福建	福州、武夷山、厦门		福州、厦门、漳州、泉州、莆田
江西	南昌		九江
山东	济南、青岛、烟台		威海、青岛、烟台
河南	郑州、洛阳		
湖北	武汉		汉口、黄石
湖南	长沙		岳阳
广东	广州、深圳、湛江、梅州	广州、皇岗、佛山、文锦渡、罗湖、沙头角、笋岗、拱北、常平、端州、三水	广州、黄浦、惠州、茂名、南海、番禺、潮州、汕头、深圳蛇口、湛江、肇庆、中山
广西	南宁、桂林、北海	友谊关，凭祥，东兴，水口	北海、防城、福州、钦州
海南	海口、三亚		海口、三亚
重庆	重庆		
四川	成都		
贵州	贵阳		
云南	昆明、西双版纳	畹町、瑞丽	思茅、景洪
西藏	拉萨	聂拉木、普兰、吉隆、日屋、亚东	
陕西	西安		
甘肃	兰州		
新疆	乌鲁木齐、喀什	巴克图、阿拉山口、红其拉甫、霍而果斯、红山嘴、老爷庙	

二、国际公路货物运输适用的公约与协定

（一）国际公路货物运输公约

为了统一公路运输所使用的单证和承运人的责任，联合国所属欧洲经济委员会负责草

拟了《国际公路货物运输合同公约》(CMR)，并于 1956 年 5 月 19 日在日内瓦由欧洲 17 个国家参加的会议上一致通过并签订。该公约共有 12 章，就公约的适用范围、承运人责任、合同的签订与履行、索赔与诉讼，以及连续承运人履行合同等做了较详细的规定。

为了满足集装箱的运输，联合国所属欧洲经济委员会成员国之间于 1956 年缔结了关于集装箱的关税协定。参加这个协定的签字国有欧洲的 20 个国家和欧洲以外的 7 个国家。协定的宗旨是相互允许集装箱免税过境，在这个协定的基础上，根据欧洲经济委员会的倡议，还缔结了《国际公路车辆运输协定》(TIR)。根据规则规定，对装运集装箱的公路承运人，如持有 TIR 手册，允许由发运地至目的地，在海关封志下途中不受检查，不支付税收，也可不付押金。这种 TIR 手册是由有关国家政府批准的运输团体发行的，这些团体大多是参加国际公路联合会的成员，他们必须保证监督其所属运输企业遵守海关法则和其他规则。协定的正式名称为《根据 TIR 手册进行国际货物运输的有关关税决定》。该协定有欧洲 23 个国家参加，并从 1960 年开始实施。从某种意义上说，尽管上述公约或协定有地区性限制，但仍不失为当前国际公路运输的重要公约和协定，并对今后国际公路运输的发展具有一定的影响。2016 年 7 月 26 日，中国已签署《国际公路车辆运输协定》(TIR)，为建设通往欧洲的快速"新丝绸之路"迈出重要一步。

（二）运输协定

自 1991 年中国政府签订首个中外汽车运输协定以来，我国已与周边国家签订了 44 个双边、多边汽车运输条约。

至 2013 年年底，我国与毗邻的 11 个国家的 70 对边境口岸开通了 287 条客货运输线路，线路总长度近 4 万公里，年过客量、过货量达 600 万人次和 3 000 万吨以上。过去 10 年，我国与周边国家贸易额中的约 30%依靠国际道路运输完成。

学习子情境四　国际公路货物联运操作实务

一、国际公路货物运输操作程序

国际公路货物运输无论采用何种运输形式，其业务运作过程均由发送业务、途中业务和到达业务三部分组成。其中，发送业务主要包括受理托运、检货司磅、保管、组织装车和制票收费等内容，途中业务主要包括途中货物交接、货物整理或换装等内容，到达业务主要包括货运票据的交接、货物卸车、保管和交付等内容。其主要业务环节如图 4-3 所示。

业务受理　现场装货　运行监控　现场卸货　回单处理

图 4-3　国际公路货物运输业务环节

(一)公路整车货物运输代理业务流程

在我国,如果托运人一次托运货物在 3 吨以上(含 3 吨),或者虽不足 3 吨,但其性质、体积、形状需要一辆 3 吨及以上的汽车运输均为整车运输(Truck Load, TL)。其业务流程如表 4-5 所示。

表 4-5　公路整车货物运输代理业务流程

序号	流程	操作要点
1	托运承运	托运人(货运代理人或发货人)填制承运人印制的托运单向承运人托运。承运人审核运单,确定运输里程,计算运杂费,签章受理,接受委托。承运人会同托运人核实理货、验货、落实收、发货人过磅、装卸准备
2	配车装运	承运人及托运人的货运代理人实际监督装运,现场确定装载量、装载件数、查验包装、监管装车质量和捆扎,散装货物防止丢、撒、漏、损。装货完毕后,承托双方办理交接手续。按行车路单,包装货物件交件收,散货磅交磅收,集装箱凭铅封交接
3	发车运输	自承运人接收货物时起至交付货物时止,需对货物的灭失、损坏负赔偿责任(但人力不可抗拒的自然灾害、货物性质变化及自然损耗、包装完好内货短损及有押运保管的除外)
4	到达交付	承运人将货物运到目的地后向收货人交付。收货人为货运代理时,货运代理应到场同承运人交接,按路单和收件数及散货磅单重量,检验无误后在承运人所持结算凭证上签章。发生货损货差时,双方做出记录并签认。货运代理人或收货人可在货票上做出批注,但不得因货损货差拒绝收货。正常情况下,收货人核收货物后在货票收货回单上签章,承运人的责任即告终止

(二)公路零担货物运输代理业务流程

公路零担货物运输,是指托运人一次托运的货物不足 3 吨(不含 3 吨)的零担货物。按件托运的零担货物,单件体积一般不小于 0.01 立方米(单件重量超过 10 千克的除外),不大于 1.5 立方米;单件重量不超过 200 千克;货物长度、宽度、高度分别不超过 3.5 米、1.5 米和 1.3 米。其业务流程如表 4-6 所示。

表 4-6　公路零担货物运输代理业务流程

序号	流程	操作要点
1	受理托运	托运人(货运代理人或发货人)填制托运单办理托运手续。承运人审核运单后接受委托。收到托运货物后需按单核对、验货过磅,然后将货物堆码在指定货位上,并按托运单号贴标签和填写货票,同时还需向托运人收取相关费用。零担货物入库是承运人对货物履行责任的开始
2	配车装运	按车核对吨位容积,按同一到站货物的重量体积、理化性质、形状大小合理配载,编制货物清单,收集好随车单证;然后,按装货清单装车;最后,清点货物在随车单证上签章并检查苫盖、捆扎和关锁

续表

序号	流程	操作要点
3	发车运输	站车交接后货运班车严格按班点发车。车辆按规定路线行驶，需要中转的货物，在规定的中转站中转，并重新集结装车，再继续运至最终目的地
4	到达交付	直接运达目的地的车辆到站后，承运车同车站办理单证和货物交接，单货相符后，由车站做出到货通知书，通知收货人到车站提货。合同运输货物安排送货上门。货物交付完毕，收回货票提货联，零担承运人的运输责任才告结束

（三）公路集装箱货物运输代理业务流程

公路集装箱运输是集装箱运输的一个重要的组成部分，它能将航空、铁路、海运有效地连接起来，实现门到门运输。同时，还能把小批量的零星货物，通过汽车运输加以集中和组织，转为集装箱运输。目前，在一些工业发达国家中，汽车运输不仅承担了铁路、海运、航空接送业务，而且承担了中、短途的内陆集装箱运输。与整车运输与零担运输相比，道路集装箱运输操作增加了与集装箱有关的业务环节，如出口提箱、装箱，进口拆箱、还箱等。其业务流程如表4-7、表4-8所示。

表4-7 集装箱出口货物运输代理业务流程

序号	流程	操作要点
1	受理托运	托运人向承运人填报托运单，托运人（通常是货运代理人）将海运订舱单传给承运车队，车队审查装卸货地点、提空箱地点后，接受委托并编制汇总计划，与货运代理或船舶代理联系向谁提取空箱
2	领取空箱	持加盖承运公司公章的订舱单到船舶代理公司换取提箱单。检查核对订舱单号、提空箱地点和发重箱地点、结关期。将提箱单送交集装箱码头换取集装箱设备交接单、集装箱装箱单和封具，按提箱地点的工作时间提空箱，提箱后将箱号、封号通知货运代理和船舶代理
3	装箱交付	将空箱连同装箱单、铅封运往发货人仓库或货运代理指定的货运站。货运站装箱时，货运代理应到场监装并办理海关、商检手续。装毕加封后将重箱连同已经签署的装箱单运往集装箱码头堆场或指定地点待装船。同时将装箱单和设备交接单交集装箱码头办理交接手续，取得交付收据
4	结算运费	将箱号、封号、订舱单、码头支付收据传真给货运代理和船舶代理，交付收据转交财务结算费用

表4-8 集装箱进口货物运输代理业务流程

序号	流程	操作要点
1	受理托运	托运人（通常是货运代理人）将集装箱放行提单作为托运手续凭证送达承运人，注明船名、箱型、箱号、收货人地址和电话及运输要求，承运人汇总计划，据此向货运代理人联系提取重箱，了解是否转关

续表

序号	流程	操作要点
2	领取重箱	将进口运输通知单、提箱单送交集装箱码头，换取集装箱设备交接单，提取重箱。向集装箱箱管代理交押箱费。整箱货运到收货人仓库或工厂，由收货人安排卸箱。拼箱运到货运代理指定的货运站，收货货运站拆箱
3	退送空箱	整箱和拼箱卸空后，将空箱附设备交接单送回集装箱码头或船公司代理指定的地点，经检验无误后，取回集装箱退还回单和押箱费用
4	运送拼箱货物	理货公司理验后，交承运车队运送至各个收货人

二、国际公路货物运输单证缮制

国际公路货运中最重要的货运单证为公路运单，即托运单，用以证明公路货运合同和货物已由公路承运人接管或装上公路运输工具的一种货运单证。公路运单不具有物权凭证的性质，公路运单不能转让，只能做成记名抬头。

为了加强对出入境汽车运输单证的管理，我国交通部颁布的《中华人民共和国出入境汽车运输管理规定》中对于出入境汽车运输企业所使用的"国际公路货物运单"式样做出了明确的规定。据我国《国际道路运输管理规定》，国际道路货物运单包括22项内容。实务中，一般使用一式四联单：第一联，由承运人留存；第二联，始发地海关；第三联，口岸地海关；第四联，随车携带。如果是过境运输，可印制6~8联的运单，供过境海关留存。国际公路货物运单的内容主要包括：发货人、收货人、承运人的名称及地址；货物接管的地点、日期及指定的交货地点；货物的名称、件数、重量、尺码、包装、标志及号码；运输费用；是否允许转运的说明；货物价值及保险；运输期限；运单签发的日期及地点等。

三、国际公路货物运输运费核算

国际公路货物运输费用包括运费和其他费用。例如，提货费、送货费、代收货款手续费、保险费、落地费、保管费等。

我国国际集装箱道路运价的计量以箱为单位，按不同规格箱型的重箱、空箱计费。根据计价方式的不同，我国的国际集装箱道路运价分为计程运价、计时包车运价和包箱运价。

1. 计程运价（元/箱公里）

计程运费=重（空）箱运价×计费箱数×计费里程+车辆通行费+其他法定收费

2. 计时包车运价（元/吨位小时）

因托运人要求使车辆不能按正常速度行驶；中途开箱时间过长；托运人自行确定车辆开停时间等影响运输效率较大的国际集装箱汽车运输，可采用计时包车运价。计时包车运费的计算公式为：

计时包车运费=包车运价×包用车辆吨位×计费时间+车辆通行费+其他法定收费

3. 包箱运价（元/箱）

遇有大批量又同时受时间限制的国际集装箱的港、站进出口集散运输和直达、中转及联运至目的地的运输，经承托双方协议，可采用包箱运价。包箱运价以计程运价率和运距为基础计算，一般不得高于同类箱型基本运价的20%。包箱运费的计算公式为：

包箱运费=重（空）箱运价×计费箱数×计费里程×（1+20%）+车辆通行费+其他法定收费

实训演练

一、单项选择题

1. 国际铁路联运货物运输的费用是按（　　）计算。
   A. 《统一货价》
   B. 中国铁路《铁路货物运价规则》
   C. 我国境内按中国铁路《铁路货物运价规则》，境外按当地国家铁路运费
   D. 《INCOTERMS 2000 规则》

2. 下列不属于以陆运为核心的多式联运的是（　　）。
   A. 驮背运输　　　　　　　　B. 公铁联运
   C. 海铁联运　　　　　　　　D. 大陆桥运输

3. 国际铁路联运凭运单副本第（　　）向银行办理结汇或结算。
   A. 一联　　B. 二联　　C. 三联　　D. 四联

二、判断题

1. 国际多式联运所运输货物必须是集装箱货物，不可以是一般的散杂货。（　　）
2. 国际多式联运单据也是物权凭证。（　　）
3. 国际铁路联运发货人和收货人可以各自变更一次运输合同。（　　）

三、简答题

1. 简述国际铁路货物联运的含义、类别、特点。
2. 简述国际铁路货物联运进出口操作程序。
3. 简述国际公路货物运输的概念、特点和作用。
4. 简述公路集装箱货物运输代理业务流程。

四、案例分析题

案例1

山西省大同市某公司与内蒙古自治区某公司通过函件订立了一个买卖合同。因货物采取铁路运输的方式，而内蒙古公司作为卖方将到达栏内的"大同县站"写成了"大同站"。因此导致货物运错了车站，造成了双方的合同纠纷。

试分析：该铁路运输合同案例中谁应该承担赔偿责任？

案例 2

A 是广州的一家货代，B 是深圳的一家进口公司，C 是湖南的一家工业公司。C 于 2009 年 6 月 25 日持 B 给 A 的介绍信办理 10 吨化工原料进口的代理手续，并随函附有按 CIF 条件进口合同副本一份。在合同副本上有 B 公司业务员手书，注明了收货人的名称、地址、电话、联系人及用卡车运至湖南某市之字样。事隔 3 个月后，货从国外运抵广州，于是 A 向 C 发出"进口到货通知书"，在通知书的注意事项第 5 条内注明："货运内地加批加保由货代统一办理。"A 在办好进口报关、纳税等事项后，以自己的名义委托广州一家具有合法营运的汽运公司将货物运往湖南某市。不料货物在运输途中驾驶员违章操作，与另一卡车相撞，造成车货俱毁。事后 C 向 A 索赔。

试分析：此事 A 有无责任？

学习情境五
国际多式联运操作实务

学习目标

▶ **知识目标**
1. 掌握国际多式联运的概念和特征
2. 了解国际多式联运经营人的法律责任和资质要求
3. 熟悉国际多式联运的组织形式和组织方法

▶ **能力目标**
1. 掌握国际多式联运的主要业务流程
2. 熟悉国际多式联运提单和其他主要单证的制作
3. 能够运用相关的知识分析相关业务案例

情境引例

多式联运运费纠纷

A 汽车公司委托某进出口有限公司武汉代理处王某承运 108.502 吨钢板弹簧。5 月中旬，B 运输公司收到王某送来的由 A 公司签章的出口托运单两份，要求 B 公司将 A 公司的 108.502 吨钢板弹簧从武汉运至美国达拉斯。B 公司接受委托后，于 5 月 24 日在武汉汉口火车站货场收货装载。5 月 30 日和 6 月 1 日，B 公司签发了日本汽船公司的提单两套，并将两套正本提单（各三份）交付给 A 公司。提单上注明，货物托运人为 A 公司。该批货物自武汉到香港后，由日本汽船公司樱花号装运至美国洛杉矶，后由陆路转运至达拉斯。

然而，自货物起运，A 公司只向 B 公司支付了从武汉至香港的铁路运输费，该批货物在香港的中转超重附加费、香港至洛杉矶的海运费及从洛杉矶至达拉斯的陆运费，共计 18 077.81 美元，A 公司一直以种种借口不予支付，并宣称已支付给王某，与 B 公司不存在运输承托关系，不应支付其运费。

请分析，A 公司与 B 公司是否存在合同关系？运费应支付给谁？B 公司是否存在过错？

学习子情境一　国际多式联运业务概述

知识准备

一、国际多式联运的定义、构成条件、特征

（一）国际多式联运的定义

1980年《联合国国际多式联运公约》对国际多式联运（multimodal transport）的定义为："按照国际多式联运合同，以至少两种不同的运输方式，由多式联运经营人将货物从一国境内承运货物的地点运至另一国境内指定交货地点。"

（二）国际多式联运的构成条件

国际多式联运必须具备的条件有：

（1）要具有一个多式联运合同，明确规定多式联运经营人（承运人）和托运人之间的权利、义务、责任和豁免的合同关系和多式联运的性质。

（2）必须使用一份全程多式联运单据，即证明多式联运合同及证明多式联运经营人已接管货物并负责按照合同条款交付货物所签发的单据。

（3）必须是至少两种不同运输方式的连贯运输。这是确定一票货运是否属于多式联运的最重要的特征。为了履行单一方式运输合同而进行的该合同所规定的货物接送业务则不应视为多式联运，如航空运输中从仓库到机场的这种陆空组合则不属于多式联运。

（4）必须是国际间的货物运输，这是区别于国内运输和是否适合国际法规的限制条件。

（5）必须有一个多式联运经营人，对全程的运输负总的责任。这是多式联运的一个重要特征。由多式联运经营人去寻找分承运人实现分段运输。

（6）必须对货主实现全程单一运费费率。多式联运经营人在对货主负全程运输的基础上，制定一个货物发运地至目的地全程单一费率并以包干形式一次性向货主收取。

（三）国际多式联运的特征

国际多式联运带来的最明显的运输特点是，它将传统的单一运输方式下的港、站之间的运输，发展成为根据货方的需要而进行的"门到门"之间的运输。例如，国际海运"港到港"运输发展成为"门到门"运输。

二、国际多式联运经营人

（一）国际多式联运经营人的性质

国际多式联运经营人不是发货人的代理人或代表，也不是参加联运的承运人的代理人或代表，而是多式联运的当事人，是一个独立的法律实体。对于货主来说，他是货物的承运人；但对分承运人来说，他又是货物的托运人。他一方面同货主签订多式联运合同；另

一方面又以托运人身份与分承运人签订各段运输合同，所以具有双重身份。在多式联运方式下，根据合同规定多式联运经营人始终是货物运输的总承运人，对货物负有全程运输的责任。

（二）国际多式联运经营人的责任范围

国际多式联运经营人的责任期间是从接受货物之时起到交付货物之时止，在此期间内，对货主负全程运输责任。但在责任范围和赔偿限额方面，目前，多式联运经营人的责任形式可以分为四种。

1. 责任分担制

责任分担制，也称区段负责制，是指多式联运经营人对货主并不承担全程运输责任，仅对自己完成的区段货物运输负责，各区段的责任原则按照该区段适用的法律予以确定。由于这种责任形式与多式联运的基本特征相矛盾，因而，只要多式联运经营人签发全程多式联运单据，即使在多式联运单据中声明采用这种形式，也可能被法院判定此种约定无效而要求多式联运经营人承担全程运输责任。

2. 统一责任制

统一责任制，是指多式联运经营人对货主赔偿时不考虑各区段运输方式的种类及其所适用的法律，而是对全程运输按一个统一的原则并一律按一个约定的责任限额进行赔偿。由于现阶段各种运输方式采用不同的责任基础和责任限额，因而，目前，多式联运经营人签发的提单均未能采取此种责任形式。不过前述所称的适用于单一运输方式法律的"多式联运"，如航空特快专递、机场—机场航空运输、港—港海上集装箱运输等，倒可以看作采用了统一责任制。因为在这种"多式联运"形式下，即使货运事故发生在陆运区段，多式联运经营人也应按空运或海运法规所规定的责任限额予以赔偿。

3. 网状责任制

网状责任制，是指多式联运经营人尽管对全程运输负责，但对货运事故的赔偿原则仍按不同运输区段所适用的法律规定，当无法确定货运事故发生区段时则按照海运法规或双方约定的原则予以赔偿。目前，几乎所有的多式联运提单均采用这种赔偿责任形式。因此，无论是货主还是多式联运经营人都必须掌握现行国际公约或国内法律对每种运输方式下承托双方的权利、义务与责任所做的规定。

4. 修正统一责任制

修正统一责任制是介于统一责任制和网状责任制之间的责任制，也称混合责任制。它是在责任基础方面与统一责任制相同，而在赔偿限额方面则与网状责任制相同。目前，《联合国国际货物多式联运公约》基本上采用这种责任形式。该公约规定："多式联运经营人对货损的处理，不管是否能确定造成货损的实际运输区段，都将适用于本公约的规定，但对于货损发生于某一特定区段，而该区段适用的国际公约或强制性国家法律规定的赔偿责任限额高于本公约规定的赔偿限额时，则应按照该区段适用的国际公约或强制性国家法律规定的赔偿责任限额予以赔偿。"由于目前各个单一运输方式在国际公约和国内法对承运人的责任基础和赔偿责任限额的规定并不统一，相互之间存在较大的差别，即使采取修正统一责任制也将会对现有的运输法律体系产生一定的冲击,因此,这也是造成该公约至今尚未生效的主要原因。

(三)国际多式联运经营人的基本条件

国际多式联运涉及多种运输方式,是综合性的一体化运输。因此,开展国际多式联运应具备比单一运输方式更为先进、更为复杂的技术条件。

1. 取得从事国际多式联运的资格

在我国,中外合资企业、中外合作企业的法人资格需经交通运输部、铁道部共同批准,并办理相应手续后才能经营国际集装箱多式联运业务;除非法律、行政法规另有规定,外商独资企业不得从事国际集装箱多式联运业务。未经交通运输部、铁道部共同批准,境外企业不得从事我国国际集装箱多式联运业务。

2. 具备国际多式联运线路及相应的经营网络

从事国际多式联运业务的企业不仅需要一支具有各种运输方式、运输知识、经验和能力的专业队伍,而且还必须建立自己的国际多式联运路线,并在所经营的各条联运路线上有由分支机构、代表或代理人等所组成的完整的业务服务网络,同时还必须拥有先进的信息管理系统以实现运输的全程控制、实时控制。

3. 与自己经营的国际多式联运路线有关的实际承运人、场站经营人之间存在长期的合作协议

多种运输方式组成的国际多式联运线路,既不是国际多式联运经营人也不是某一实际承运人所具备的。因此,为了确保国际多式联运业务的稳定性,国际多式联运经营人必须与有关的实际承运人、场站经营人签署长期合作协议,以便从这些实际承运人、场站经营人处获得订舱、仓储优先权和享受运杂费优惠。

4. 具备必要的运输设备,尤其是场站设施和短途运输工具

尽管法律法规上并未要求从事国际多式联运业务的企业必须拥有短途运输工具、货运站、仓库等硬件设施,但从实际运作来看,为了能在激烈的市场竞争中立足,即使代理型的国际多式联运经营人也需要以投资入股、联营、长期租赁等形式获得必要的运输设备。

5. 拥有雄厚的资金

根据《国际集装箱多式联运管理规则》的规定:申请设立国际集装箱多式联运经营业务的注册资金不低于人民币 1 000 万元,并有良好的资信。增设经营性的分支机构时,每增设一个分支机构须增加注册资金人民币 100 万元。

6. 拥有符合该规则规定要求的国际多式联运单据

该国际多式联运单据实行登记编号制度。凡在我国境内签发的国际多式联运单据必须由国际多式联运经营人或其代理报交通运输部、铁道部登记,并在单据右上角注明许可证编号。

7. 具备自己所经营国际多式联运线路的运价表

国际多式联运是由国际多式联运经营人将不同的运输方式组成综合性和一体化运输,通过一次托运、一张单证、一次计费,由各运输区段的承运人共同完成货物的全程运输。

因此，理论上讲，国际多式联运企业应制定全程运价表，且采用单一运费率制，力争制定出自己所经营路线的运价表并对外公布，以提高其知名度和市场竞争力。

8. 熟悉运输法规，特别是有关国际多式联运的法规及其适用原则

多式联运至少是在两个国家之间进行的国际货物运输，熟悉不同国家的运输法规及适用原则才能更好地实施货物运输。

三、国际多式联运的运输组织形式

国际多式联运是采用两种及两种以上不同运输方式进行联运的运输组织形式。这里所指的至少两种运输方式可以是海陆、陆空、海空等。这与一般的海海、陆陆、空空等形式的联运有着本质的区别。后者虽也是联运，但仍是同一种运输工具之间的运输方式。由于国际多式联运严格规定必须采用两种和两种以上的运输方式进行联运，因此这种运输组织形式可综合利用各种运输方式的优点，充分体现社会化大生产大交通的特点。

（一）海陆联运

海陆联运是国际多式联运的主要组织形式，也是远东—欧洲国际多式联运采用的主要组织形式之一。目前，组织和经营远东-欧洲海陆联运业务的主要有班轮公会的三联集团、北荷、冠航和丹麦的马士基等国际航运公司及非班轮公会的中国远洋运输总公司、台湾长荣航运公司和德国那亚航运公司等。这种组织形式以航运公司为主体，签发联运提单，与航线两端的内陆运输部门开展联运业务，与大陆桥运输展开竞争。

（二）大陆桥运输

大陆桥运输是指利用横贯大陆的铁路或公路运输系统作为中间桥梁，把大陆两端的海洋连接起来的集装箱连贯运输。它组成了"海—陆—海"的运输方式，是一种地理上的形象叫法。一般以集装箱为媒介，采用国际铁路系统来运送，故又称大陆桥集装箱运输。大陆桥运输一般以集装箱为媒介。因为采用大陆桥运输，中途要经过多次装卸。如果采用传统的海陆联运，不仅增加运输时间，而且大大增加装卸费用和货损货差，以集装箱为运输单位，则可大大简化理货、搬运、保管等操作环节。同时，集装箱是经海关铅封，中途不用开箱检验，而且可以迅速直接转换运输工具，故采用集装箱是开展大陆桥运输的最佳方式。

世界主要陆桥运输线路有以下几种：

1. 西伯利亚大陆桥（第一亚欧大陆桥）

西伯利亚大陆桥（简称 SLB），因其主要利用了东起海参崴，西到车里雅宾斯克的西伯利亚大铁路，所以称为西伯利亚大陆桥，又因其地跨亚、欧两大陆，所以又称第一亚欧大陆桥。西伯利亚大陆桥全长 1.3 万公里，是当今世界上最长的一条大陆桥运输线。它主要采用如下三种基本路线。

（1）海—铁—铁路线。由日本、菲律宾、中国香港等地用船把货箱运至俄罗斯的纳霍德卡和东方港，再用火车经西伯利亚铁路运至白俄罗斯西部边境站，继续运至欧洲、伊朗或相反方向。具体如图 5-1 所示。

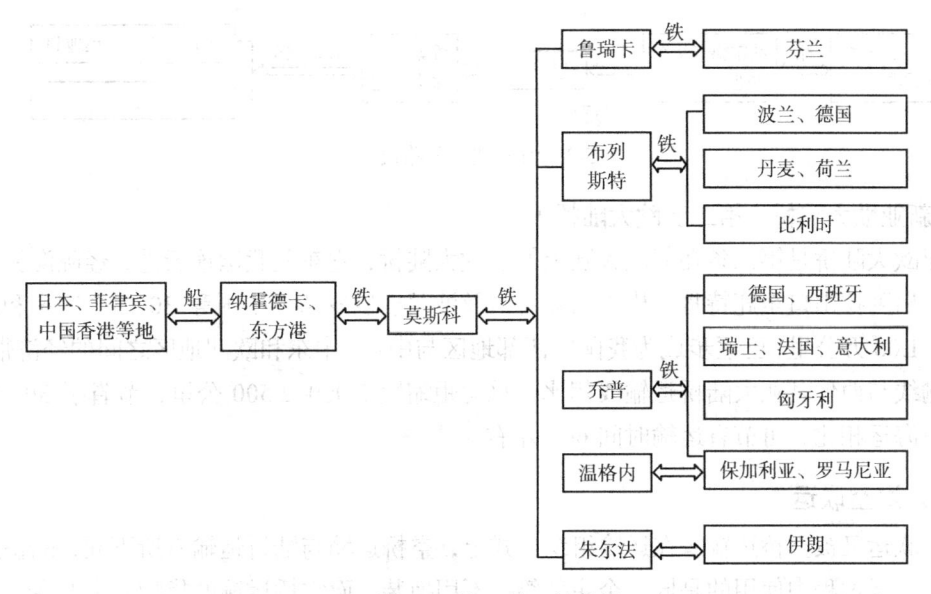

图 5-1 海—铁—铁路线

（2）海—铁—海路线。由日本等地把货箱运至俄罗斯的纳霍德卡和东方港，再经西伯利亚铁路运至波罗的海的圣彼得堡、里加、塔林和黑海的日丹诺夫、伊里切夫斯克，再装船运至北欧、西欧、巴尔干地区港口，最终运交收货人。具体如图 5-2 所示。

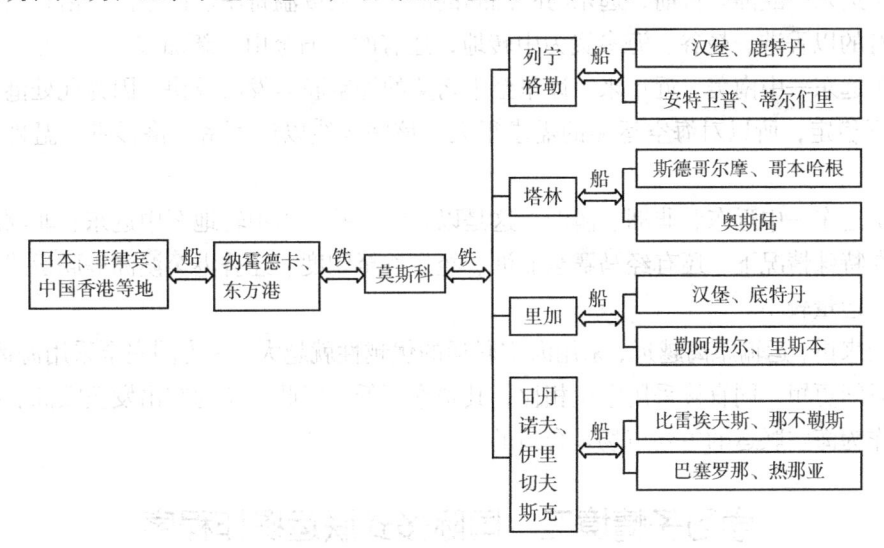

图 5-2 海—铁—海路线

（3）海—铁—公路线。由日本等地把货箱装船运至俄罗斯的纳霍德卡和东方港，经西伯利亚铁路运至运至白俄罗斯西部边境站布列斯特附近的维索科里多夫斯克，再用汽车把货箱运至德国、瑞士、奥地利等国。具体如图 5-3 所示。

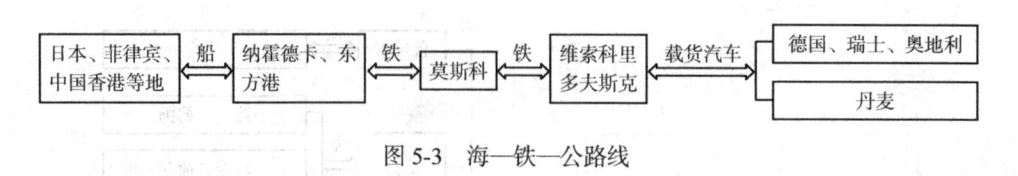

```
日本、菲律宾、    船    纳霍德卡、东   铁   莫斯科   铁   维索科里    载货汽车   德国、瑞士、奥地利
中国香港等地  ←──→  方港       ←──→        ←──→  多夫斯克   ←────→
                                                              丹麦
```

图 5-3 海—铁—公路线

2. 新亚欧大陆桥（第二亚欧大陆桥）

新亚欧大陆桥是第二条在亚欧大陆上的亚欧大陆桥，它东起我国连云港，经陇海铁路到新疆，出阿拉山口至鹿特丹，横贯西亚各国及波兰、俄罗斯、德国等 30 多个国家和地区，全长 1.08 万公里，已逐步成为我国中西部地区与中亚、中东和欧洲地区之间的经济带。这条运输线与西伯利亚大陆桥运输线相比，总运距缩短 2 000~2 500 公里，节省了 30%的运费，与海运相比，可节省运输时间 60%左右。

（三）海空联运

海空联运又被空桥运输。在运输组织方式上，空桥运输与陆桥运输有所不同，陆桥运输在整个货运过程中使用的是同一个集装箱，不用换装，而空桥运输的货物通常要在航空港换入航空集装箱。

这种联运组织形式以海运为主，只是最终交货运输区段由空运承担。目前，国际海空联运线主要有如下三条。

（1）远东—欧洲。目前，远东与欧洲间的航线一般以温哥华、西雅图、洛杉矶为中转地，也有的以香港、曼谷、海参崴为中转地，还有的以旧金山、新加坡为中转地。

（2）远东—中南美。近年来，远东至中南美的海空联运发展较快，因为此处港口和内陆运输不稳定，所以对海空运输的需求很大。该联运线以迈阿密、洛杉矶、温哥华为中转地。

（3）远东—中近东、非洲、澳洲。这是以香港、曼谷为中转地至中近东、非洲的运输服务。在特殊情况下，还有经马赛至非洲、经曼谷至印度、经香港至澳洲等联运线，但这些线路货运量较小。

总的来讲，运输距离越远，采用海空联运的优越性就越大，因为同完全采用海运相比，其运输时间更短。同直接采用空运相比，其费率更低。因此，从远东出发至欧洲、中南美及非洲作为海空联运的主要市场是合适的。

学习子情境二　国际多式联运操作程序

知识准备

一、国际多式联运的运输组织方法

货物多式联运的全过程就其工作性质的不同，可划分为实际运输过程和全程运输组织业务过程两部分。实际运输过程是由参加多式联运的各种运输方式的实际承运人完成的，其运输组织各种工作属于各种运输方式企业内部的技术、业务组织。其运输组织方法有很多种，但就其组织体制来说，基本上可按协作式多式联运和衔接式多式联运分为两大类。

（一）协作式多式联运的运输组织方法

协作式多式联运的组织都是在有关部门相互协调下，由参加多式联运的各运输企业和中转港共同组成的联运办公室。货物全程运输计划由该机构指定，运输过程如图5-4所示。

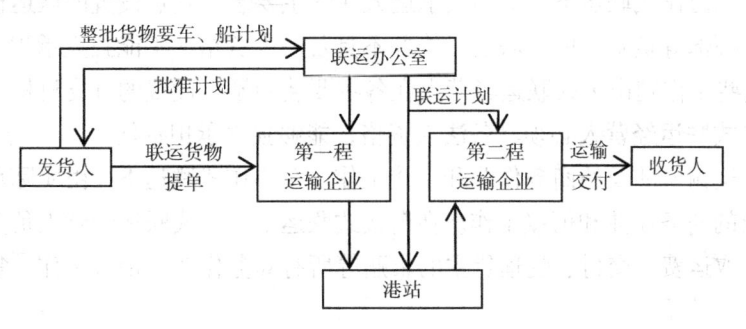

图 5-4　协作式多式联运的运输过程

在这种组织体制下，全程运输组织是建立在统一计划、统一技术作业标准、统一运行图和统一考核标准基础上的，而且在接受货物运输、中转换装等业务中使用的技术装备、衔接条件等也需要统一协调下同步建设或协议解决，并配套运行以包证全程运输的协同性。

对这种多式联运的组织体制，在有的资料中称为"货主直接托运制"。这是国内过去和当前多式联运（特别是大宗、重要货物运输）主要采用的体制。

（二）衔接式多式联运的运输组织方法

衔接式多式联运的全过程运输组织业务是由多式联运经营人（多式联运企业，简称MTO）完成的，这种联运组织下的货物运输过程如图5-5所示。

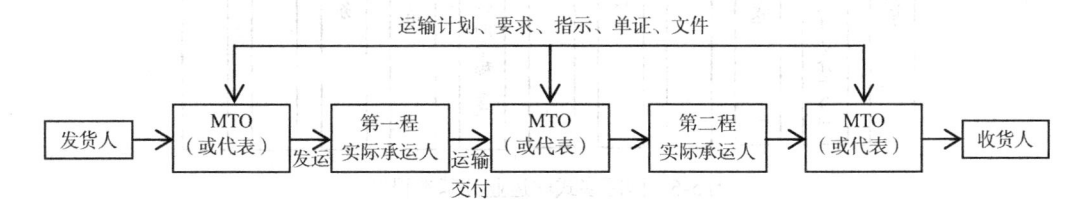

图 5-5　衔接式多式联运的运输过程

在这种多式联运组织体制下，承担各区段货物运输的运输企业的业务与传统分段运输形式下完全相同，这与协作式体制下还要承担运输衔接工作是有很大区别的。

这种联运组织体制，在有的资料中称为"运输承包发运制"。目前，在国际货物多式联运中主要采用这种组织体制，在国内多式联运中采用这种体制的也越来越多，将成为国内多式联运的主要组织体制。

（三）衔接式与协作式联运的特征与优势

（1）应用范围。协作式联运的适用范围较小，大多用于同一种运输方式的联运中，如国际铁路联运、国际航空联运等。衔接式联运的适用范围则较大，不仅在国际货物运输中被广泛采用，而且在国内货物运输中的使用比例也在迅速扩大。

（2）联运机构、多式联运经营人的性质。有关货物托运的受理，以及换装作业及车船衔接工作等，在协作式联运下，由相关承运人在各主要装卸站点设置的联运机构如联运办公室、联运指挥部等负责，但该联运机构并不具备法人资格，不能独立承担责任。在衔接式联运下，这些工作则由多式联运经营人在各主要装卸站点设置的分支机构或代理机构负责。同时，多式联运经营人必须具备法人资格，能够独立承担责任。

（3）全程运输所涉及的商务作业和衔接工作。在协作式联运下，由实际承运人负责全程运输所涉及的商务作业和衔接工作。在衔接式联运下，多式联运经营人负责包括受理托运、收货、收取运费、交付、受理货主的索赔等所有商务作业和衔接工作。货主不与实际承运人直接发生关系。

二、国际多式联运业务基本程序

国际多式联运业务基本程序如图 5-6 所示。

接受托运申请，订立多式联运合同 → 制订运输计划，与各区段实际承运人订立分运合同 → 空箱的发放、提取及运送 → 出口报关 → 货物装箱及接收货物 → 办理保险 → 签发多式联运提单，组织完成货物的全程运输 → 传递货运信息和寄送相关单证 → 运输过程中的海关业务 → 货物交付 → 货运事故处理

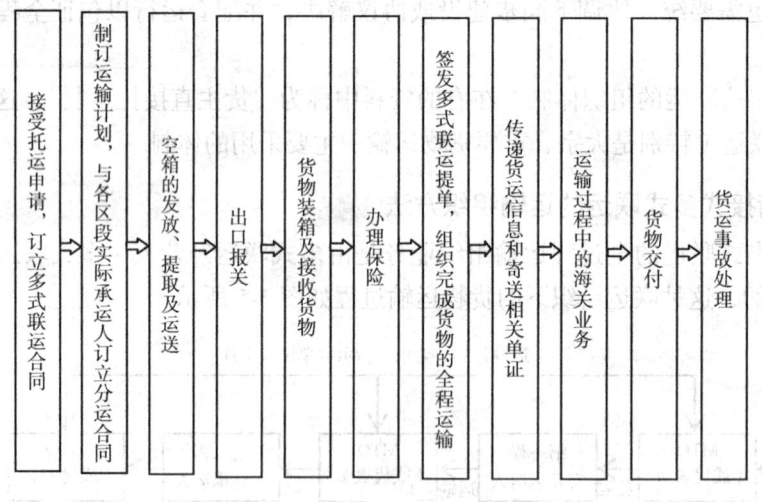

图 5-6 国际多式联运业务基本程序

1. 接受托运申请，订立多式联运合同

多式联运经营人根据货主提出的托运申请和自己的运输路线等情况，判断是否接受该托运申请。如果能够接受，则双方议定有关事项后，在交给发货人或其代理人的场站收据（货物情况可暂时空白）副本上签章（必须是海关能接收的），证明接受托运申请，多式联运合同已经订立并开始执行。

发货人或其代理人根据双方就货物交接方式、时间、地点、付费方式等达成协议填写场站收据（货物情况可暂空），并把其送至联运经营人处编号，多式联运经营人编号后留

下货物托运联，将其他联交还给发货人或其代理人。

2. 制订运输计划，与各区段实际承运人订立分运合同

经营人在合同订立之后，即应制订该合同涉及的集装箱货物的运输计划。该计划应包括货物的运输路线、区段的划分、各区段实际承运人的选择确定及各区段间衔接地点的到达、起运时间等内容。

3. 空箱的发放、提取及运送

如果双方协议由发货人自行装箱，则多式联运经营人应签发提箱单，或者租箱公司或分运人签发的提箱单交给发货人或其代理人，由他们在规定日期到指定的堆场提并自行将空箱拖运到货物装箱地点，准备装货。如发货人委托亦可由经营人办理从堆场装箱地点的空箱拖运（这种情况需加收空箱拖运费）。

如果是拼箱货（或整箱货但发货人无装箱条件不能自装），则由多式联运经营人将所用空箱调运至接受货物集装箱货运站，做好装箱准备。

4. 出口报关

若联运从港口开始，则在港口报关；若从内陆地区开始，应在附近的海关办理报关。一般由托运人办理，也可委托多式联运经营人代办。报关时应提供场站收据、装箱单、出口许可证等有关单据和文件。

5. 货物装箱及接收货物

若发货人自行装箱，发货人或其代理人提取空箱后在自己的工厂和仓库组织装箱，装箱工作一般要在报关后进行，并请海关派员到装箱地点监装和办理加封事宜。如需理货，还应请理货人员现场理货并与之共同制作装箱单。

若发货人不具备装箱条件，可委托多式联运经营人或货运站装箱（指整箱货情况），发货人应将货物以原来形态运至指定的货运站由其代为装箱。如果是拼箱货物，发货人应负责将货物运至指定的集装箱货运站，由货运站按多式联运经营人的指示装箱。无论装箱工作由谁负责，装箱人均需制作装箱单，并办理海关监装与加封事宜。

对于由货主自装箱的整箱货物，发货人应负责将货物运至双方协议规定的地点，多式联运经营人或其代理人（包括委托的堆场业务员）在指定地点接收货物。如果是拼箱货，经营人在指定的货运站接收货物。验收货物后，代表联运经营人接收货物的人应在场站收据正本上签章并将其交给发货人或其代理人。

6. 办理保险

在发货人方面，应投保货物运输险。该保险由发货人自行办理，或者由发货人承担费用由经营人作为代理。货物运输保险可以是全程，也可以是分段。

7. 签发多式联运提单，组织完成货物的全程运输

多式联运经营人有完成全程运输的责任和义务。

8. 传递货运信息和寄送相关单证

9. 运输过程中的海关业务

10. 货物交付

11. 货运事故处理

学习子情境三　国际多式联运运费核算

国际多式联运运费率的高低会直接影响多式联运运输承揽的货物数量，所以，国际多式联运经营人都非常重视多式联运运价的制定工作。国际多式联运路线长、环节多、运费的构成也很复杂，但多式联运经营人一般都制定单一的费率，并据以向托运人一次收取运费。运费率由以下部分费用组成。

一、运输成本

1. 从内陆接货地至枢纽港费用

（1）内陆接管货物发生的费用。主要包括从发货人接管货物后至内陆集装箱中转站等集散点的运输费用，以及在中转站发生的集装箱存放费、站内操作费等。

（2）中转站至码头堆场运费及其他费用。主要包括两点之间运输使用的铁路、公路等运费，各级中转站费用，铁路、公路、水运等之间中转的全部费用及可能产生的相关服务费等。

（3）干线港（枢纽港）码头服务费。主要包括卸车费、场内堆存费、移动费等。

2. 分段运输费用

分段运输费用是指多式联运经营人为实现货物各区段运输，根据与实际承运人订立的分运合同需要支付的全部费用（运价表提供）。由两种运输方式组成的国际多式联运，存在两个区段的运费；由三种运输方式构成的多式联运，则存在三个区段的运费。国际多式联运经营人通常会与负责某区段运输的实际承运人签订协议，可以从实际承运人那里得到较为优惠的运价，这种优惠可使经营人从运费差价中得到利润。

3. 集装箱租用费和保险费用

（1）集装箱租用费。是指由多式联运经营人提供的集装箱的租赁费用。此项费用一般按全程预计天数（从提箱至还箱）包干计算。

（2）保险费用。主要包括集装箱保险费和货物运输责任保险费。

二、经营管理费

经营管理费费用包括多式联运经营人与货主、各派出机构、代理人、实际承运人之间的信息和单证传递费用、通信费用、单证成本等管理费用。这部分费用也可分别加到不同区段的运输成本中一并计算。

对于全程运输中发生的报送手续费、申请监管运输（保兑运输）手续费，以及全程运输中因理货、检查而引起的费用，一般都应单独列出，并根据规定向应承担的一方或委托方收取，而不应包含在单一费率内。

三、利润

利润是指多式联运经营人预期从该线路货物联运中获得的大于成本投入的那部分收益，它一般可通过费用之和乘以一个适当的百分比来确定。利润的多少受多种因素制约，不能单凭主观愿望决定。从外部看，利润受竞争和运量等因素影响；从内部来看，利润受内部经营方针、有关系统的收费标准等因素制约。

利润的收取虽受多种因素的制约，但其仍坚持如下的准则：坚持合理收费，薄利多运。在灵活运用回扣方面，国际上惯常的做法为：根据数量的多寡给予优惠或折扣；根据不同地区给予折扣；根据双方合作关系给予折扣等。

综上所述：国际多式联运货物运费=运输成本+经营管理费用+利润

多式联运单一费率的制定不是一件简单的事情。它不仅取决于从接收货物地点到交付货物地点之间的运输线路，而且取决于线路中区段的划分、方式的选择与实际承运人的选择；不仅与实际发生成本有关，还与竞争的实际情况与需求有关。目前，有的多式联运经营人从国内接收货物地点至到达国口岸采取统一费率（单一费率中运输成本只包括出口国国内段费用和海上运费），向发货人收取（预付运费），而从到达国口岸至内陆目的地的费用按实际成本确定，另向收货人收取（到付运费）。这种做法是一种可取的过渡方法。

学习子情境四　国际多式联运合同与单证业务

一、国际多式联运合同

1. 国际多式联运合同的概念及其特点

国际多式联运合同是指多式联运经营人凭以收取运费、负责完成或组织完成国际多式联运的合同。该合同由多式联运经营人与发货人协议订立。

国际多式联运合同具有如下特点：

（1）多式联运合同是双方合同，合同双方均负有义务和享有权利。

（2）多式联运合同是有偿合同。

（3）多式联运合同是不要式的合同。尽管可用多式联运提单证明，但提单不是运输合同，没有具体体现形式。

（4）多式联运合同有约束第三者的性质，收货人不参加合同订立，但可直接获得合同规定的利益并自动受合同约束。

（5）多式联运合同有时包括接受委托、提供服务等内容，这些内容由双方议定。

2. 国际多式联运合同的订立

国际多式联运合同是处于平等法律地位的国际多式联运经营人与发货人双方的民事法律行为，只有在双方表示一致时才能成立。与其他合同一样，多式联运合同是双方的协议，其订立过程是双方协商的过程。

国际多式联运经营人为了揽取货物运输，要对自己的企业（包括办理机构地点等）、经营范围（包括联运线路、交接货物地域范围、运价、双方责任、权利、义务）等做广告宣传，并用运价本、提单条款等形式公开说明。发货人或其代理人向经营多式联运的公司或其营业所或代理机构申请货物运输时，通常要提出货物（一般是集装箱货物）运输申请（或填写订舱单），说明货物的品种、数量、起运地、目的地、运输期限要求等内容，多式联运经营人根据发货人申请的内容，结合自己的营运路线、所能使用的运输工具及其班期等情况，决定是否接受托运。如果认为可以接受，则在双方商定运费支付形式、货物交接方式、形态、时间、集装箱提取地点、时间等情况后，由多式联运经营人在交给发货人（或代理人）的场站收据的副本联上签章，以证明接受委托。这时多式联运合同即告成立，发货人与经营人的合同关系已确定并开始执行。

多式联运提单是证明多式联运合同的运输单据，具有法律效力，同时也是经营人与发货人之间达成的协议（合同）的条款和实体内容的证明，是双方基本义务、责任和权利的说明。

二、国际多式联运单证

国际多式联运单据在整个货物流转过程中是划分各相关方责任、权利和义务转移的凭证，也是货物交接、责任划分等问题的重要依据，是多式联运业务的重要组成部分。《国际多式联运公约》对多式联运单据的定义是：多式联运单据是指证明多式联运合同，以及多式联运经营人接管货物并负责按照多式联运合同条款交付货物的单据。因此：① 多式联运单据不是运输合同，而是运输合同的证明。② 多式联运单据是多式联运经营人收到货物的收据和凭以交付货物的凭证。

（一）多式联运单证的分类

多式联运单证较多，根据其用途可分为两大类：一类是进出口运输所需要和办理运输有关业务的单证，如多式联运提单、各区段的运单、提单、提箱单、设备交接单、装箱单、场外收据、交货记录等；另一类是向各口岸监管部门申报所使用的单证，如商业发票、进出口许可证、商检、合同副本等。其中，主要单证有以下几种。

1. 集装箱运输相关单证

（1）设备交接单是集装箱进出港区、场站时，用箱人、运箱人或其代理人之间交接集装箱及设备的凭证。它分为进场和出场两种。

（2）装箱单是集装箱货物运输条件下，记载箱内所装货物详情情况的唯一单证，由负责装箱的人填写签字。如需理货时，由装箱人和理货员共同制作、签字，每箱一份（见表5-1）。

表 5-1　货物装箱单

出口商（名称、地址、电话）	装箱单	
进口商（名称、地址、电话）	箱单号	
	发票号	
	发票日期	
	合同号	
信用证号	装运日期	
出发港　（国家、港口）	目的港	（国家、港口）
唛头	商品描述（名称、规格）HS 编码	数量	件数	毛重	净重	体积
总计						

出口商签章

（3）场站收据是多式联运经营人或其代理人签发，证明已经收到托运货物并对货物负责的凭证。发货人可凭此据向经营人或其代理人换取多式联运提单。该单证是一份复合单证，在我国有 7 联、10 联、12 联三种，是集装箱货物托运的主要单证（集装箱货物运单见表 5-2）。

（4）交货记录是承运人把箱、货交付给收货人，双方共同签署，以证明货物已经交付，承运人对货物责任已告终止的单证。

2. 多式联运提单

国际多式联运提单，是证明多式联运合同及证明多式联运经营人接管货物并按合同条款交付货物的单据。它既是发货人与多式联运经营人订立的国际货物多式联运合同的证明，又是多式联运经营人接管货物的证明和收据，也是收货人提取货物和多式联运经营人交付货物的凭证，还是货物所有权的证明，可以用来结汇、流通和抵押等。

表 5-2 集装箱货物运单

发货人				编号	
收货人				集装箱货物托运单	
通知人					
前程运输/收货地点					
船名/航次/装货港					
卸货港/交货地点/目的地					
装箱号	封志号（标记与号码）	箱数或件数	包装种类与货名	毛重（kg）	尺码（m³）
集装箱数或件数合计（大写）					
运费与附加费	运费吨	运费率	每	运费预付	到付
兑换率	预付地点		到付地点	签发地点	
	预付总额		正本提单份数		
Service Type on Receiving □—CY □—CFS □—DOOR	Service Type on Delivery □—CY □—CFS □—DOOR		冷藏温度	F	C
种类	□ Ordinary(普通) □ Reefer(冷藏) □ Dangerous(危险品) □ Auto.(裸装车辆) □ Liquid(液体) □ Live Animal(活动物) □ Bulk(散货) □ __		危险品	Class: Property: IMDG Code Page: UN No.	
可否转船	可否分批				
装期	有效期				
金额					
制单日期					

（二）多式联运单证的主要内容

多式联运单证一般包括以下内容：

（1）货物品质、标志、危险特征的声明、包数或件数、重量。

（2）货物外表状况。

（3）多式联运经营人的名称与主要营业地。

（4）托运人名称。

（5）收货人名称。

（6）多式联运经营人接管货物时间和地点。

（7）交货地点。

（8）交货日期或期间。

（9）多式联运单证可否转让声明。

（10）多式联运单证签发的时间及地点。

（11）每种运输方式的运费、用于支付的货币、运费由收货人支付的声明。

（12）多式联运经营人或其授权人的签字。

（13）航线、运输方式和转运地点。

（14）关于多式联运遵守本公约的规定的声明。

（15）双方商定的其他事项。

多式联运单通常由货物托运人填写，或者由多式联运经营人或其代表根据托运人提供的有关托运文件制成。

（三）多式联运提单

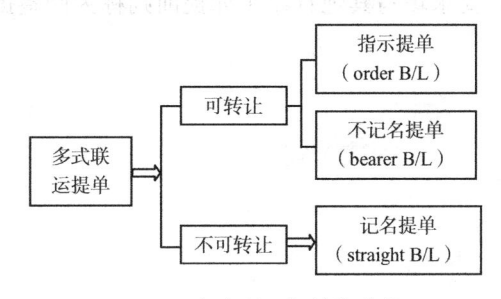

1. 多式联运提单的种类

多式联运提单的种类，按是否可转让的原则可分为两大类：可转让提单和不可转让提单。而可转让提单又分为按指示性交付或向持票人交付两大类；不可转让提单一般为记名提单。具体如图5-7所示。

图5-7 多式联运提单的种类

2. 多式联运单证的签发

多式联运经营人在接收托运的货物时，必须与接货单位（集装箱货运站或码头堆场）出具的货物收据进行核对无误后，方可签发多式联运单据。签发提单时应注意如下事项：

（1）如签发可转让多式联运提单，应在收货人栏列明按指示交付或向持票人交付；签发不可转让提单，应列明收货人的名称。

（2）提单上的通知人一般是在目的港或最终交货地点由收货人指定的代理人。

（3）对签发正本提单的数量一般没有规定，但如应发货人要求签发一份以上的正本时，在每份正本提单上应注明正本份数。

（4）如签发任何副本（应要求），每份副本均应注明"不可转让副本"字样，副本提单不具有提单的法律效力。

（5）如签发一份以上的正本可转让提单时，各正本提单具有同样的法律效力，而多式联运经营人或其代理如已按其中的一份正本提单交货便已履行交货责任，其余各份正本提单自动失效。

（6）多式联运提单应由多式联运经营人或经他授权的人签字。在不违背签发提单所在国法律的前提下，签字可以是手签，手签笔迹的印、盖章、符号或用任何其他机械或电子仪器打出。

（7）如果多式联运经营人或其代理在接收货物时，对货物的实际情况和提单中所注明的货物的种类、标志、数量或重量、包件数等有怀疑，但又无适当方法进行核对、检查时，可以在提单中做出保留，注明不符之处及怀疑根据。但为了保证提单的清洁，也可按习惯做法处理。

（8）经发货人同意，可以用任何机械或其他方式保存公约规定的多式联运提单应列明的事项，签发不可转让提单。在这种情况下，多式联运经营人在接管货物后，应交给发货人一份可以阅读的单据，该单据应载有此种方式记录的所有事项。根据公约规定，这份单据应视为多式联运单据。多式联运公约中的这项规定，主要是为适应电子单证的使用而设置的。

多式联运提单（见表5-3）一般在经营人收到货物后签发。由于接收货物地点的不同，提单签发的时间、地点及承担的责任也不同。在各处签发提单的日期，一般应是提单签发时的日期。如果应发货人要求填写其他日期（如提前则称为倒签提单），多式联运经营人要承担较大风险。

表 5-3　多式联运提单样例

Shipper	B/L NO.
	PIL **PACIFIC INTERNATION LINES（PTE）LTD** （Incorporated in Singapore） **COMBINED TRANSPORT BILL OF LADING** Received in apparent good order and condition except as otherwise noted the total number of container or other packages or units enumerated below for transportation from the place of receipt to the place of delivery subject to the terms hereof. One of the signed Bills of Lading must be surrendered duly endorsed in exchange for the Goods or delivery order. On presentation of this document（duly）Endorsed to the Carrier by or on behalf of the Holder, the rights and liabilities arising in accordance with the terms hereof shall（without prejudice to any rule of common law or statute rendering them binding on the Merchant）become binding in all respects between the Carrier and the Holder as though the contract evidenced hereby had been made between them. **SEE TERMS ON ORIGINAL B/L**
Consignee	
Notify Party	

Vessel and Voyage Number	Port of Loading	Port of Discharge
Place of Receipt	Place of Delivery	Number of Original Bs/L

PARTICULARS AS DECLARED BY SHIPPER – CARRIER NOT RESPONSIBLE

Container Nos/Seal Nos. Marks and/Numbers	No. of Container / Packages / Description of Goods	Gross Weight（Kilos）	Measurement（cu-metres）

FREIGHT & CHARGES	Number of Containers/Packages（in words）
	Shipped on Board Date：
	Place and Date of Issue：
	In Witness Whereof this number of Original Bills of Lading stated Above all of the tenor and date one of which being accomplished the others to stand void.
	for **PACIFIC INTERNATIONAL LINES（PTE）LTD** as Carrier

实训演练

一、单项选择题

1. 多式联运是指铁路、公路、海洋、内河和航空等不同运输方式中，至少有（　　）运输方式参加，共同完成全程的货物运输。
   A. 一种　　　　　B. 两种　　　　　C. 一种及以上　　　D. 两种及以上

2. 国际多式联运所应具有的特点不包括（　　）。
   A. 签订一个运输合同　　　　　B. 采用一种运输方式
   C. 采用一次托运　　　　　　　D. 一次付费

3. 在货运代理支付了有关全程运输费用后，海铁联运经营人签发（　　）给货运代理。
   A. 海铁联运委托单　　　　　　B. 海铁联运提单
   C. 运输委托书　　　　　　　　D. 铁路运单

4. 多式联运经营人只要在交给发货人或其代理人的（　　）上签章（必须是海关能接受的），证明接受委托申请，多式联运合同就已经订立并开始执行。
   A. 场站收据（空白）副本　　　B. 场站收据（空白）正本
   C. 多式联运提单　　　　　　　D. 运输委托书

5. 国际多式联运经营人将集装箱交付船公司或其代理，船公司应向其签发（　　）。
   A. 公路运单　　　　　　　　　B. 联运提单
   C. 海运提单　　　　　　　　　D. 运输委托书

6. 由多式联运经营人（MTO）完成全程运输组织业务的联运组织方法称为（　　）。
   A. 衔接式多式联运　　　　　　B. 法定联运
   C. 协作式多式联运　　　　　　D. 协作联运

7. 在多式联运中处理货损事故时多采用（　　）。
   A. 统一责任制　　　　　　　　B. 网状责任制
   C. 责任限额制　　　　　　　　D. 单一责任制

8. 公路运输零担货物到达目的地后应在（　　）小时后向收货人发出到货通知或按发货人的指示及时将货物交给收货人。
   A. 10　　　　　B. 24　　　　　C. 36　　　　　D. 48

二、多项选择题

1. 国际铁路联运货物标记的内容包括（　　）。
   A. 发送路、发站及到达路、到站
   B. 发货人、收货人的姓名和地址
   C. 每件的记号、号码及零担货物的件数
   D. 运单号

2. 国际汽车联运货物运单为一式三份，均应有（　　）的签字或盖章。
   A. 收货人　　　B. 发货人　　　C. 保险公司　　　D. 承运人
3. 国际铁路联运概念的要点有（　　）。
   A. 票据统一
   B. 由铁路部门负责从接货到交货的全过程运输
   C. 需发货人和收货人参加
   D. 两个或两个以上国家的铁路运输
4. 适用国际铁路联运的交货条款主要有（　　）。
   A. CPT　　　B. CIP　　　C. FCA　　　D. FOB
5. 国际多式联运的特点是（　　）。
   A. 由不同运输企业按照统一的公约共同完成全程运输工作
   B. 签订一个运输合同，对货物运输的全程负责
   C. 采用两种或两种以上不同运输方式来完成运输工作
   D. 采用一次托运、一次付费、一票到底、统一理赔、全程负责的运输业务
6. 目前世界主要的大陆桥运输线有（　　）。
   A. OCP 运输线
   B. 美国大陆桥运输线和加拿大大陆桥运输线
   C. 西伯利亚大陆桥运输路线
   D. 新亚欧大陆桥运输线
7. 属于多式联运方式的运输组织方式有（　　）。
   A. OCP 运输　　　　　　　B. MLB 运输
   C. IPI 运输　　　　　　　D. SLB 运输
8. 按全程收取运费的运输组织方式有（　　）。
   A. OCP 运输　　　　　　　B. MLB 运输
   C. IPI 运输　　　　　　　D. SLB 运输
9. 多式联运单一费率由（　　）共同组成。
   A. 货物成本　　　　　　　B. 运输成本
   C. 经营管理费用　　　　　D. 利润

三、判断题

1. 国际铁路联运中承运人是以本国铁路的名义与发、收货人订立合同的。（　　）
2. 国际多式联运就是指海、陆、空三种形式的联合运输。（　　）
3. 国际航空联运属于衔接式联运。（　　）
4. 国际铁路联运中发、收货人对已发生法律效力的运输合同不可以提出变更。（　　）
5. 铁路运输的出口货物的报关一般由发货人委托铁路在国境站办理。（　　）
6. 国际铁路零担货物运输是指按一份托运的一批货物，重量不超过 5 000 千克，按其体积或种类不需要单独车辆运送的货物。（　　）

7. 国际铁路联运中收货人的变量申请只限于在到达国进口国境站，且在货物尚未从该国境站发出时办理。（   ）

四、案例分析题

我国 A 公司与法国 B 公司签订了 2.4 万公吨大米出口合同。合同规定：FOB 上海，买方所租载货船必须不迟于 3 月 20 日抵达装运港。由于装货船舶延迟而使卖方遭受的任何损失和额外费用由买方负担。合同签订后，3 月 10 日 B 公司来电称，由于租船市场船源紧张租不到船，要求延迟 1 个月装运。我国 A 公司因货物早已备妥待运，如延迟 1 个月装船，势必造成利息、仓租、保险费等费用的损失，即复电 B 公司不同意延迟，必须 3 月 20 日前派船抵泸。3 月 20 日，B 公司来电称，尽最大努力，船只无法找到。3 月 22 日夜，该港遭受特大风暴袭击，存放在该港的 A 公司货物受损严重。A 公司即致电 B 公司货损情况，要求 B 公司赔偿其经济损失，包括货损、仓租、保险费等。B 公司回电称，双方合同 FOB 条件，货物在未交付之前，风险尚未转移，故该损失由 A 公司自负。A 公司遂向法院起诉，要求 B 公司赔偿其经济损失。

试分析：

（1）买方 B 是否违约？

（2）货物风险何时转移？

（3）B 公司是否应该赔偿？

五、实训项目

实训要求：

1. 分组并明确每组学生分工。
2. 国际多式业务流程实训方法的选择要符合课本所学知识的要求。
3. 每小组自行选择申报的产品。
4. 指导教师随时解决在实训过程中遇到的各种问题，并组织学生进行经验交流，优化方案。

实训目的：

通过项目实训，使学生进一步理解国际多式联运业务流程的内容，掌握操作业务技能和业务技巧，以适应今后工作的要求。

1. 了解操作人员应具备的业务素质和技能。
2. 了解操作模块构成。
3. 熟悉多式联运过程中各个环节的操作。
4. 能完成各种运输单据的填制。

学习情境六
06 国际货物报关与报检代理操作实务

学习目标

▶ **知识目标**
1. 掌握进出境报关、报检的基础知识
2. 掌握报关、报检的程序

▶ **能力目标**
1. 能独立进行申报、配合查验、缴纳税费、提取或装运货物等进出境活动
2. 能正确填制进出口报关单和报检单

情境引例

2016年9月，全球最大笔记本电脑生产商广达集团决定在重庆西永综保税区投资1亿美元设立达丰（重庆）电脑公司，要求空运进口货物通关时间在4小时内，而当时通关时间为3天。然而重庆实施"通关一体化"后，奇迹出现了，从2016年7月起，进口通关时间平均仅2.25小时，广达集团立即将戴尔公司订单全部转到重庆生产。由此可见，通关速度的背后就是效率，就是效益，就是企业的生命。那么请问：国际货物报关、报检是怎么进行的呢？怎么快速有效地掌握基础知识和技能来提高通关速度呢？

学习子情境一　国际货物报关代理操作实务

知识准备

一、报关概述

（一）报关的含义

报关是指进出口货物收发货人、进出境运输工具负责人、进出境物品所有人或他们的代理人向海关办理货物、物品或运输工具进出境手续及相关海关事务的过程，包括向海关申报、交验单据证件，并接受海关的监管和检查等。报关是履行海关进出境手续的必要环节之一。

需要在此说明，在进出境活动中，我们经常使用"通关"这一概念，怎么来理解呢？报关与通关既密切联系又有明显的区别。两者的工作对象是相同的，都是运输工具、货物、

物品。但二者所考察的角度不同，报关是从海关管理相对人的角度来考察活动的，而通关是从报关管理者角度来考察活动的，通关不仅包括海关管理相对人向海关办理有关手续，还包括海关对进出境运输工具、货物、物品依法进行监督管理，核准其进出境的管理过程。

（二）报关的分类

1. 按照报关的对象，可分为运输工具报关、货物报关和物品报关

由于海关对进出境运输工具、货物、物品的监管要求各不相同，报关可分为运输工具的报关、货物的报关和物品的报关三类。其中，进出境运输工具作为货物、人员及其携带物品的进出境载体，其报关主要是向海关直接交验随附的、符合国际商业运输惯例、能反映运输工具进出境合法性及其所承运货物、物品情况的合法证件、清单和其他运输单证，其报关手续较为简单。进出境物品由于其非贸易性质，且一般限于自用、合理数量，其报关手续也很简单。进出境货物的报关就较为复杂，为此，海关根据对进出境货物的监管要求，制定了一系列报关管理规范，并要求必须由具备一定专业知识和技能且经海关核准的专业人员代表报关单位专门办理。

2. 按照报关的目的，可分为进境报关和出境报关

由于海关对运输工具、货物、物品的进境和出境有不同的管理要求，运输工具、货物、物品根据进境或出境的目的分别形成了一套进境报关和出境报关手续。另外，由于运输或其他方面的需要，有些海关监管货物需要办理从一个设关地点运至另一个设关地点的海关手续，在实践中产生了"转关"的需要，转关货物也需办理相关的报关手续。

3. 按照报关的行为性质，可分为自理报关和代理报关

进出境运输工具、货物、物品的报关是一项专业性较强的工作，尤其是进出境货物的报关比较复杂，一些运输工具负责人、进出口货物收发货人或物品的所有人，由于经济、时间、地点等方面的原因，不能或不愿意自行办理报关手续，而委托代理人代为报关，从而形成了自理报关和代理报关两种报关类型。《海关法》对接受进出境物品所有人的委托，代为办理进出境物品报关手续的代理人没有特殊要求，但对于接受进出口货物收发货人的委托，代为办理进出境货物报关手续的代理人则有明确的规定。因此，我们通常所称的自理报关和代理报关主要是针对进出境货物的报关而言的。

（1）自理报关。进出口货物收发货人自行办理报关业务称为自理报关。根据我国海关目前的规定，进出口货物收发货人必须依法向海关注册登记后方能办理报关业务。

（2）代理报关。代理报关是指接受进出口货物收发货人的委托代理其办理报关业务的行为。我国海关法律把有权接受他人委托办理报关业务的企业称为报关企业。报关企业必须依法取得报关企业注册登记许可并向海关注册登记后方能从事代理报关业务。

根据代理报关法律行为责任承担者的不同，代理报关又分为直接代理报关和间接代理报关。

① 直接代理报关是指报关企业接受委托人（进出口货物收发货人）的委托，以委托人的名义办理报关业务的行为。

② 间接代理报关是指报关企业接受委托人的委托以报关企业自身的名义向海关办理

报关业务的行为。

在直接代理中,代理人代理行为的法律后果直接作用于被代理人;而在间接代理中,报关企业应当承担与进出口货物收发货人自己报关时应当承担的相同的法律责任。目前,我国报关企业大都采取直接代理形式代理报关,间接代理报关只适用于经营快件业务的国际货物运输代理企业。

拓展阅读

我国《海关法》规定"进出口货物收发货人、报关企业办理报关手续,必须依法经海关注册登记。报关人员必须依法取得报关资格。未依法经海关注册登记的企业和未依法取得报关从业资格的人员,不得从事报关业务",以法律的形式明确了对向海关办理进出口货物报关纳税手续的企业实行注册登记管理制度。因此,完成海关报关注册登记手续,取得报关资格是报关单位的主要特征之一。也就是说,只有当有关的法人或组织取得了海关赋予的报关权后,才能成为报关单位,从事有关的报关活动。另外,作为报关单位还必须是"境内法人或组织",能独立承担相应的经济和法律责任,这是报关单位的另一个特征。

但是对于报关员的资格认证有所改革,根据国务院简政放权、转变职能关于进一步减少资质资格类许可和认定的有关要求,海关总署结合群众路线教育实践活动,经过深入调研和广泛征求意见,决定改革现行报关从业人员资质资格管理制度,取消报关员资格核准审批,对报关人员从业不再设置门槛和准入条件。目前,相关法律法规修订工作正在进行中,新的管理制度将在法律法规完成修订并对外公布后实施。今后,报关从业人员由企业自主聘用,由报关协会自律管理,海关通过指导、督促报关企业加强内部管理实现对报关从业人员的间接管理。这一做法符合简政放权、转变职能的要求及行政审批制度改革的方向,同时有利于降低就业门槛,释放就业活力,营造就业创业的公平竞争环境。基于此,海关总署决定自2014年起不再组织报关员资格全国统一考试。

(三)报关的基本内容

1. 进出境运输工具报关的基本内容

根据我国《海关法》的有关规定,所有进出我国关境的运输工具必须经由设有海关的港口、空港、车站、国界孔道、国际邮件互换局(站)及其他可办理海关业务的场所申报进出境。

进出境申报是运输工具报关的主要内容。根据海关监管的要求,进出境运输工具负责人或其代理人在运输工具进入或驶离我国关境时应如实向海关申报运输工具所载旅客人数、进出口货物数量、装卸时间等基本情况。

2. 进出境货物报关的基本内容

进出境货物的报关业务包括:按照规定填制报关单、如实申报进出口货物的商品编码、实际成交价格、原产地及相应优惠贸易协定代码,并办理提交报关单证等与申报有关的事宜；申请办理缴纳税费和退税、补税事宜；申请办理加工贸易合同备案、变更和核销及保税监管等事宜；申请办理进出口货物减税、免税等事宜；办理进出口货物的查验、结关等事宜；办理应当由报关单位办理的其他事宜。

3. 进出境物品报关的基本内容

我国《海关法》规定，个人携带进出境的行李物品、邮寄进出境的物品，应当以自用合理数量为限。

进出境旅客在向海关申报行李物品时，可以在两种分别以红色和绿色作为标记的通道中进行选择。

进出境邮递物品的申报方式由其特殊的邮递运输方式决定。

拓展阅读

报关员又称企业海关经纪人、企业报关人员，英文为 Customs broker。它是指代表所属企业（单位）向海关办理进出口货物报关纳税等通关手续，并以此为职业的人员。企业（单位）报关员需要在海关备案登记。报关员不是自由职业者，只能受雇于一个依法向海关注册登记的进出口货物收发货人或企业，并代表该企业向海关办理业务。我国海关法律规定禁止报关员非法接受他人委托从事业务。报关员必须具备一定的学识水平和实际业务能力，必须熟悉与货物进出口有关的法律、对外贸易、商品知识，必须精通海关法律、法规、规章并具备办理业务的技能。中华人民共和国海关总署于2013年10月12日发布公告决定自2014年起不再组织报关员资格全国统一考试。至此之后，报关从业人员由企业自主聘用，由报关协会自律管理，海关通过指导、督促报关企业加强内部管理实现对报关从业人员的间接管理。

二、报关程序

（一）一般进出口货物概述

1. 海关监管货物的概念

海关监管货物是指自进境起到办结海关手续止的进口货物，自海关申报起到出境止的出口货物，以及自进境起到出境止的过境、转运和通运等应当接受海关监管的货物。

进出口货物海关监管方式是以国际贸易中进出口货物的交易方式为基础，结合海关对进出口货物的征税、统计及监管条件，综合设定的海关对进出口货物的管理方式。

根据海关监管方式的不同，进出口货物可分为一般进出口货物、保税货物、特定减免税货物、暂时进出口货物，以及过境、转运、通运货物和其他未办结海关手续的货物。

2. 一般进出口货物的概念

一般进出口货物是一般进口货物和一般出口货物的合称，也是指在进出境环节缴纳了应征的进出口税费并办结了所有必要的海关手续，海关放行后不再进行监管，可以直接进入生产和消费领域流通的进出口货物。

3. 一般进出口货物的特征

（1）进出境时缴纳进出口税费。

（2）进出口时提交相关的许可证件。

（3）海关放行即办结了海关手续。

4. 一般进出口货物的范围

（1）一般贸易进口货物。

（2）一般贸易出口货物。

（3）转为实际进口的保税货物、暂准进境货物或转为实际出口的暂准出境货物。

（4）易货贸易、补偿贸易进出口货物。

（5）不批准保税的寄售代销贸易货物。

（6）承包工程项目实际进出口货物。

（7）外国驻华商业机构进出口陈列用的样品。

（8）外国旅游者小批量订货出口的商品。

（9）随展览品进境的小卖品。

（10）免费提供的进口货物。

（二）一般进出口货物的基本报关程序

1. 申报

（1）申报的规定。申报，也可以理解为狭义的报关，是指货物、运输工具和物品的所有人或其代理人在货物、运输工具、物品进出境时，向海关呈送规定的单证（可以书面或电子数据交换方式）并申请查验、放行的手续。我国《海关法》规定，进出口货物，除另有规定外，可以由进出口货物收发货人自行办理报关及纳税手续，也可以由进出口货物收发货人委托海关准予注册登记的报关企业办理报关及纳税手续。

申报与否，包括是否如实申报，是区别走私与非走私的重要界限之一。因此，海关法律对货物、运输工具的申报，包括申报的单证、申报时间、申报内容都做了明确的规定，把申报制度以法律的形式固定下来。

（2）申报的时间、地点与期限。进口货物应当由收货人或其代理人在货物的进境地海关申报；出口货物应当由发货人或其代理人在货物的出境地海关申报。

申报日期是指申报数据被海关接受的日期。不论以电子数据报关单方式申报还是以纸质报关单方式申报，海关接受申报数据的日期即接受申报的日期。

进口货物的申报期限为自装载货物的运输工具申报进境之日起 14 日内。

$$滞报金=进口货物完税价格 \times 0.05\% \times 滞报天数$$

（3）申报的程序。具体包括：

① 准备申报单证。

② 申报前看货取样。

③ 如实申报。

④ 申报的方式为纸质报关单或电子数据报关单。

⑤ 修改申报内容或撤销申报。

2. 配合查验

（1）海关查验。进出口货物在通过申报环节后，即进入查验环节。海关查验也称验关，是指海关接受报关员的申报后，对进口或出口的货物进行实际的核对和检查，以确定货物的自然属性，货物的数量、规格、价格、金额、标记唛码、包装式样及原产地是否与报关单所列一致，对货物进行实际检查的行政执法行为。

（2）收发货人配合查验。海关查验货物时，进出口货物收发货人或其代理人应当到场，配合海关查验。

（3）货物损坏赔偿。因进出口货物所具有的特殊属性，容易因开启、搬运不当等原因导致货物损毁，需要海关查验人员在查验过程中予以特别注意的，进出口货物收发货人或其代理人应当在海关实施查验前申明。

在查验过程中，或者证实海关在径行开验过程中，因为海关查验人员的责任造成被查验货物损坏的，进出口货物的收发货人或其代理人可以要求海关赔偿。海关赔偿的范围仅限于在实施查验过程中，由于查验人员的责任造成被查验货物损坏的直接经济损失。

3. 缴纳税费

在海关查验货物无异议后，报关员必须在规定时限内到指定银行缴纳税费；收到缴款成功信息，即可申请放行。

为保证关税及时征缴入库，我国《海关法》规定，进出口货物的纳税义务人，应当自海关填发税款缴款书之日起15日内缴纳税款；逾期缴纳的，由海关按日征收0.05%的滞纳金。

4. 提取或装运货物

（1）海关进出境现场放行和货物结关。

（2）提取货物或装运货物。

（3）申请签发报关单证明联。

（三）一般进出口货物的具体报关流程

1. 申报前准备阶段

（1）准备单证。

① 进口货物的收货人办理报关委托。

② 报关员审核报关单据。

③ 报关员填制报关单预录入凭单。

（2）检验检疫。

（3）预录入、复核、发送。

2. 正式申报电子数据报关单阶段

其流程为电子审单——接受回执——现场通关预备。

3. 现场书面交单阶段

（1）现场海关——电子派单、申报。

（2）现场海关——审单。

（3）现场海关——税费缴纳。
（4）现场海关——查验。
（5）现场海关——单证放行。
（6）口岸海关——实货放行。

一般贸易进出口货物的报关作业流程如图 6-1、图 6-2 所示。我国进口货物报关单如表 6-1 所示。

```
申报前准备:
  准备单证（接单、审单、制单）
  检验检疫

电子申报:
  预录入、复核、发送
  电子审单
  接受回执
  计算机审核通过
  现场通关预备

现场交单:
  现场海关——申报
  现场海关——审单
  网上支付税费
  现场海关——查验
  现场海关——单证放行
  现场海关——实货放行

  签发进口货物付汇证明联 → 后续管理
```

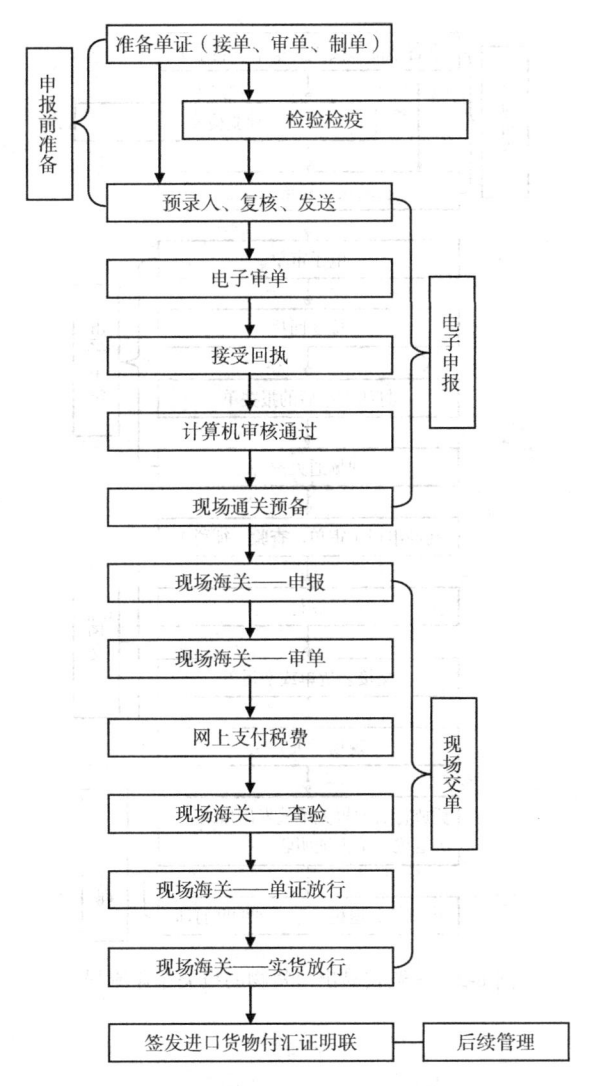

图 6-1　一般贸易进口货物的报关作业流程

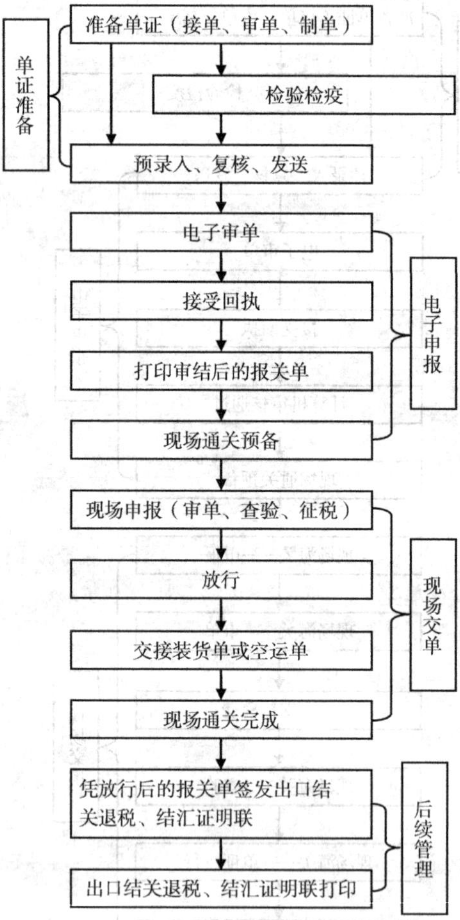

158 国际货运代理实务

```
单证准备 ┐
         ├─ 准备单证（接单、审单、制单）
         │         ↓
         │     检验检疫
         │         ↓
         └─ 预录入、复核、发送
                   ↓
电子申报 ┐  电子审单
         │     ↓
         │  接受回执
         │     ↓
         │  打印审结后的报关单
         │     ↓
         └  现场通关预备
                   ↓
现场交单 ┐  现场申报（审单、查验、征税）
         │     ↓
         │   放行
         │     ↓
         │  交接装货单或空运单
         │     ↓
         └  现场通关完成
                   ↓
后续管理 ┐  凭放行后的报关单签发出口结
         │  关退税、结汇证明联
         │     ↓
         └  出口结关退税、结汇证明联打印
```

图 6-2 一般贸易出口货物的报关作业流程

表 6-1 进口货物报关单

中华人民共和国海关进口货物报关单

收发货人		进口口岸		进口日期		申报日期	
消费使用单位		运输方式	运输工具名称		提运单号		
申报单位		监管方式		征免性质		备案号	
贸易国（地区）		启运国（地区）		装货港		境内目的地	
许可证号		成交方式	运费		保费		杂费
合同协议号		件数	包装种类		毛重（公斤）		净重（公斤）
集装箱号		随附单证					
标记唛码及备注 随附单证号：							
项号 商品编号 商品名称、规格型号 数量及单位 原产国（地区） 单价 总价 币制 征免							
1.							
2.							
3.							
4.							
5.							
特殊关系确认： 价格影响确认： 支付特许权使用费确认：							
录入员		录入单位	兹申明对以上内容承担如实申报、依法纳税之法律责任			海关批注及签章	
报关人员			申报单位（签章）				

学习子情境二　国际货物报检代理操作实务

知识准备

一、检验检疫概述

检验检疫是指检验检疫部门和检验检疫机构依照法律、行政法规和国际惯例等的要求，对出入境货物、交通运输工具、人员等进行检验检疫、认证及签发官方检验检疫证明等监督管理工作。

（一）出入境检验检疫的法律地位

检验检疫工作很重要，世界各国的法律法规和国际通行做法、有关规则、协定等，都赋予检验检疫机构以公认的法律地位；国际贸易合同中对检验检疫一般也有明确的条款规定，使检验检疫工作受到法律保护，所签发的证件具有法律效力。

1. 国家以法律形式从根本上确定检验检疫的法律地位

由于出入境检验检疫在国家涉外经济贸易中的地位十分重要，全国人大常委会先后制定了《进出口商品检验法》、《进出境动植物检疫法》、《国境卫生检疫法》及《食品卫生法》等法律，分别规定了出入境检验、检疫的目的和任务，责任范围，授权执法机关和管辖权限，检验检疫的执行程序，执法监督和法律责任等重要内容，从根本上确定了出入境检验检疫工作的法律地位。

2. 中国出入境检验检疫机构是四部法律的行政执法机构，依法具有执法主体地位

全国人大常委会通过的上述四部关于检验检疫的法律，分别做出明确规定，国务院成立进出口商品检验部门、进出境动植物检疫部门和出入境卫生检疫部门，作为授权执行有关法律和主管各该方面工作的主管机关，确立了它们在法律上的行政执法主体地位。

1998 年国家出入境检验检疫体制改革，实行商检、动植检和卫检机构体制合一后，合并成立的国家检验检疫机构，继承了原来商检、动植检和卫检机构的执法授权，成为四部法律共同的授权执法部门。

鉴于出入境检验检疫的涉外性质，必须强调执法的集中统一与一致对外，因此国务院批准检验检疫部门实行垂直领导体制。由于检验检疫的另一个特点是技术性很强，必须通过检测技术手断来实施法律，因此实行集中统一领导，有利于在建立健全法规体系的同时，加强检测设备和技术队伍的建设，以利于通过强化技术检测力量有效实施法律规定。

3. 中国相对完整的出入境检验检疫法律法规体系，是依法施检的执法基础

在上述四部检验检疫法律和国务院的实施条例公布后，各种配套法规、规范性程序文件、检验检测技术标准、检疫对象的消毒、灭菌、除虫等无害化处理规范等，经过具体化和修改补充已基本完整齐备；检验检疫机构经过调整精干，健全内部管理的各项责任制度，也已基本适应了执法需要，对于保证检验检疫的正常开展和有序进行，具有极其重要的意义。

此外，中国出入境检验检疫的法律体系，还要适应有关国际条约。迄今为止，中国已加入联合国食品法典委员会（CODEX）和亚太地区植保委员会（APPPC）等，并与世界上 20 多个国家签订了双边检验检疫协定，为中国的检验检疫与国际法规标准相一致创造了条件。

4. 中国检验检疫法律具有完备的监管程序，保证了法律的有效实施

中国的出入境检验检疫法规的实施，在将近百年发展的历史中，借鉴历史传统和国际经验，已形成了一个配套体系完整、监管要素齐备的执法监督体系，保证了法律的有效实施。主要有：

第一，四部检验检疫法规都有一个具有强制性的闭环性的监管措施，其中最主要的是货物的进出口和出入境都要通过海关最后一道监管措施，未经检验检疫并取得有效证书和放行单据就无法通关过境，人员的出入境则有边防机构的监管把关来保证检疫程序的有效实施。

第二，在海关、边防把住最后一道关口的前提下，检验检疫部门的强制性报检签证程序、强制性安全卫生检测技术标准、强制性抽样检查程序也随之发挥监督机制，使有关法律法规能够有效实施。

第三，合同规定凭检验检疫部门检验证书交货结算和对外索赔的，没有证书就无法装船结汇和对外索赔，起到了有关法律法规的监督与制约作用。

（二）出入境检验检疫的主要目的、任务和作用

1. 出入境检验检疫的主要目的、任务

（1）对进出口商品进行检验、鉴定和监督管理。加强进出口商品检验工作，规范进出口商品检验行为，维护社会公共利益和进出口贸易有关各方的合法权益，促进对外贸易的顺利发展。

案例分析

2016 年 2 月，重庆检验检疫局对 3.6 万个不符合我国食品包装卫生标准要求的泰国进口密胺餐具依法做出退运处理决定。这批不合格餐具包括碗、盘两种。现场检验发现，该批密胺餐具边缘粗糙、内壁印花颜色深浅不均且不规则。经实验室检测，脱色实验结果为阳性，不符合中国国家卫生标准要求，表明餐具在盛放食品时，着色剂易溶出并污染食物，会危害消费者健康安全。

（2）对出入境动植物及其产品进行检疫和监督管理。对出入境动植物及其产品，包括其运输工具、包装材料的检疫和监督管理，防止危害动植物的病菌、害虫、杂草种子及其他有害生物由国外传入或由国内传出，保护我国农、林、渔、牧业生产及国际生态环境与人类的健康。

案例分析

2016 年 7 月 16 日，重庆检验检疫局对一批新加坡进口冻金枪鱼肉、鱼肚实施现场查

验抽样，并进一步送实验室检测，发现其中鱼肚的镉（重金属）含量超出国家标准一倍多，所涉及货物达 203 袋、3 吨。镉化合物毒性很大，在人体积蓄作用最长可达 30 年。该局依法及时出具不合格处理通知单，责令这批货物改作它途、不得用作食品。

（3）对出入境人员、交通工具、运输设备及可能传播检疫传染病的行李、货物、邮包等物品实施国境卫生检疫和口岸卫生监督，防止传染病由国外传入或由国内传出，保护人类健康。

案例分析

2016 年 7 月 25 日，一艘自汕头岸入境的墨西哥籍货轮上，有三名船员经汕头检验检疫局发现转送地方卫生部门并确诊为甲型 H1N1 流感病例，同船还有 13 名船员被留船医学观察。从 4 月 25 日至 7 月 26 日，经汕头口岸入境的输入性甲型 H1N1 流感确诊病例 54 例，其中由汕头检验检疫局在入境检疫时发现的有 44 例，口岸查获率约为 81.5%。

（4）按照 SPS/TBT 协议建立有关制度能打破国外技术壁垒。

SPS（*Agreement on the Application of Sanitary and Phytosanitary Measures*），即《实施动植物卫生检疫措施的协议》，是世界贸易组织在长达 8 年之久的乌拉圭回合谈判中签订的一个重要的国际多边协议。

TBT（*Agreement on Technical Barriers to Trade*），即《技术性贸易壁垒协议》，简称 TBT 协议。

2. 出入境检验检疫的作用

（1）国家主权体现。出入境检验检疫机构作为涉外经济执法机构，根据法律授权，代表国家行使检验检疫职能，对一切进入中国国境和开放口岸的人员、货物、运输工具、旅客行李物品和邮寄包裹等实施强制性检验检疫；对涉及安全卫生及检疫产品的国外生产企业的安全卫生和检疫条件进行注册登记；对发现检疫对象或不符合安全卫生条件的商品、物品、包装和运输工具，有权禁止进口，或者视情况在进行消毒、灭菌、杀虫或其他排除安全隐患的措施等无害化处理并重验合格后，方准进口。对于应经检验检疫机构实施注册登记的向中国输出有关产品的外国生产加工企业，必须取得注册登记证书，其产品方准进口。这些强制性制度，是国家主权的具体体现。

（2）国家管理职能体现。出入境检验检疫机构作为执法机构，根据法律授权，对列入应实施出口检验检疫对象和范围的人员、货物、危险品包装和装运易腐易变的食品、冷冻品的船舱、集装箱等，按照中国的、进口国的或与中国签有双边检疫议定书的外国的或国际性的法规、标准的规定，实施必要的检验检疫；对涉及安全、卫生、检疫和环保条件的出口产品的生产加工企业，实施生产加工安全或卫生保证体系的注册登记，或者必要时帮助企业取得进口国有关主管机关的注册登记；经检验检疫发现检疫对象或产品质量与安全卫生条件不合格的商品，有权阻止出境；不符合安全条件的危险品包装容器，不准装运危险货物；不符合卫生条件或冷冻要求的船舱和集装箱，不准装载易腐易变的粮油食品或冷冻品；对未取得安全、卫生、检疫注册登记的涉及安全卫生的产品的生产厂、危险品包装加工厂和肉类食品加工厂，不得生产加工上述产品。

经检验检疫合格的产品或取得生产加工安全卫生注册登记编号的企业，包括取得国外注册的企业，突破了国外的贸易技术壁垒，获得市场准入资格，使其产品在进口国能够顺利通关入境。

上述这些对出入境货物、包装和运输工具的检验检疫和注册登记与监督管理，都具有相当的强制性，是国家监督管理职能的具体体现。

（3）保证中国对外贸易顺利进行和持续发展的保障。

① 对进出口商品的检验检疫和监督认证是为了满足进口国的各种规定要求。

② 对进出口商品的官方检验检疫和监管认证是突破国外贸易技术壁垒和建立国家技术保护屏障的重要手段。

③ 加强对重要出口商品质量的强制性检验是为了促进提高中国产品质量及其在国际市场上的竞争能力，以利扩大出口。

④ 加强对进口商品的检验是为了保障国内生产安全与人民身体健康，维护国家对外贸易的合法权益。

⑤ 在国际贸易中，对外贸易、运输、保险双方往往要求由官方或权威的非当事人，对进出口商品的质量、重量、包装、装运技术条件提供检验合格证明，作为出口商品交货、结算、计费、计税和进口商品处理质量与残短索赔问题的有效凭证。

（4）保护农林渔业生产安全；促进农畜产品的对外贸易和保护人体健康。

① 保护农、林、牧、渔业生产安全，使其免受国际上重大疫情灾害影响，是中国出入境检验检疫机构担负的重要使命。

② 对动植物及其产品和其他检疫物品，以及装载动植物及其产品和其他检疫物品的容器、包装物和来自动植物疫区的运输工具（含集装箱）实施强制性检疫。这对防止动物传染病、寄生虫和植物危险性病、虫、杂草及其他有害生物等检疫对象和其他危险疫情性传入传出，保护国家农、林、牧、渔业生产安全和人民身体健康，履行我国与外国签订的检疫协定书的义务，突破进口国在动植物检疫中设置的贸易技术壁垒，从而使中国农、林、牧、渔产品在进口国顺利通关入境，促进农畜产品对外贸易的发展，具有重要作用。

（5）出入境检验检疫实施国境卫生检疫是保护我国人民健康的重要屏障（绿色卫生检疫制度）。中国边境线长、口岸多，对外开放的海、陆、空口岸有100多个，是世界各国开放口岸最多的国家之一。近年来，各种检疫传染病和监测传染病仍在一些国家和地区发生和流行，还出现了一批新的传染病，特别是鼠疫、霍乱、黄热病、艾滋病等一些烈性传染病及其传播媒介。随着国际贸易、旅游和交通运输的发展，出入境人员迅速增加，随时都有传入的危险，给各国人民的身体健康造成威胁。因此，对出入境人员、交通工具、运输设备及可能传播传染病的行李、货物、邮包等物品实施强制性检疫，对防止检疫传染病的传入或传出，保护人体健康具有重要作用。

综上所述，出入境检验检疫对保证国民经济的发展，消除国际贸易中的技术壁垒，保护消费者的利益和贯彻中国的对外交往，都有非常重要的作用。

> **拓展阅读**
>
> **主要贸易对象国的"绿色卫生检疫制度"**
>
> 　　美国：2003 年 10 月，美国食品和药物管理局颁布了《食品企业注册条例》和《进口食品提前通报条例》等规定，要求所有进口产品都要达到与其国内产品相同的标准。进口食品必须是纯净、完整、食用安全并在清洁卫生的条件下加工而成的；所有产品必须包含内容丰富、真实的英文标签。如果产品成分或标签形式达不到要求，标签声明的内容不真实或有误导性，则产品会被扣留甚至被拒绝进口。
>
> 　　欧盟：从 2006 年 1 月 1 日起，欧盟实施了三部有关食品卫生的新法规，主要规定了欧盟对各成员国及从第三国进口到欧盟的水产品、肉类食品、肠衣、奶制品及部分植物食品的官方管理控制要求与加工企业的基本卫生要求。根据欧盟食品法规，所有食品企业经营者必须全面推行危险分析和关键控制点体系，确保食品生产、加工和分销的整体安全。

（三）我国出入境检验检疫机构工作的主要内容

1. 法定检验检疫

（1）定义。

① 职能部门：出入境检验检疫机构。

② 依据：相关法律法规及其实施条例的规定（国家法律、行政法规规定；输入国规定；有关国际条约规定）。

③ 对象：出入境人员、货物、运输工具、集装箱及其他法定检验检疫物。

④ 内容：检验、检疫和鉴定等业务。

货主或其代理人也应在规定的时限和地点向检验检疫机构报检。

（2）实施范围。

① 有关法规如《出入境检验检疫机构实施检验检疫的进出境商品目录》中规定的商品。

② 对进出口食品的卫生检验和进出境动植物的检疫。

③ 对装运出口易腐烂变质食品、冷冻品的船舱、集装箱等运载工具的适载检验。

④ 对出口危险货物包装容器的性能检验和使用鉴定。

⑤ 对有关国际条约规定或其他法律、行政法规规定须经检验检疫机构检验的进出口商品实施检验检疫。

⑥ 国际货物销售合同规定由检验检疫机构实施出入境检验时，当事人应及时提出申请，由检验检疫机构按照合同规定对货物实施检验并出具检验证书。

（3）法定检验检疫程序流程如图 6-3 所示。

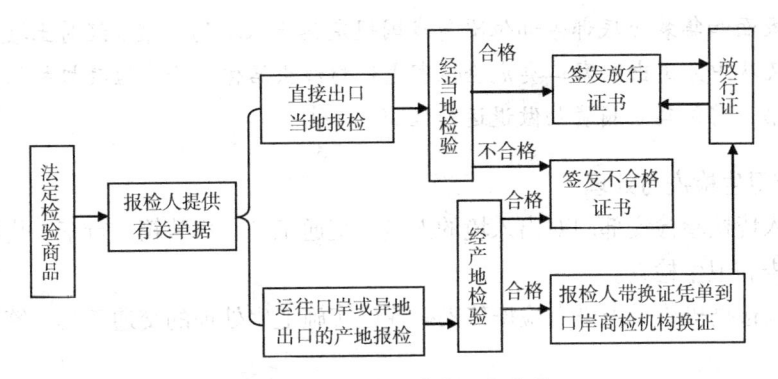

图 6-3　法定检验检疫程序流程

2. 实施进出口商品检验

对进出口商品检验的范围规定如下。

（1）列入《法检商品目录》内的商品。主要检验是否符合国家技术规范的强制性要求。其目录样式如表 6-2 所示。

表 6-2　目录样式

商品编码	商品名称及备注	计量单位	海关监管条件（类别）	检验检疫类别
1001100001	硬粒小麦	kg	A/B	M.P.R/Q.S
16025010	牛肉罐头	听	A/B	M.P.R/N.Q.S

（2）法律法规规定必须检验检疫的出入境货物，如废旧物品（包括旧机电产品）、需做外商投资财产价值鉴定的货物、须做标识查验的出口纺织品、援外物资等。

（3）检验检疫机构可对法定以外的进出口商品，依据有关规定实施抽查检验，并可公布抽查检验结果，或者向有关部门通报。

3. 实施进出境动植物检疫

进出境动植物检疫的范围规定如下。

（1）检验检疫机构对进出境、过境的动植物、动植物产品和其他检疫物实行检疫监管。（进境：检疫许可；出境：生产、加工、存放过程实施检疫监管）

（2）口岸检验检疫机构对来自动植物疫区的运输工具实施现场检疫和有关消毒处理。

（3）检验检疫机构对装载动植物、动植物产品和其他检疫物的装载容器、包装物、铺垫材料，实施检疫监管。

（4）检验检疫机构对携带、邮寄动植物、动植物产品和其他检疫物进境实行检疫监管。

（5）检验检疫机构对进境拆解的废旧船舶，实行检疫监管。

（6）法律法规、国际条约和贸易合同所规定的，应实施进出境动植物检疫的其他货物和物品。

案例分析

2015 年 7 月，检验检疫机构对某公司从美国进口的装载废电机集装箱实施查验，发现该箱废电机表面和集装箱底部等部位附着我国规定禁止入境的土壤。经对土壤取样进行实验室分离，又从中分离出国家二类危险性害虫松材线虫活体。检验检疫机构依据有关规定出具检验证书，将该集装箱货物做退运处理。

4. 实施卫生检疫与处理

（1）出入境检验检疫部门对出入境的人员、交通工具、集装箱、行李、货物、邮包等实施医学检查和卫生检查。

（2）检验检疫机构对未染有检疫传染病或已实施卫生处理的交通工具，签发入境或出境检疫证。

（3）检验检疫机构对入境、出境人员实施传染病监测，有权要求出入境人员填写健康申明卡、出示预防接种证书、健康证书或其他有关证件。

（4）对患有鼠疫、霍乱、黄热病的出入境人员，应实施隔离留验。

（5）对患有艾滋病、性病、麻风病、精神病、开放性肺结核的外国人应阻止其入境。

（6）对患有监测传染病的出入境人员，视情况分别采取留验、发就诊方便卡等措施。

（7）对国境口岸和停留在国境口岸的出入境交通工具的卫生状况实施卫生监督。

5. 实施进口废物原料、旧机电产品装运前的检验

（1）进口废物原料装运前检验。

① 对国家允许作为原料进口的废物，实施装运前检验制度，防止境外有害废物向我国转运。进口废物前，进口单位应先取得国家环保总局签发的进口废物批准证书。

② 收货人与发货人签订的废物原料进口贸易合同中，必须订明所进口的废物原料须符合中国环境保护控制标准的要求，并约定由出入境检验检疫机构或国家质检总局认可的检验机构实施装运前检验，检验合格后方可装运。

（2）旧机电产品装运前检验。进口旧机电产品的收货人或其代理人应在合同签署前向国家质检总局或收货人所在地直属检验检疫局办理备案手续。

对按规定应当实施装运前预检验的，由检验检疫机构或国家质检总局认可的装运前预检检验机构实施装运前检验，检验合格后方可装运。运抵口岸后，检验检疫机构仍将按规定实施到货检验。

案例分析

2016 年 4 月，重庆康康国际贸易有限公司向检验检疫机构申报一批来自香港地区的散装废报纸，货值为 56 897 美元。检验检疫人员会同海关监管人员随机抽取 20 件完整包，在港区海关监管仓库进行拆包分拣，发现未经有效清洗的塑料可乐瓶、牛奶瓶、果汁瓶，且瓶内存在残留液体，并有虫蛹。另分拣出其他大量废弃物。检验检疫机构依据相关环控标准出具不合格证书，并做退运处理。

6. 实施进口商品认证管理

凡是列入《中华人民共和国实施强制性产品认证的产品目录》内的商品，必须经过指定认证机构的认证，取得认证证书并加注认证标志后，方可进口。对此，检验检疫机构严格按照规定进行验证、查证和核对货证。

7. 实施出口商品质量许可和卫生注册管理

（1）实施出口商品质量许可制度的商品如机械、电子、轻工、机电、玩具、医疗器械和煤炭类等，必须由生产企业或其代理人向当地检验检疫机构申请出口商品质量许可证书。

（2）国家对出口食品及其生产企业（包括加工厂、屠宰场、冷库、仓库等）实施卫生注册登记制度。企业只有取得卫生注册登记证书后，方可生产、加工和储存出口食品（全程监控）。

8. 实施出口危险货物运输包装的检验

（1）生产出口危险货物运输包装容器的企业，必须向检验检疫机构申请包装容器的性能鉴定，当鉴定合格后，才可用于包装危险的出口货物。

（2）生产出口危险货物的企业，必须向检验检疫机构申请危险货物包装容器的使用鉴定，当鉴定合格后，方可包装危险货物（如敌敌畏）出口。

9. 实施外商投资财产价值鉴定

外商投资财产价值鉴定包括外商投资（如补偿贸易、中外合作等）财产的品种、质量、数量、价值和损失鉴定等范围。检验检疫机构受当事人的委托进行价值鉴定，鉴定后出具价值鉴定证书，供企业办理验资手续。

10. 实施货物装载和残损鉴定

（1）用冷冻船舱与集装箱装运易腐烂变质的出口食品，承运人、装箱单位或其代理人须在装运前向口岸检验检疫机构申请清洁、卫生、冷藏、密固等适载的检验，经检验合格后方可装运。

（2）对外贸易关系人及仲裁、司法等机构，对海运进口商品可向检验检疫机构申请办理监视、残损鉴定、监视卸载等鉴定工作。

11. 实施进出口商品质量认证

检验检疫机构可以根据国家质检总局的规定，同外国有关机构签订协议，或者接受外国有关机构的委托进行进出口商品质量认证，准许有关单位在认证合格的进出口商品上使用质量认证标志。

（1）中国的 3C 认证："中国强制性产品认证"（英文名称为 China Compulsory Certification），其英文缩写为"CCC"，主要针对低压电器、广播设备、家用电器、童车、娃娃玩具等产品。其认证证书及标志如图 6-4 所示。

（2）美国的 UL 认证：UL 是指美国保险商试验所（Underwriter Laboratories Inc.），是美国最有权威的，也是世界上从事安全试验和鉴定的较大的民间机构。其标志如图 6-5 所示。

（3）德国的 GS 认证：GS 的含义是德语"Geprufte Sicherheit"（安全性已认证），也有"Germany Safety"（德国安全）的意思。GS 认证是以德国产品安全法为依据，按照欧盟统一标准 EN 或德国工业标准 DIN 进行检测的一种自愿性认证，是欧洲市场公认的德国安全认证标志。其标志如图 6-6 所示。

图 6-4　中国 3C 认证证书及标志

图 6-5　美国 UL 认证标志　　　图 6-6　德国 GS 认证标志

12. 实施涉外检验检疫、鉴定、认证机构审核认可和监督

（1）国家质检总局对于拟从事进出口商品检验、鉴定、认证的中外合资或合作公司，对资格信誉、技术力量、装备设施和业务范围等进行审查，核准后出具《外商投资检验公司资格审定意见书》。然后，经商务部门批准，领取营业执照，再到国家质检总局办理《外商投资检验公司资格证书》，方可开展经营活动。

（2）国家质检总局对从事进出口商品检验、鉴定、认证业务公司的经营活动实行统一监督管理，对境内外的检验鉴定认证公司所设立在各地的办事处，实行备案管理。

13. 开展与外国和国际组织的合作

（1）检疫部门承担世界贸易组织贸易技术壁垒协议（WTO／TBT 协议）和"实施动植物卫生检疫措施的协议"（WTO／SPS 协议）咨询业务。

（2）承担联合国（UN）、亚太经合组织（APEC）等国际组织在标准与一致化和检验检疫领域的联络工作。

（3）负责对外签订政府部门间的检验检疫合作协议、认证认可合作协议、检验检疫协议执行议定书，并组织实施等。

（四）报检概念与分类

报检，也称报验，是指申请人向出入境检验检疫机构就进出口货物报请检验检疫，是检验检疫机构受理报检的前提和基础。报检分为自理报检与代理报检。

1. 自理报检

（1）含义：收发货人及进出口货物的生产、加工和经营单位办理本单位检验检疫事项的行为称为自理报检。自理报检单位在首次报检时，须先办理备案登记手续，取得报检单位代码，之后方可办理相关检验检疫报检手续。

（2）自理报检单位的范围：

① 有进出口经营权的国内企业。

② 进口货物的收货人或其代理人。

③ 出口货物的生产企业。

④ 出口货物运输包装及出口危险货物运输包装生产企业。

⑤ 中外合资、中外合作、外商独资企业。

⑥ 国外（境外）企业、商社常驻中国代表机构。

⑦ 进出境动物隔离饲养和植物繁殖生产单位。

⑧ 进出境动植物产品的生产、加工、存储、运输单位。

⑨ 对进出境动植物、动植物产品、装载容器、包装物、交通运输工具等进行药剂熏蒸和消毒服务的单位。

⑩ 有进出境交换业务的科研单位。

⑪ 其他涉及出入境检验检疫业务并需要办理备案的单位。

（3）自理报检原则：属地管理原则，即报检单位应在其工商注册所在地辖区的检验检疫机构办理备案登记手续。审核通过颁发《自理报检单位备案登记证明书》，有效期5年。

（4）自理报检的异地备案（异地报检）：已经在报检单位工商注册所在地辖区出入境检验检疫机构办理过备案登记手续的报检单位，去往其他口岸出入境检验检疫机构报检时，无须重新备案登记，但需要履行异地备案手续。

（5）自理报检机构的重大变更：15日内以书面形式向原备案机构提出申请，办理变更手续（企业法人、名称与地址等变更，重发备案登记证明书）。

（6）自理报检单位终止：成立清算组织之日起15日内，以书面形式向原备案机构办理注销报检备案登记手续。

2. 代理报检

（1）含义：经国家质量监督检验检疫总局注册登记的境内企业法人（代理报检单位）依法接受进出口货物收发货人的委托，为进出口货物收发货人办理报检手续的行为。

（2）代理报检的性质：属于代理行为，需取得代理报检单位注册登记证书，代理报检单位与被代理人（委托人）之间的法律关系适用《中华人民共和国民法通则》的有关规定，并共同遵守出入境检验检疫法律、法规。代理报检单位的代理报检，不免除被代理人或其他人根据合同和法律所承担的产品质量责任和其他责任。代理报检单位因违反规定被出入境检验检疫机构暂停或取消其代理报检资格所发生的与委托人等关系人之间的经济纠纷，由代理报检单位自行负责。

（3）代理报检的行为规范。

① 向检验检疫机构提交报检委托书。

② 切实履行代理报检职责：办理报检手续、缴纳费用、联系配合检疫机构实施检疫、领取检疫单证与通关证明等。

③ 遵守出入境检验检疫法律、法规。

3. 代理报检与自理报检的管理比较（见表6-3）

表6-3　代理报检与自理报检的管理比较

报检方式	代理报检	自理报检
管理办法	注册登记制度	备案登记制度
证书名称	代理报检单位注册登记证明书	自理报检单位备案登记证明书
变更期限	15天	15天
变更申报部门	国家质量监督检验检疫总局	所在地直属局
异地报检备案	原则上不予异地备案	保留并沿用原来的10位代码

二、出入境检验检疫的一般工作流程

（一）受理报检

1. 需要报检的范围

（1）国家法律、法规、国际条约、外贸合同、信用证规定需检验检疫的。

（2）输入国或地区规定需检验检疫的。

（3）申请签发普惠制产地或一般原产地证的。

（4）对外贸易关系人申请的鉴定业务和委托检验。

（5）未列入法检目录，但质量有问题，需证索赔的。

（6）涉及出入境检验检疫内容的司法和行政机关委托的鉴定业务。

2. 报检人报检时必须履行的手续

（1）填写报检单。

（2）提供相应的单证。

（3）按规定缴纳检验检疫费。

3. 电子报检

可以通过"企业端软件"或"网上申报系统"（浏览器方式）等方式实现电子申报。

> **拓展阅读**
>
> **电子报检的方式**
>
> 使用"企业端软件"进行电子报检的工作流程如下：
>
> 第一，企业通过企业端软件输入电子报检数据，并将数据发送到检验检疫电子业务平台。
>
> 第二，检验检疫机构收取企业申报数据。
>
> 第三，检验检疫机构的电子预审系统审核企业报检数据。如果预审未通过，将返回企业错误回执，并提示错误原因；如果电子预审通过，系统判别报检类别，给企业返回正确回执及预报检号。
>
> 第四，企业打印出报检单，并持报检单和随附单据到检验检疫报检窗口报检。
>
> 第五，对实行直通式电子报检的出境货物，电子报检数据在通过电子预审系统审核后，转入检验检疫工作人员对电子数据进行人工审核。

（二）检验检疫和鉴定

1. 抽样
2. 制样
3. 实施检验检疫
4. 隔离检验检疫
5. 鉴定业务
6. 卫生除害处理

（1）物理方法：扑杀、焚烧、深埋、紫外线照射、加热处理、冷冻处理等。

（2）化学方法：药物熏蒸除害、药物表面喷洒等。

（3）禁止出入境、过境或封存等。

（三）检验检疫收费

1. 检验检疫收费项目

检验检疫收费项目包括出入境检验检疫费，考核、注册、认可认证、签证、审批、查验费，出入境动植物实验室检疫项目费，鉴定业务费，检疫处理费等。

2. 收费方式

收费方式包括预收费、月底结算两种。

3. 收费规定

（1）出入境检验检疫费不足最低额时，按最低额收取，以人民币计算到元，元以下四舍五入。

（2）收费标准中以货值为基础计费的，以出入境货物的贸易信用证、发票、合同所列货物总值或海关估价为基础计收。

（3）检验检疫机构对出入境货物的计费以"一批"为一个计算单位。

（4）同批货物涉及多项检验检疫业务的，分别计算，累计收费。

（5）自检验检疫机构开具收费通知单之日起 20 日内，出入境关系人应缴清全部费用，逾期未缴的，自第 21 日起，每日加收未缴纳部分 0.5%的滞纳金。

（四）签证、放行

1. 签证

（1）合格：签发出境货物通关单，作为海关核放货物的依据；同时，国外要求签发有关检验检疫证书的，检验检疫机构根据对外贸易关系人的申请，经检验检疫合格的，签发相应的检验检疫证书。

（2）不合格：签发出境货物不合格通知单。需异地实施检验检疫的，口岸检验检疫机构办理异地检验检疫手续。

（3）检验检疫证单的法律效用：

① 出入境货物通关的重要凭证。

② 海关征收和减免关税的有效凭证。

③ 履行交接、结算及进口国准入的有效证件。

④ 议付贷款的有效证件。

⑤ 明确责任的有效证件。

⑥ 办理索赔、仲裁及诉讼的有效证件。

⑦ 办理验资的有效证明文件。

（4）检验检疫证单的类型：

① 证书类（品质、数量、包装、食品卫生证书，健康证书等）。

② 凭单类（出入境报检单、出入境货物通关单、集装箱检疫结果单等）。

③ 国家质检总局印制的其他证单（进境动植物检疫许可证、国境口岸储存场地卫生许可证等）。

（5）检验检疫证单有效期。

① 签发日期：一般为验讫日期。

② 一般货物检验检疫单有效期：60 天。

③ 植物及植物产品检验检疫单有效期：21 天，北方冬季可延长至 35 天。

④ 鲜活类货物检验检疫单有效期：14 天。

⑤ 交通工具卫生证有效期：船舶，12 个月；飞机、列车，6 个月。除鼠证书与免予除鼠证书的有效期为 6 个月。

⑥ 国际旅行健康证明有效期：12 个月。预防接种证书参照有关标准。

⑦ 换证凭单有效期：以标明的检验检疫有效期为准。

⑧ 信用证要求装运港装船时检验，签发证单日期为提单日期 3 天内（含提单日期）。

2. 放行

放行是指检验检疫机构对列入法定检验检疫的出入境货物出具规定的证件，表示准予出入境并由海关监管验放的一种行政执法行为。海关凭出入境检验检疫机构签发的入境货物通关单或出境货物通关单验放货物。

（1）入境货物的放行：

① 入境货物在入境口岸本地实施检验检疫的，签发《入境货物通关单》（两联）。

② 入境货物需先在口岸放行、后在异地实施检验检疫的，签发《入境货物通关单》（四联）。

（2）出境货物的放行：

① 在本地报关的出境货物，经检验检疫合格后，签发《出境货物通关单》（见表6-4）（两联）。

表6-4　出口货物通关单

中华人民共和国出入境检验检疫
出境货物通关单

编号：

1. 发货人		5. 标记及号码
2. 收货人		
3. 合同/信用证号	4. 输往国家或地区	
6. 运输工具名称及号码	7. 发货日期	8. 集装箱规格及数量
9. 货物名称及规格	10. H.S.编码 | 11. 申报总值	12. 数/重量、包装数量及种类
上述货物业经检验检疫，请海关予以放行。 本通关单有效期至　年　月　日 签字：　　　　　　　　　　　　　　日期：　年　月　日			
13. 备注			

② 产地检验检疫，产地放行。要有对外贸易合同、信用证、发票、装箱单；《出境货物通关单》、检验检疫有关证书与外贸的相关单据一致（证证相符），以及检验检疫签发的所有证单与出境货品的品质、数/重量、包装等相一致（货证相符）。

③ 产地检验检疫，口岸查验放行。属于产地检验检疫而由口岸查验放行的，要有对外贸易合同、信用证、发票、箱单、产地检验检疫机构出具的《出境货物换证凭单》，经

口岸查验合格，以《出境货物换证凭单》换取《出境货物通关单》。

（3）对输往特殊国家的木质包装，应该先办理具有《出境木质包装除害处理结果单》，凭《出境木质包装除害处理结果单》办理《出境货物通关单》。

（4）出入境运输工具，符合卫生检疫要求的，检验检疫机构签发运输工具检验检疫证书予以放行，经卫生处理的，签发检疫处理证书放行。

（5）入境人员，经检验检疫机构查验其填报的《入境检疫申明卡》后放行。

实训演练

一、不定项选择题

1. 报关是指进出口货物收发货人、进出境运输工具负责人、进出境物品所有人或他们的代理人向（   ）办理货物、物品或运输工具进出境手续及相关海关事务的过程。

   A. 边检　　　　　　　　　　　B. 海关
   C. 进出境商品检验检疫局　　　D. 外经贸部门

2. 检验检疫是指检验检疫部门和检验检疫机构依照法律、行政法规和国际惯例等的要求，对（   ）等进行检验检疫、认证及签发官方检验检疫证明等监督管理工作。

   A. 出入境货物　　　　　　　　B. 交通运输工具
   C. 人员　　　　　　　　　　　D. 个人行李物品

3. 按照法律规定，列入报关范围的是（   ）。

   A. 进出境运输工具　　　　　　B. 进出境货物
   C. 进出境物品　　　　　　　　D. 进出境旅客

4. 由委托企业委托，以委托人的名义办理报关业务的报关方式为（   ）。

   A. 直接代理报关　　　　　　　B. 间接代理报关
   C. 自理报关　　　　　　　　　D. 跨关区报关

二、判断题

1. 直接代理是指报关企业接受委托人的委托，在报关时以报关企业自身的名义向海关办理报关业务。（   ）

2. 我国报关企业目前大都采取直接代理形式代理报关，即接受委托人（进出口货物收发货人）的委托，以报关企业自身的名义向海关办理进出口报关手续。（   ）

3. 出入境检验检疫保证国民经济的发展，消除国际贸易中的技术壁垒，保护消费者的利益和贯彻中国的对外交往。（   ）

三、案例分析题

成都 A 制造公司（中外合资企业）向东京 B 贸易有限公司出口笔记本电脑 100 台，总价 32 000 美元。经海关批准，该批货物运抵起运地海关监管现场前，先向该海关录入出口货物报关单电子数据。货物运至海关监管现场后，转关至上海吴淞口岸装运出境。

根据上述案例，完成下列各题：

（1）若成都 A 制造公司委托 C 报关公司以 A 公司的名义办理报关业务的报关方式为（　　）。

　　A. 直接代理报关　　　　　B. 间接代理报关
　　C. 自理报关　　　　　　　D. 跨关区报关

（2）在办理报检手续时，要有（　　）和产地检验检疫机构出具的《出境货物换证凭单》，经口岸查验合格，以《出境货物换证凭单》换取《出境货物通关单》。

　　A. 对外贸易合同　　　　　B. 信用证
　　C. 发票　　　　　　　　　D. 箱单

（3）结合案例内容，简述 C 报关公司报关过程有哪些基本程序。

四、实训项目

运用互联网进入中国海关网站和中国出入境检验检疫网站，并结合本情境内容，分析其业务经营范围和具体的业务内容。

学习情境七 国际货运代理业务纠纷处理

学习目标

▶ **知识目标**
1. 了解货运事故的认定和处理
2. 掌握国际货代的责任
3. 了解货运保险的理赔程序
4. 掌握货运代理业务经营风险及防范对策

▶ **能力目标**
1. 能明确货运事故的认定并正确进行保险理赔处理
2. 能针对货运代理业务的经营风险采取对应的防范措施

情境引例

信达进出口贸易公司将800包纱布委托给重庆万兴国际货运代理有限公司，万兴货代接受该批货物后，向信达签发了清洁的无船承运人提单，并收取了全程运费，然后自行将货物装箱，并以整箱委托船公司从重庆运至新加坡，在向船公司支付约定的运费后，船公司向该万兴货代签发了清洁提单，货物运抵目的港后，铅封完好，但箱内却短少100包纱布。

试分析：
（1）该情况是否属于货运代理责任险的承保范围？
（2）货运代理在此案中的法律地位——代理人还是承运人？
（3）对此损失，信达公司应向保险公司索赔，是向船公司索赔，还是向货代公司索赔？

学习子情境一 货运事故的认定与处理

知识准备

货物在运输和作业过程中发生灭失、短少、变质、污染、损坏即货运事故。在实际工作中，货运事故一般表现为货损及货差两方面。货损是指由于火灾、爆炸、落水、海损等原因而造成货物残缺，以及在装卸、运输、保管过程中由于操作不当等原因而引起货物破损、变形、受潮、变质、污染等货物损失；货差是指由于错转、错交、错装、错卸、漏装、漏卸，以及货运手续办理错误等而造成的有单无货或有货无单等单货不符，件数或重量溢短的差错。

一、货运事故的原因分析

国际货运代理业务并不随着货物的出运或到达而终止，在开展国际货运代理业务时通常会伴随着货运纠纷。在货运纠纷中，即使货运代理人不承担相关责任，也需要协助委托人处理纠纷事故，为委托人提供全面的服务。

货运事故发生的原因大体可分为主观因素和客观因素两大类。

1. 主观因素

（1）管理上没有形成完善的货物运输安全保障体系，规章制度不健全，职责不清，管理不严。

（2）职工业务素质低，规章不熟悉，责任心不强，违章作业。

（3）设备维修养护不善（如仓库漏雨，篷布及装卸机具维修、保养不良等）。

2. 客观因素

（1）不可抗力的自然灾害（如洪水、地震、海啸、特大风暴等）。

（2）货运设备不足（如冷藏车、棚车不足，以敞车代用，影响怕湿、易腐货物运输质量；雨棚、仓库不够，怕湿货物露天堆放等）。

（3）托运人、收货人、押运人的责任（如匿报、错报货物品名，少报重量，包装不良，押运人措施不当，运单填记错误等）。

（4）货物本身性质所造成（如货物自然减量、自燃、放射性物品衰变等）。

拓展阅读

货运事故的主要原因如表7-1所示。

表7-1 货运事故的主要原因

事故种类			主要原因
货　差			标志不清、误装、误卸、理货错误等
货损	全部损失		船只沉没、搁浅、触礁、碰撞、火灾、爆炸、失踪、偷窃、政府行为、海盗、战争、拘留、货物被扣等
	部分损失	灭失	偷窃、抛海、遗失、落海等
		内容短缺	包装不良或破损、偷窃、泄漏、蒸发等
		淡水水湿	雨雪中装卸货物、消防救火过程中的水湿、舱内管系泄漏等
		海水水湿	海上风浪、船体破损、压载舱漏水等
		汗湿	通风不良、衬垫、隔离不当、积载不当等
		污染	不适当的混载、衬垫、隔离不充分等

续表

事故种类		主要原因
货损	虫蛀、鼠咬	驱虫、灭鼠不充分，舱内清扫、消毒不充分等，对货物检查不严致虫、鼠被带入舱内等
部分损失	锈蚀	潮湿、海水溅湿、不适当的混载等
	腐烂、变质	易腐货物未按要求积载的位置装载、未按要求控制舱内温度、湿度过高、换气通风不充分、冷藏装置故障等
	混票	标志不清、隔离不充分，积载不当等
	焦损	自燃、火灾、漏电等
	烧损	温度过高、换气通风过度、货物本身的性质等

二、货运事故的责任认定

货运事故发生后，第一发现人具有报告的责任。如在船舶运输途中发生时，船长有责任发表海事声明（Note of Sea Protest）。而当收货人提货时，发现所提取的货物数量不足，或者货物外表状况、品质与提单上记载的情况或贸易合同的记载不符时，则应根据提单条款的规定，将货损或货差的事实，以书面的形式通知承运人或承运人在卸货港的代理人。即使货损或货差不明显，也必须在提取货物后的规定时间内，向承运人或其代理人通报事故情况，作为以后理赔、索赔的意向要求。

1. 托运人的责任

首先，不论是海上货物运输、航空货物运输，还是公路或铁路货物运输，也不论是单一运输方式的货物运输，还是货物多式联运的组织方式，托运人根据运输合同将货物交付承运人或多式联运经营人之前所发生的一切货损、货差均由托运人自己负责。我国《海商法》第 66 条规定：由于包装不良或关于货物的资料不正确，对承运人造成损失的，托运人应当负责赔偿责任。具体情况如下：

（1）在班轮运输情况下，货物在托运人掌管之下，此时所发生的货损或灭失，当然应属于托运人的责任。

（2）在航次租船的情况下，如果租船合同中约定由承租人负责装船，而且合同中明确约定船舶所有人对承租人自行安排的装货所造成的货损或灭失可以免责时，货物在入舱内以前所发生的货损或灭失应由承租人（货主）负责。

（3）如果造成货损或灭失的原因是货物的包装不固、标志不清，或者由于托运人假报货名，以及货物本身的特性或潜在缺陷等造成的，当然属于托运人的责任。

2. 承运人的责任

货物在承运人监管过程中所发生的货损、货差事故，除由于托运人的原因和不可抗力的原因外，原则上都由承运人承担责任。另外，根据有关的公约、法律和提单上通常记载的免责条款，承运人对以下原因造成的货损事故承担赔偿责任：

（1）船舶不适航造成的损害。

（2）对货物的故意或过失所造成的。

拓展阅读

> 我国《海商法》第51条规定："在责任期间货物发生的灭失或者损坏是由于下列原因之一造成的，承运人不负赔偿责任：
> （一）船长、船员、引航员或者其他受雇人在驾驶船舶或者管理船舶中的过失；
> （二）火灾，但是由于承运人本人的过失所造成的除外；
> （三）天灾，海上或者其他可航水域的危险或者意外事故；
> （四）战争或者武装冲突；
> （五）政府或者主管部门的行为、检疫限制或者司法扣押；
> （六）罢工、停工或者劳动受到限制；
> （七）在海上救助或者企图救助人命或者财产；
> （八）托运人、货物所有人或者他们的代理人的行为；
> （九）货物的自然特性或者固有缺陷；
> （十）货物包装不良或者标志欠缺、不清；
> （十一）经谨慎处理仍未发现的船舶潜在缺陷；
> （十二）非由于承运人或者承运人的受雇人、代理人的过失造成的其他原因。"
> 从这12项免责条款可看出，承运人对货物在责任期间所发生的灭失或损坏是否负责，依其本人、船长、船员、其他受雇人或代理人有无过失而定，有过失便应负责，无过失便可免责。但作为例外，如果货物的灭失或损坏系船长、船员、其他受雇人或代理人在驾驶船舶或管理船舶中的过失所致，或者由于他们的过失所引起的火灾所致，承运人仍可免责。

3. 第三者的责任

第三方责任人一般是指港口装卸企业、陆路及水路运输企业、第三方船舶、车辆及仓储企业等。第三者责任主要是指货物在装卸作业过程中由于装卸工人操作不当或不注意而发生货物的撞击、坠落、落水等情况所造成的损害和不合理地使用手钩，以及驳船遭遇海难、在仓库中失窃、理货失误等所造成的损害。

（1）在班轮运输的情况下，一般都采用仓库收货和仓库交付，并由装卸公司进行货物的装卸和在仓库收、交货物的办法。

（2）在装卸货物过程中从"钩到舱"或从"舱到钩"阶段发生的货物损坏或灭失，由于装卸公司是作为承运人的受雇人员进行装卸货物的，当然应该由承运人对货主负责。

（3）从"仓库到钩"和从"钩到仓库"这两个外延阶段发生的货损或灭失，习惯上也有由承运人负担责任的，即由承运人向货主做出赔偿后，再向仓库业者，如需经过驳运时，也可以向驳运方根据他们之间的合约进行追偿。

总之，事故责任的划分，应以货物在谁的有效控制下为基准。而且对于任何货损、货差事故，首先是托运人与承运人之间的赔偿问题，然后才是承运人或托运人与第三方之间的追偿问题。

三、货运事故的处理

货运事故的处理是指当船舶在运输过程中发生货损、货差事故后，作为承运人的船公司的职能部门及时进行调查研究，分析造成事故的原因，并根据有关规定，明确责任方，从而决定承运人是否对货运事故造成的损失承担赔偿责任的处理过程。

通常，货运单证的批注是区分或确定货运事故责任方的原始依据。特别是在装货或卸货时，单证上的批注除确定承运人对货物负责的程度外，有时还直接影响到货主的利益，如能否持提单结汇、能否提出索赔等。

货运事故发生后，收货人与承运人之间未能通过协商对事故的性质和程度取得一致意见时，则应在一致同意的基础上，指定检验人对所有应检验的项目进行检验，检验人签发的检验报告是确定货损责任的依据。

1. 货运事故调查

（1）调查货运各个环节上的有关文字记载、交接清单、配积载图及有关货运方面的票据、单证和发货人声明栏批注。

（2）从国内港到中转港再到国外港进行查询，从目的港到起运港认真追寻。

（3）在判定事故原因和损失程度方面，还可借助于技术手段，进行化验测定、试验等。

2. 认真审核证明文件

收货人向承运人等责任人提交货运事故索赔书及相关证明文件。承运人主要审核：赔偿要求时效、赔偿要求人的要求权利、应附的单证。经审查，赔偿要求在法定时效之内，赔偿要求人有权提出要求，而且所附单证完备，应予受理；并开始接受赔偿的索赔单据，进行立案处理。受理的条件应在赔偿要求登记簿内编写登记。

3. 确定赔偿金额

（1）货运事故的赔偿金额，原则上按实际损失金额确定。货物灭失时，按灭失货物的价值赔偿；货物损坏时，按损坏所降低的价值或为修复损坏所需的修理费赔偿。

（2）凡已向保险公司投保的货物发生责任事故，承运人应负责限额内的赔偿，其余由保险公司按承保范围给予经济补偿。

学习子情境二　国际货运代理的责任

一、国际货运代理的责任划分

货运事故可能发生在货物运输过程中的任何环节，而发现货损、货差，则往往是在最终目的地收货人收货时或收货后。当然，有时货物在船舶运输过程中发生货运事故时，也会被及时发现。

1. 以纯粹代理人的身份出现时的责任划分

货代公司作为代理人，在货主和承运人之间做牵线搭桥的作用，由货主和承运人直接签运输合同。货代公司收取的是佣金，货运代理作为纯粹的代理人，通常应对其本人及其雇员的过错承担责任，其错误和疏忽包括：

（1）未按指示交付货物。

（2）尽管得到指示，办理保险仍然出现疏忽。

（3）报关有误。

（4）运往错误的目的地。

（5）未能按必要的程序取得出口（进口）货物退税。

（6）未取得收货人的货款而交付货物，货运代理还应对其经营过程中造成第三人的财产灭失或损坏或人身伤亡承担责任。

2. 以当事人的身份出现时的责任划分

（1）货代公司以自己的名义与第三人（承运人）签订合同。

（2）在安排储运时使用自己的仓库或运输工具。

（3）安排运输、拼箱集运时收取差价。

以上这三种情况，对于托运人来说，货运代理则是承运人，应当负承运人的责任。

3. 以无船承运人的身份出现时的责任划分

当货运代理从事无船承运业务并签发自己的无船承运人提单时，便成了无船承运经营人，被看作法律上的承运人，他一身兼有承运人和托运人的性质。

4. 以多式联运经营人的身份出现时的责任划分

当货运代理负责多式联运并签发提单时便成了多式联运经营人（MTO），被看作法律上的承运人。

（1）联合国《多式联运公约》规定 MTO 对货物灭失或延迟交付负赔偿责任。

（2）对于货物灭失或损坏的赔偿限额最多不超过每件或每运输单位 920 SDR，或者每公斤不得超过 2.75 SDR，以较高者为准。但是国际多式联运如果根据合同不包括海上或内河运输，则 MTO 的赔偿责任按灭失或损坏货物毛重每公斤不得超过 8.33 SDR 计算单位。

（3）对于货物的迟延交付，规定了 90 天的交货期限，MTO 对迟延交货的赔偿限额为迟延交付货物的运费的 2.5 倍，并不能超过合同的全程运费。

拓展阅读

国际货运代理责任限制是一项特有的法律制度，即依据法律的有关规定，责任人将其赔偿责任限制在一定范围内的法律制度。FIATA 推出的标准交易条件范本基本上已成为各国制定本国标准交易条件的总原则。根据该原则，对货物的损坏或灭失，每公斤的赔偿限额为 2 SDR，而每件货物的最高赔偿额则留给各个国家的国家级货运代理协会根据本国的法律自行规定。

二、国际货运代理的责任免除

免除责任又称免责，是指根据国家法律、国际公约、运输合同的有关规定，责任人免于承担责任的事由。国际货运代理与承运人一样享有免除责任。对于国际货运代理，免除责任通常体现在国际货运代理标准交易条件或与客户签订的合同中，归纳起来主要包括以下七个方面：

（1）客户的疏忽或过失所致。

（2）客户或其代理人在搬运、装卸、仓储和其他处理中所致。

（3）货物的自然特性或潜在缺陷所致，如由于破损、泄漏、自燃、腐烂、生锈、发酵、蒸发，或者由于对冷、热、潮湿的特别敏感性。

（4）货物的包装不牢固、缺乏或不当包装所致。

（5）货物的标志或地址错误、不清楚、不完整所致。

（6）货物的内容申报不清楚或不完整所致。

（7）不可抗力所致，如战争、海啸、飓风等灾害造成的货物的灭失。

需要说明的是，尽管有上述免责条款的规定，国际货运代理仍需对因自己的过失或疏忽而造成的货物灭失、短少或损坏负责。

另外，作为委托人，应当在国际货运代理对其征询有关业务或处理意见时，及时予以答复，对要求国际货运代理所做的工作亦应及时给予各种明确的指示。如因指示不及时或不当而造成的损失，国际货运代理不承担任何责任。

学习子情境三　货运保险理赔

知识准备

货物运输保险是以运输过程中各种货物作为保险标的的保险。当发货人或其他相关利益方有购买货物运输保险的需要时，应按以下类别办理保险。

1. 进出口货运险

（1）海洋运输货物保险条款、战争险条款、罢工险条款。

（2）陆上运输货物保险条款、战争险条款、罢工险条款。

（3）航空运输货物保险条款、战争险条款、罢工险条款。

（4）邮包险条款、战争险条款。

（5）海洋运输冷藏货物保险条款。

（6）活牲畜、家禽的海上、陆上、航空运输保险条款。

（7）ICC（A）、（B）、（C）及战争险、罢工险条款（英国伦敦协会条款）。

2. 中国国内货运险

（1）中国国内水路、陆路货物运输保险条款。

（2）中国国内铁路货物运输保险条款。

（3）中国国内公路货物运输保险条款。
（4）中国国内水路货物运输保险条款。
（5）中国国内航空货物运输保险条款。

保险公司将根据以上条件缮制保单，在投保人支付保费后，出具保单给投保人。特别要说明的是，如果货物运输根据信用证进行安排，保险公司将按照信用证要求出具保单。

一、货运保险的分类

货物运输保险（简称货运险）是针对流通中的商品而提供的一种货物险保障。开办这种货运险，是为了使运输中的货物在水路、铁路、公路和联合运输过程中，因遭受保险责任范围内的自然灾害或意外事故所造成的损失能够得到经济补偿，并加强货物运输的安全防损工作，以利于商品的生产和商品的流通。

根据货物运输采用的方式不同，货物运输保险分为：海洋货物运输保险（或叫海上货物保险和海洋货运保险等）；陆上货物运输保险；航空货物运输保险；邮包运输保险等。海洋货物运输保险分为平安险、水渍险和一切险。水渍险保险责任在平安险的基础上增加了"因自然灾害造成的货物部分损失"，一切险在水渍险的基础上又增加了 11 种一般附加险保险责任。但以上险种都不承担因战争、罢工造成的货物损失。

拓展阅读

> 不属于实际全损和推定全损的损失，为部分损失。按照造成损失的原因可分为共同海损和单独海损。在海洋运输途中，船舶、货物或其他财产遭遇共同危险，为了解除共同危险，有意采取合理的救难措施所直接造成的特殊牺牲和支付的特殊费用，称为共同海损。在船舶发生共同海损后，凡属共同海损范围内的牺牲和费用，均可通过共同海损理算，由有关获救受益方（船方、货方和运费收入方）根据获救价值按比例分摊，然后再向各自的保险人索赔。共同海损分摊涉及的因素比较复杂，一般均由专门的海损理算机构进行理算。不具有共同海损性质，未达到全损程度的损失，称为单独海损。该损失仅涉及船舶或货物所有人单方面的利益损失。

二、货运事故的保险理赔

货物运输中发生了货损、货差后，受到损害的一方向责任方索赔和责任方处理受损方提出的赔偿要求是事故处理的主要工作。因此，了解货运保险的基本知识与理赔流程十分重要。货物运输保险投保单如表 7-2 所示。

表 7-2 货物运输保险投保单

本投保单内容以中文为准。　　　　　　　　　　投保单号：
The interpretation of this Application shall be subject to Chinese version. Application №.

注意：请您仔细阅读投保单和所附保险条款，尤其是黑体字标注部分的条款内容，并听取保险公司相关人员的说明，如对保险公司相关人员的说明不明白或有异议的，请在填写本投保单之前向保险公司相关人员进行询问，如未询问，视同已经对条款内容完全理解并无异议。请您如实填写本投保单，您所填写的材料将构成签订保险合同的要约，成为保险人核保并签发保险单的依据。除双方另有约定外，保险人签发保险单且投保人向保险人缴清保险费后，保险人开始按约定的险种承保货物运输保险。

投保人 Applicant				
投保人地址 Applicant's Add			联系人 Contact	
电话 Tel.		传真 Fax.	电子邮箱 E-mail	
被保险人 Insured				
贸易合同号 Contract No.		信用证号 L/C No.	发票号 Invoice No.	
标记 Marks & Nos.	包装及数量 Packing & quantity	保险货物项目 Description of goods	1. 发票金额 Invoice value＿＿＿＿ 2. 加成 Value Plus About＿＿＿＿% 3. 保险金额 Insured Value＿＿＿＿ 4. 费率（‰）Rate＿＿＿＿ 5. 保险费 Premium＿＿＿＿	
装载运输工具： Name of the Carrier		业务编号： Business No.	赔付地点： Claims Payable At	
起运日期： Departure Date		运输路线： 自　　经 Route　From　Via	到达（目的地）To（destination）	

包装方式： 1.散装 2.纸箱 3.罐装 4.木箱 5.编织袋 6.真空袋 7.桶装 8.裸装 9.苫布 10.其他方式：＿＿＿
装载方式： 1. 普通集装箱 2. 冷藏箱 3. 拼箱 4. 整船 5. 舱面 6. 其他方式：＿＿＿
货物项目： 1. 精密仪器　是□　否□
2. 旧货物　是□　否□（此二项投保人如未注明告知，则保险人以全新的、非精密货物承保）
3. 船　龄：＿＿＿年建

承保条件　投保人可根据投保意向选择投保险别及条款，并画√确认，但保险人承保的险别及适用条款以保险人最终确定
Conditions： 并在保险单上列明的险种、条款为准。
进出口海洋运输：□一切险　　□水渍险　　□平安险　　（平安《海洋运输货物保险条款》）
　　　　　　　　□ICC（A）　□ICC（B）　□ICC（C）　（伦敦协会条款）
进出口航空运输：□航空运输险　□航空运输一切险　　（平安《航空运输货物保险条款》）
进出口陆上运输：□陆运险　　□陆运一切险　　　　　（平安《陆上运输货物保险条款》）
特殊附加险：　　□战争险　　□罢工险　　　　　　　（□平安条款　□伦敦协会条款）
国内水陆运输：　□基本险　　□综合险　　　　　　　（平安《国内水路、陆路货物运输保险条款》）
国内航空运输：　□航空运输险　□航空运输一切险　　（平安《航空运输货物保险条款》）
是否放弃或部分放弃向承运人的追偿权利　□是　□否　（如果是，请详细说明）
其他承保条件：　　　　　　　　　　　　　免赔额：＿＿＿＿＿＿
　　　　　　　　　　　　　（免赔额的金额和比例以最终保险单为准）

特别约定 Special Conditions：
投保人声明：
1. 保险人已经就本投保单及所附的保险条款的内容，尤其是关于保险人**免除责任**的条款及投保人和被保险人义务条款向投保人做了**明确说明**，投保人对该保险条款及保险条件已完全了解，并同意接受保险条款和保险条件的约束。
2. 本投保单所填各项内容均属事实，同意以本投保单作为保险人签发保险单的依据。
3. 保险合同自保险单签发之日起成立。
投保人签字（盖章）　　　　　　　日期

（一）保险合同

保险人与被保险人之间的保险合同，习惯上是以保险单形式来体现的。保险单具有法律效力，对双方当事人均有约束力。一份有效的保险单必须载明这样一些基本内容：① 当事人的名称和地址。② 保险标的。③ 保险风险和事故的种类。④ 保险金额。⑤ 保险费。⑥ 保险责任开始的日期、时间和保险期限。⑦ 订立合同的日期。

除上述事项外，其他事项可由保险人和被保险人协商后加注在保险单上。

（二）保险索赔

如果货物的灭失或损害系发生在保险单规定的责任范围内，被保险人可向保险人提出赔偿要求。被保险人在提出保险索赔时，应做好下列工作。

（1）通知损害。一旦发现被保险的货物受损，应立即通知保险人或保单上写明的保险公司在货物目的地（港）的检验理赔代理人，并申请对货损的检验。

（2）向承运人等有关方提出索赔。被保险人在提货时发现货物的包装有明显的受损痕迹或整件短少，除向保险公司报损外，还应该立即向承运方、托运人及海关、港务当局等索取货损货差证明或提出索赔，并保留追偿权利。

（3）采取合理的施救措施。货物受损后，作为货方的被保险人应对受损货物采取应该采取的施救、整理措施，以防止或减少货物损失扩大。

（4）备妥必要的索赔单证。保险索赔时，通常应提供的证据有：保险单或保险凭证正本；运输单据；商业票据和重量单、装箱单；检验报单；残损、短量证明；向承运人等第三者责任方请求赔偿的函电或其证明文件；必要时还需提供海事报告；索赔清单，主要列明索赔的金额及其计算依据，以及有关费用项目和用途等。根据国际保险业的惯例，保险索赔或诉讼的时效为自货物在最后卸货地卸离运输工具时起算，最多不超过两年。

（三）保险损害赔偿的确定

保险合同是保险人对承保责任范围内的保险标的发生损害时负责赔偿的合同。根据保险合同确定损害赔偿的基本原则如下。

（1）被保险人对保险标的必须具有保险权益，否则不能依据保险合同提出赔偿。

（2）保险合同内的标的必须具有损害发生事实，而且所发生的损害与运输风险有关。

（3）赔偿不是保险标的的归还，而是在经济上给予补偿。

（四）保险赔偿范围

保险分为平安险、水渍险及一切险三种。被保险货物遭受损失时，相应保险按照保险单上订明承保险别的条款规定负赔偿责任。

1. 平安险

本保险负责赔偿：被保险货物在运输途中由于恶劣气候、雷电、海啸、地震、洪水自然灾害造成整批货物的全部损失推定全损。当被保险人要求赔付推定全损时，须将受损货物及其权利委付给保险公司。被保险货物用驳船运往或运离海轮的，每一驳船所装的货物可视作一个整批。推定全损是指被保险货物的实际全损已经不可避免，或者恢复、修复受损货物，以及运送货物到原订目的地的费用超过该目的地的货物价值。

（1）由于运输工具遭受搁浅、触礁、沉没、互撞、与流冰或其他物体碰撞及失火、爆炸意外事故造成货物的全部或部分损失。

（2）在运输工具已经发生搁浅、触礁、沉没、焚毁意外事故的情况下，货物在此前后又在海上遭受恶劣气候、雷电、海啸等自然灾害所造成的部分损失。

（3）在装卸或转运时由于一件或数件整件货物落海造成的全部或部分损失。

（4）被保险人对遭受承保责任内危险的货物采取抢救、防止或减少货损的措施而支付的合理费用，但以不超过该批被救货物的保险金额为限。

（5）运输工具遭遇海难后，在避难港由于卸货所引起的损失，以及在中途港、避难港由于卸货、存仓及运送货物所产生的特别费用。

（6）共同海损的牺牲、分摊和救助费用。

（7）运输契约订有"船舶互撞责任"条款，根据该条款规定应由货方偿还船方的损失。

2. 水渍险

除包括上列平安险的各项责任外，本保险还负责被保险物由于恶劣气候、雷电、海啸、地震、洪水自然灾害所造成的部分损失。

3. 一切险

除包括上列平安险和水渍险的各项责任外，本保险还负责被保险货物在运输途中由于外来原因所致的全部或部分损失。

（五）保险除外责任

上述三类保险对下列损失，不负赔偿责任：

（1）被保险人的故意行为或过失所造成的损失。

（2）属于发货人责任所引起的损失。

（3）在保险责任开始前，被保险货物已存在的品质不良或数量短差所造成的损失。

（4）被保险货物的自然损耗、本质缺陷、特性及市价跌落、运输延迟所引起的损失或费用。

（5）保险公司海洋运输货物战争险条款和货物运输罢工险条款规定的责任范围和除外责任。

学习子情境四　国际货运代理业务经营风险及防范对策

一、国际货运代理中业务经营风险及其防范对策

（一）国际货运代理中的业务经营风险

国际货运代理企业依其从事的具体商业活动而具有不同的法律地位，并相应地拥有不同的权利和承担不同的义务。因此国际货运代理企业多卷入海运货损索赔纠纷案中，甚至卷入与进出口商的纠纷之中。

1. 货物损毁

货物收受后，签立运输单证或提单，即必须负有将货物完整交付的责任。如货物在整个运输环节中发生损坏或灭失，除非在收受货物时发现货物已有毁损灭失并在提单上做出标注外，承运人必须对收货人负起运输单证的文义责任。另外，对于危险品的运送，由于国际货运代理业赚取的是非集装箱并装的运费差价，如果其中一出口商未据实告知经营者货物的品名及性质，那么就有造成其他货物损失并发生追偿的风险。另外，还会面临国际货运代理业协助厂商（如船方等）所提供的集装箱不良（如集装箱过旧疏于保养造成破洞货物水湿）、船舶未具适航性之开航、迟延造成的风险等。

2. 员工或操作人员的错误或过失

最为典型的是交货错误，即在放货时未收取有关的物权凭证，未按提单持有人的指示交付货物，以及将货物交付给错误的对象，如无单放货情形或提单为SWITCH情形（在未收到第一套正本提单时又再发出第二套提单）。依照现行司法判决，针对无单放货行为，国际货运代理企业存在重大过失（gross negligence），故不能主张单位责任限制。另外，运输单证或提单记载错误，如将提单的件数及收货人字段缮打错误，也会造成提单持有人无法提领货物等。

3. 对第三人的责任

此责任包括对于第三人的财产损坏或灭失，以及造成的人身伤亡。例如，国际货运代理企业委托卡车司机将货物从出口商仓库运至货柜集散站途中发生车祸，造成卡车司机及他人伤亡。又如，国际货运代理企业因为春节前夕急欲将出口商的货物运出口，因人手不足而委托人力派遣公司调派堆高机驾驶员，该驾驶员因无堆高机执照，在作业中撞伤他人。从广义上讲，对第三人的责任还包括以下情形：一是将货物抛货给同业或国外代理人，但后者因过错未收回运输单证而交付货物、延迟回报货物未提领；二是交予集装箱堆场人员将货物装错集装箱造成货物误送至错误地点。

4. 罚款与关税

如因违反当地政府的相关规范，包括货物进出口条例、出入境许可办法、工业安全条例、反恐怖条例、保安条例等造成罚款。例如，国际货运代理企业运送两笔机械货物，共有两张发票，然而国际货运代理企业漏报其中一张发票给海关，并申请更正，海关最后课予漏报金额3倍的罚款。又如，托运人在向国际货运代理企业预订货柜时声明装的是家具，然而事实上所装的货物是化学品，在运送途中，化学品发生渗漏。在会同海关开柜换柜时，国际货运代理企业方知进口物确属申报不实，海关以申报不实处罚该国际货运代理企业。国际货运代理企业缴交罚金后转向托运人求偿，但托运人却于诉讼中倒闭而无任何财产可资受偿。

5. 财务款项环节

这一环节的风险主要表现为：托运人拖欠运费、拒付运费；运费欺诈；保函使用不当等。例如，国际货运代理企业帮某一出口商运送货柜至巴基斯坦，收货人因破产故无法出面提领货柜，产生柜租、场租费与当地费用3万美元。船公司向国际货运代理企业请求赔偿3万美元，国际货运代理企业须循法律途径向该出口商追讨，由此产生律师诉讼费用等。

除上述风险外，还存在国际货运代理企业自身经营不善的责任。例如，国际货运代理企业签发的提单或运输单证未向主管机关报备，遭吊销执照；因为替客户代垫运费向客户追讨无着而倒闭；托运人故意隐匿所交装货物的品名、性质；国际货运代理企业未遵循进出口国的报关程序等，也会招致扣货，从而带来风险。

（二）国际货运代理中业务风险的防范对策

1. 制度方面的防范对策

在制度方面，主要通过完善内部制度、制定详细的操作风险管理细则来防范国际货代业务风险。除员工风险意识低外，管理制度的不完善也是容易造成风险事故的关键因素。因而规范操作流程，在报价、订舱、放单等关键环节加强监控，能够有效防范内部原因引起的风险。信息化是规范化、标准化操作流程的一个重要手段，目前多数中型以上国际货代企业已推行信息化管理。

2. 员工方面的防范对策

各个职能部门日常工作中的很多操作都可能带来风险事故，比较突出的如销售部门可能因报价或协议签订中的疏忽错误造成利润损失或错误指示操作；操作部门可能因单据填写错误造成额外改单费用甚至延迟运输；财务部门可能因对应收账款监控不力造成财务周转风险等。应该通过内部培训和各种宣传手段让员工树立与提高风险意识，让员工认识到风险管理不仅是管理层和客户服务部门的问题，清楚自己的哪些操作可能造成风险事故。

3. 风险控制方面的防范对策

在风险控制方面，可设计完善的风险控制程序，包括风险识别、评估、分析、控制、监督和报告等环节。在每个环节，都有必要判定具体的实施程序和步骤，以增强流程的可操作性。例如，关于风险的监督，要建立一套操作风险的监控程序，尤其要为操作风险建立衡量标准，以确保重大风险事件的相关信息被传递至适当的管理层。

4. 具体业务管理方面的防范对策

在具体业务管理方面，可以采取以下两种措施：

（1）完善委托代理服务协议。

（2）加强对转包方的管理和考核。

5. 风险转移方面的防范对策

在风险转移方面，购买保险是一个有效手段。目前，国内保险公司可以承保针对仓储货物或运输货物货损、货差的保险，这属于财产险的范畴，而针对国际货代企业或第三方物流经营人的责任保险尚未成熟；像欧美国家这样的保险业和国际物流业较为成熟的区域已经广泛应用国际货代企业责任保险，承保因国际货代企业本身的过失或其分包方过失带来的风险。

二、国际货运代理中法律风险的防范对策

(一)单据的法律风险防范

1. 空运单

作为专业的国际货运代理,就应该对客户的合理要求尽量维护与支持,争取将服务做到最好。但是也需要谨慎行事,不能够一味地按照客户的要求行事,而缺少原则。另外,对于国际航空货运代理来说,在填制航空货运分单的时候,要严格按照货运委托书填制,如空运单中的起运地、经停地、目的地等均须填制完整。

2. 无船承运提单

就无船承运人提单方面的无单放货法律风险,在航运业中是非常常见的一种做法,但是却不等于就可以得到司法与立法方面的认可,除少数的例子之外,无单放货都是属于违法的,需要对提单持有人进行损失的赔偿。一般来说,无单放货都是在故意的情况下发生的,在很多国家的海上货物运输法中或在国际的公约中,对于明知或故意造成损失,出现了轻率的作为或不作为的情况,那么承运人就会丧失责任限制的条件,在无单放货之时,承运人就可能面临丧失责任限制的风险。为了规避无单放货的法律风险,国际货运代理不仅仅需要依据法律的规则,同时还要在管理和使用提单时还要进行强化处理,切忌因为小利益而违规操作。

(二)货物的法律风险防范

1. 货损货差

国际货运代理在参与经营时,是以承运人的身份进行的,但是无论是契约还是实际的承运人,都需要承担相应的责任。只要在掌管或负责期间,货物出现了损坏或灭失,都需要承担法律风险。为了将经营成本降低,将货损货差的风险降至最低,实现最大化的利润,国际货运代理就应该对风险进行防范,做到未雨绸缪。

2. 迟延交付

① 对于无船承运代理人或国际多式联运代理人,需要经常联系实际承运人,对货物动向有明确的掌握。如果在某一个区域货物被耽搁,那么就应该积极进行协商,探讨如何去挽救,寻找措施降低迟迟交付引发的风险。

② 国际航空货运代理需要考虑到时间问题。航空运输最大的优势在于时间,也就是托运人需要确保时间。在接受委托时,应该保持良好的时间观念;在业务接受之前,应该明确客户要求的时间,这样才能够在业务方面考虑到客户对时间的要求,能最大限度地为客户着想,提供最优质、最全面的服务。但是切记一些事项都需要按照规定办事,这样才能够规避法律风险。

(三)法律适用的风险防范

为了将国际货运代理在法律适用方面存在的风险解决,避免其陷入法律的陷阱当中,可以采取以下的措施:第一,在订立运输合同法律适用条款时,双方当事人都需要对合同争议所适用的法律加以规定;第二,如果未能将法律适用的条款加以明确,那么就需要由

法院或仲裁庭加以管辖，根据所在的国家适用的法律冲突来对合同争议的法律适用加以确定。

案例分析

中国出口商 A 公司与美国进口商 B 公司签订了一笔外销合同，采用 FOB 贸易术语，双方约定 B 公司先支付 50%的货款，等 A 公司发货后再支付余款。A 公司发货后，等待 B 公司支付余款再寄提单，但是 B 公司一直迟迟不支付余款，A 公司联系货代决定退运货物，经查询才了解到客户早已凭船东提单将货物提走。该案例属于典型的无单放货，具体流程如下。

（1）中国出口商 A 公司和美国进口商 B 公司签订外销合同。

（2）FOB 术语下，由美国进口商 B 公司指定美国货代 C 公司。

（3）C 公司找中国货代 D 公司合作，根据 D 公司的报价计算给美国进口商 B 公司的运费报价，并将 D 公司信息发给 B 公司。

（4）B 公司将中国货代 D 公司的联系信息告知 A 公司。

（5）A 公司委托中国货代 D 公司出运货物。

（6）船公司给中国货代 D 签发船东提单：

SHIPPER：Forwarder D, China

CONSIGNEE: Forwarder C, U.S.A.

（7）中国货代 D 公司根据该船东提单签发货代提单给出口公司 A：

SHIPPER: Company A, China

CONSIGNEE: Company B, U.S.A.

（8）中国货代 D 公司与美国货代 C 公司费用结清后将船东提单交给美国货代 C 公司。

（9）美国进口商 B 公司跟美国货代 C 公司勾结，结清费用后取得船东提单提货。

而正常的程序应该是美国进口商 B 公司先支付余款，然后从中国出口商 A 公司这里取得货代提单，之后凭货代提单到美国货代 C 公司结清运费并换取船东提单，最后凭船东提单向船公司提货。

从上述案例中，我们可以看到，在 FOB 术语下卖方因货代提单带来的损失是难以挽回的。原因如下：

（1）在买方利用货代提单实施诈骗的情况下，卖方追讨货物或货款的难度很大。因为买方掌控货物后完全占有主动权，此时卖方向买方追讨货款或要求修改信用证的难度很大。一方面，涉外诉讼程序难以掌控；另一方面，卖方缺乏有力证据证明买方实施诈骗。

（2）卖方无权要求实际承运人运回货物。由于不持有实际承运人签发的提单，因此卖方无权要求实际承运人运回货物，完全丧失对货物的控制权。

（3）卖方无权向保险公司索赔。在 FOB 贸易合同下，卖方既不是货物投保人，也不是保险受益人，因此无权向保险公司索赔。

（4）卖方难以从境内货代获得足额赔偿。卖方可凭境内货代接收货物时签发的货代收据或其他证明货代接收货物的单据向境内货代索赔。因为境内货代接收卖方货物后，未将真正代表物权的提单交付卖方,而将非物权凭证的境外货代提单交付卖方,导致卖方遭受经济损失,因此成为直接赔偿责任人。

实训演练

一、单项选择题

1. 国际货代事故发生后,最简便易行的解决方式是( )。
   A. 调解　　　　B. 诉讼　　　　C. 协商索赔　　　　D. 仲裁
2. ( )是对货物件数或其他有疑问时,承运人要求复查而做的单证,是复查结果的证明文件。
   A. 检验报告　　　　　　　　B. 重理单
   C. 卸货记录　　　　　　　　D. 残损记录
3. 两只船舶不慎相撞,致使其中一艘船只沉没,货物散落海上无法打捞,这种情况属于( )。
   A. 意外事故造成的推定全损　　B. 自然灾害造成的单独海损
   C. 特殊外来风险造成的实际全损　D. 一般外来风险造成的共同海损

二、多项选择题

1. 《海牙规则》规定承运人最低限度的责任包括( )。
   A. 使船舶适航　　　　　　　B. 签发清洁提单
   C. 检查货物装运情况　　　　D. 妥善照管货物
2. 运输途中货物的实际全损包括( )。
   A. 载货船舶遭遇海难后沉入海底　B. 载货船舶被海盗抢劫
   C. 船货被敌对国扣押　　　　　　D. 茶叶受潮发霉后已失去原有价值
3. 在保险理赔处理中,审核索赔方提出的索赔内容是一项细致且重要的工作,应审核的主要内容有( )。
   A. 索赔单证、证书、文件是否齐全
   B. 单证上的内容记载是否相符
   C. 提单上有无清洁批注
   D. 货损是否发生在承保责任范围之内

三、判断题

1. 实际工作中货运事故一般表现为货损及货差两方面。( )
2. 根据《海牙规则》,当发生天灾、海难、战争、标志不清或不当等事项时,承运人可以免责。( )
3. 海运业务的风险具有涉及部门多、中间环节多等特点。( )

四、案例分析题

案例 1

泰国某进出口商向日本出口大米 1 000 包,向泰国保险公司投保了平安险(F.P.A),货物由泰国某船运公司承运。该批货物装载于货轮的底层货舱,货轮在行驶途中触礁,底舱严重进水,船方全力抢救,才使 500 包大米移至船面。后来,由于风暴将这 500 包大米全部吹落海中,而其余没于舱底的 500 包大米则遭受严重水浸,无法食用。货轮抵达日本后,收货人凭保险单向泰国保险公司请求赔偿,遭到拒绝。理由是平安保险对单独海损不负责赔偿。

试问:保险公司拒绝赔偿的理由是否充分?为什么?

案例 2

2016 年 1 月,我国 A 公司以 FOB 价向英国 B 公司出口一批服装,由 B 公司负责向 C 船务公司租船运输,起运港为上海,目的港为伦敦。同年 3 月中旬,该批服装在上海港装船时,船舶大副发现 25 箱服装货物外表有不同程度破损,即在大副收据上做出批注:"该批货物有 25 箱外表破损。" A 公司为了银行结汇需要,要求 C 船务公司在签发提单时不要转批大副批注,并出具保函:"收货人如果因货物包装破损向承运人索赔,则由 A 公司承担责任。" C 船务公司据此签发已装船清洁提单。但货到目的港后,英国 B 公司收货时,即以货物与清洁提单不符为由向承运人提出索赔,于是承运人拿出 A 公司出具的保函让收货人直接找托运人 B 公司交涉。

试问:(1)什么是清洁提单?
(2)B 公司有权向 C 船务公司索赔吗?
(3)A 公司需要负赔偿责任吗?

五、实训项目

分组讨论国际货代事故的主要类型与发生原因,并提出相应的防范及解决措施。

实训演练答案

学习情境一

一、单项选择题
1~4 C、C、B、A

二、判断题
1~3 ×、×、×

三、简答题
国际货运代理企业的经营范围包括:
1. 揽货、订舱（含租船、包机、包舱）、托运、仓储、包装。
2. 货物的监装、监卸、集装箱装拆箱、分拨、中转及相关的短途运输服务。
3. 报关、报检、报验、保险。
4. 缮制签发有关单证，交付运费，结算及交付杂费。
5. 国际展品、私人物品及过境货物运输代理。
6. 国际多式联运、集运（含集装箱拼箱）。
7. 国际快递（不含私人信函）。
8. 咨询及其他国际货运代理业务等。

四、案例分析（言之有理即可）

案例 1

1. 接受客户投诉，耐心倾听对方诉说。客户只有在利益受到损害时才会投诉，作为客服人员要专心倾听，并对客户表示理解，并做好纪要。待客户叙述完后，复述其主要内容并征询客户意见，对于较小的投诉，自己能解决的应马上答复客户。对于当时无法解答的，要做出时间承诺。在处理过程中无论进展如何，到承诺的时间一定要给客户答复，直至问题解决。

2. 设身处地，换位思考。当接到客户投诉时，首先要有换位思考的意识。如果是本方的失误，首先要代表公司表示道歉，并站在客户的立场上为其设计解决方案。对问题的解决，也许有三到四套解决方案，可将自己认为最佳的一套方案提供给客户，如果客户提出异议，可再换另一套，待客户确认后再实施。当问题解决后，至少还要有一到两次征求客户对该问题的处理意见，争取下一次的合作机会。

案例2

1. 用心去做。当客户的利益受到损失时，着急是不可避免的，以至于会有一些过分的要求。作为客服人员此时应能承受压力，面对客户始终面带微笑，并用专业的知识、积极的态度解决问题。

2. 迁让，处理结果超出客户预期。纠纷出现后要用积极的态度去处理，不应回避。在客户联系你之前先与客户沟通，让他了解每一步进程，争取圆满解决并使最终结果超出客户的预期，让客户满意，从而达到在解决投诉的同时抓住下一次商机。

案例3

1. 长期合作，力争双赢。在处理投诉和纠纷的时候，一定要将长期合作、共赢、共存作为前提，以下技巧值得借鉴：① 学会识别、分析问题；② 要有宽阔的胸怀，敏捷的思维及超前的意识；③ 善于引导客户，共同寻求解决问题的方法；④ 具备本行业丰富的专业知识，随时为客户提供咨询；⑤ 具备财务核算意识，始终以财务的杠杆来协调收放的力度；⑥ 有换位思考的意识，勇于承担自己的责任；⑦ 处理问题时留有回旋的余地，任何时候都不要将自己置于险境；⑧ 处理问题的同时，要学会把握商机。通过与对方的合作达到双方共同规避风险的共赢目的。

学习情境二

一、单项选择题

1~5 C、C、B、C、C

二、判断题

1~5 ×√√×√； 6~10 √√√××

三、简答题

1. 答：装货清单是承运人根据装货单留底，将全船所装货物按目的港和货物性质加以归类，依航次靠港顺序排列而制成的全船装运货物的汇总清单。（1）装货清单是承运船舶大副编制积载计划的重要依据。（2）主要内容包括装货单编号，货名、件数、包装种类、毛重、尺码，以及对装运的要求条件。

2. 答：提单是指证明海上运输合同和货物由承运人接管或装船，以及承运人据以保证交付货物的凭证；是作为承运人和托运人之间处理运输中双方权利和义务的依据。功能：（1）货物收据；（2）物权凭证；（3）运输合同的证明。

3. 答：载货清单又称舱单，是根据收货单或提单，按目的港分票编制的全船出口货物的汇总清单。它是海关对船舶载货航行进出国境进行监管的单证。主要作用：办理船舶进出口报关手续的单证；是船舶载运所列货物的证明；是业务联系的单证；在一定情况下，可用做安排泊位或货物进出库场和卸货的依据。

四、计算题

1. 解：运费=计费标准×基本运费率×商品数量×（1+各种附加费率）
=(20×50×120)×280×100×(1+30%+10%)
=0.12m³×280×100×1.4
=4 704（港元）

2. 解：按题意 M/W 是按重量或体积收费，即在重量或体积之间，按较高的一种收费计算。

商品重量=1 000 × 30=30（t）
商品总体积=1 000 × (40 × 30 × 20)=24（m³）
根据公式：
运费=重量吨(尺码吨)×等级运费率(1+附加费率)
运费=30 × 222 × (1+26%)=8 391.6(港元)

学习情境三

一、单项选择题
1~4 A、C、A、C

二、判断题
1~3 ×、√、×

三、简答题（详见教材）

四、技能训练

解：

Volume：	40×28×22=24 640(cm³)
Volume weight：	24 640 ÷ 6 000 =4.11(kg) ≈4.5 kg
Gross Weight：	5.6 kg
Chargeable weight：	6.0 kg
Applicable rate：	GCR N 50.22CNY/KG
Weight charge：	6.0 × 50.22=301.32 CNY

∵ Minimum Charge：320.00CNY
∴此票货物的航空运费应为 320.00CNY

No. of Pieces Rcp	Gross Weight	Kg Lb	Rate Class Commodity Item No.	Chargeable Weight	Rate/ Charge	Total	Nature and Quantity of Goods(Incl.Dimension or Volume)
1	5.6	kg	M		320.00	320.00	TOY 40 cm×28 cm×22 cm

学习情境四

一、单项选择题

1~3 C、C、C

二、判断题

1~3 ×、×、√

三、简答题（详见教材）

四、案例分析题

案例1

分析：

铁路货物运输合同是指托运方与铁路运输部门就铁路运输货物所达成的明确双方权利义务关系的协议。

从本合同之纠纷来看，其中所涉及的主要问题是铁路运输合同的条款问题。在本合同纠纷中，造成错发站的原因关键是发货方将"大同县站"写成了"大同站"，一字之差，货物发到了百里之外，教训不可谓不深。在此，错发货的主要责任在于发货方，与铁路部门无关，应由发货方承担对收货方的赔偿责任。

案例2

分析：

（1）本案中C与B是贸易关系，货到广州后货物所有权即归C所有。

（2）C持B的介绍信与A联系有关报关进口事宜及A向C发出"进口到货通知书"，并将货物用卡车运往菜市，应视为事实上A已接受C的委托。

（3）A承担了没有代为转移风险的责任，也就是"进口到货通知书"上的第5条。

（4）A在本案中无任何人授权便以自己的名义与承运人签订运输合同，且货在运输途中灭失，又不具备免责条件，因此A应对此负全部责任。

学习情境五

一、单项选择题

1~5 D、B、B、A、C；6~8 A、B、B

二、多项选择题

1~9 ABCD、BD、ABD、ABC、BCD；6~9 BCD、BCD、BCD、BCD

三、判断题

1~5 √、√、√、√、√；6~7 ×、×

四、案例分析题

（1）买方已经违约。因为依据 FOB 条件，买方有义务租派船只到约定的装运港接运货物，但买方未能按期派船，属于违约。

（2）货物风险在装船期（3 月 20 日）满之日由卖方转移给了买方。

（3）因风险已转移，因此 B 公司应该赔偿 A 公司经济损失。

五、实训项目（略）

学习情境六

一、不定项选择题

1~4 B、ABC、ABC、A

二、判断题

1~3 ×、×、√

三、案例分析题

（1）A （2）ABCD （3）（略）

四、实训项目（略）

学习情境七

一、单项选择题

1~3 C、B、A

二、多项选择题

1~3 AD、ABCD、ABCD

三、判断题

1~3 √、√、√

四、案例分析题

案例 1

答：不合理。

因为平安险的承保范围中不包括的因自然灾害导致的单独海损。而本案中 1 000 包大米的损失原因在于货轮行使过程中触礁后，货物因此造成的部分损失，属于意外事故造成的单独海损，是平安险的承保范围。

案例 2

答：（1）清洁提单是指没有在提单上对货物的表面状况作出货损或包装不良之类批注的提单，它表明承运人在接收/装船时，该货物的表面状况良好。

（2）B公司有权向C船务公司索赔。对承运人而言，凭卖方保函签发清洁提单，丧失了自己的权利，也是对提单善意持有人的欺骗。保函从法律角度看，是一种无效民事行为，不受法律保护。

（3）A公司需要负赔偿责任。A公司为了摆脱不能结汇的风险，以保函换取清洁提单的做法，是以骗取银行和收货人对结汇单据的信任，剥夺了收货人本应享有的拒收货物、拒绝赎单的合法权利。收货人可以以欺诈为由，解除合同，退回货款，并给予损害赔偿。

五、实训项目（略）

附录 A 常用货运业务缩略语

缩写	英文	中文
a.a.r.	against all risks	一切险
a/c.	for account of	费用由……负担
acc.cop.	according to the custom of the port	按照……港口惯例
acct.	account current	账目，账户
a.c.v.	actual cash value	实际现金价值
ADD.COMM	address commission	订舱佣金，租船佣金
ADP	automated data processing	自动数据处理
adv.	advise or advance	通知或提前
ad val.(a/v)	ad valorem (according to value)	从价费率（按 FOB 价格）
Advanced B/L	advanced bill of lading	预借提单
A.F.	advanced freight	预付运费
A.F.B.	air freight bill	空运运单
AFRA	average freight rate assessment	运费费率平均议价
a.g.w.	actual gross weight	实际毛重，实际总重量
A.N.	arrival notice	到达通知
A/P	account paid	已付账款
a/s	after sight	见票后……
ATA	actual time of arrival	实际到达时间
ATD	actual time of departure	实际出发时间
A/W	all water	全水路
AWB	Air Way Bill	空运单
B.A.C.	bunker adjustment charge	燃油附加费
Bags/Bulk	part in bags, part in bulk	货物部分袋装，部分散装
B.C.	bulk cargo	散装货
B/D	bank draft or banker's draft	银行汇票
BENDS	Both Ends	装卸港

缩写	英文	中文
B/G	bonded goods	保税货物
B/L	Bill of Lading	提单
BLK.	bulk	散装货
BLKR.	Bulker	散装船
B.W.	bonded warehouse	保税仓库
bxs.	boxes	盒，箱
CAConf	Cargo Agency Conference(IATA)	货运代理工会（IATA）
CASS	Cargo Accounts Settlement System(IATA)	货运费用结算系统（IATA）
C.B.	container base	集装箱底
c.b.d.	cash before delivery	交货前付现
CCL	customs clearance	清关
CCS	consolidated cargo(container)service	集中托运业务
c.&d.	collection and delivery	运费收讫，货物交毕
C&F	cost and freight(INCOTERMS)	成本加运费（……指定目的港）
CFS	container freight station	集装箱货运站
C.H.	carriers haulage	承运业
C.H.C.	cargo handling charges	货物装卸费
Ch.Fwd.	charges forward	运费到付
c.i.a.	cash in advance	交货前付现款
CIC	China Insurance Clause	中国保险条款
CIF	cost, insurance and freight	到岸价格（成本、保险非加运费）（……指定目的港）
CIF&C	cost, insurance, freight and commission	到岸价格加佣金
c.i.f.i.&c.	cost, insurance, freight interest and commission	到岸价格、利息加佣金
c.i.f.i.&e.	cost, insurance, freight interest and exchange	到岸价格、利息加汇费
c.i.f.L.t.	cost, insurance, freight London terms	伦敦条款到岸价格
c.i.f.w.	cost, insurance, freight/war	到岸价格加战争险
CIM	Convention Concerning International Carriage of Goods by Rail	国际铁路货物运输公约
CIP	Carriage and insurance paid to (INCOTERMS)	运费、保险费付至（……指定目的地）
CIV	International Convention on the Carriage of Passenger and Luggage by Railway	国际铁路旅客货物运输公约
CL.B/L	Clean Bill of Lading	清洁提单

缩写	英文	中文
CMR	Convention de Merchandises Par Routes	国际公路货物运输合同公约
C/N	Consignment Note	发货通知书
cnee.	consignee	收货人
cnmt./consgt.	Consignment	发运
cnor.	consignor	发货人
C/O	Certificate of Origin	原产地证明
C.O.D.	cash on delivery	货到付款
COSCO	CHINA OCEAN SHIPING COMPANY	中国远洋运输（集团）总公司
COTIF	Convention concerning International Carriage by Rail	国际铁路运输公约
CP	carriage paid	运费已付
C/P	CHARTER PARTY	租船合同
C/P blading	Charter Party Bill of Lading	租船提单
CPT	carriage paid to(INCOTERMS)	运费付至（……指定目的地）
CQD	customary quick dispatch	按港口惯常速度快速装卸
CSC	Container Service Charge	集装箱运输费用
CT	combined transport	联合运输
C/T	container terminal	集装箱码头
CTD	Combined Transport Document	联合运输单证
CTO	Combined Transport Operator	多式联运经营人
CVGK	customs value per gross kilogram	（毛重）每千克海关价值
CVGP	customs value per gross pound	（毛重）每磅海关价值
CY	container yard	集装箱堆场
D/A	document against acceptance	承兑交单
DAF	delivery at frontier(INCOTERMS)	边境交货（……指定地点）
D.A.S.	delivered alongside ship	船边交货
Dbk.	drawback	退（关）税
DCAS	Distribution Cost Analysis System	分拨费用分析系统
DDP	delivered duty paid(INCOTERMS)	完税后交货（……指定目的地）
Dem.	demurrage	滞期费
Dep.	departure	（船舶）离港
DES	delivered ex ship(INCOTERMS)	目的港船上交货
Desp.	dispatch money	速遣费
D.F	dead freight	空舱费
D/O	Delivery Order	提货单
D/P	document against payment	付款交单

缩写	英文	中文
EDI	Electronic Data Interchange	电子数据交换
ETA	estimated time of arrival	（船舶）预计抵港时间
ETAD	expected time of arrival and departure	（船舶）预计到达和离开时间
ETB	expected time of berthing	（船舶）预计靠泊时间
ETC	expected time of commencement	预计开始时间
ETCD	estimated time of commencing discharging	（船舶）预计开始卸货时间
ETD	estimated time of departure	（船舶）预计离港时间
ETL	estimated time of loading	（船舶）预计开装时间
ETS	estimated time of sailing	（船舶）预计开航时间
Exp.	export	出口载货清单，出口舱单
EXW	ex. Works(INCOTERMS)	工厂交货（……指定地点）
F.A.A.	Free of All Average	一切海损不赔险
FAK	Freight All Kinds	（不分品种）同一费率
F.and D.	freight and demurrage	运费和滞期费
FAS	free alongside ship(INCOTERMS)	船边交货（……指定装运港）
FCA	free carrier(INCOTERMS)	货交承运人（……指定地点）
FCL	full container load	（集装箱）整箱货
FCR	Forwarders Certificate of Receipt(FIATA Document)	货运代理人收讫货物证明
FCT	Forwarders Certificate of Transport(FIATA Document)	货运代理人运送证明
FEU	forty equivalent unit	40英尺标准集装箱
f.g.a.	Free of General Average	国内共同海损不赔险
F.I.	free in	（船方）不负担装货费用
f.i.a.s	free in and stowed	（船方）不负担装货和理舱费用
FIC	freight, insurance, carriage	运费、保险费付至（……指定目的地）
FIS	freight, insurance and shipping charges	运费、保险费和装船费
FOB	free on board(INCOTERMS)	离岸价格［船上交货（……指定装运港）］
FPA	Free from Particular Average	平安险
F.P.A.	Free of Particular Average	单独海损不赔
FPAD	freight payable at destination	目的地付运费
FRG	for your guidance	供你参考，供你掌握情况
FWC	full loaded weight & capacity(container)	满载重量和容积
FWR	FIATA Warehouse Receipt(FIATA	FIATA仓储收据

缩写	英文	中文
	Document)	
G.A.A.	General Average agreement(Bond)	共同海损协议（合同）
G.A.C.	General Average Contribution	共同海损分摊额（保险）
G.B.L.	Government Bill of Lading	政府海运提单
G.C.	general cargo	杂货
G.C.R.	General Cargo Rates	杂货费率
GR	grain capacity or gross	（船舶）散装容积或毛（重）
HAWB	House Air Waybill	货运代理运单，分运单
ICC	Institute Cargo Clauses, London	伦敦协会货物条款（保险）
IMDG	International Maritime Dangerous Goods Code	国际海运危险品编码
I.P.A.	Including Particular Average	包括单独海损（保险）
L/A	Lloyd's agent	劳埃德保险公司代理人，劳埃德船级社代理人
LADEN DRAFT	the draft when vessel is laden	（船舶）满载吃水
LBP	length between perpendiculars	（船舶）垂线间高
L/C	Letter of Credit	信用证
LCL	less than container load	（集装箱）拼箱货
Lkg/Bkg	leakage & breakage	漏损与破损
L/L	Loading List	装货清单
LOA	length over all	船舶全长
LSD	loading, storage and delivery charges	装船、仓储和交货费用
LT	Liner Terms	班轮条款
M.	measurement	按货物的体积计算运价
M	minimum(rate classification)	最低（运费）
MACH	modular automated container handling	集装箱自动或装卸
MFN	MOST FAVOURED NATION	最惠国
M.H.	Merchants Haulage	商船运输
MOLOO	more or less at owner's option	溢短装由船东选择
MOLSO	more or less at seller's option	溢短装由卖方选择
MTD	Multimodal Transport Document	多式联运单证
MTO	Multimodal Transport Operator	多式联运经营人
MTON	measurement ton	码吨
MV	Motor Vessel	内燃机船
NAWB	Neutral Air Waybill(Forwarders Air	货运代理空运分运单

缩写	英文	中文
	Waybill)	
n.v.d.	no value declared	未声明价值
NVOCC	Non Vessel Operating Common Carrier	无船公共承运人
Oc.B/L	Ocean Bill of Lading	海运提单
OCP	Overland Common Points	内陆共同点
PA.A.	Particular Average	单独海损不赔
P/C	Paramount Clause	最重要条款
p.d.	partial delivery	部分交付
P.&I.clause	Protection and Indemnity Clause	保护和赔偿条款
P/N	promissory note	期票；本票
P.O.D.	payment on delivery; paid on delivery	交货时付讫
POD	port of discharge	卸港
POL	port of loading	装港
POR	port of refuge	避难港
pt./dest.	port of destination	目的港
pt./disch.	port of discharge	卸港
PTL	partial total loss	部分全损
Q	Quantity	数量
S	Surcharge	附加费
S/d	sight draft	即期
S.&F.A.	Shipping and Forwarding Agent	运输代理
SINOCHART	China National Charter Corporation	中国租船公司
SLI	shippers letter of instruction	发货人说明
T.C.T.	Time Charter on Trip Basis	航次期租船
T.T.	Terms of Trade	贸易条款
VAT	value added tax	增值税
V/C	Voyage Charter	租船税
VLBC	Very Large Bulk Carrier	大型散装船
VLCC	Very Large Crude Carrier	大型油船
VOCC	Vessel Operating Common carrier	有船公共承运人
W	gross weight	按货物的毛重计算运价
W.A.	With Average(Institute Cargo Clause)	承保单独海损
WIBON	whether in berth or not	（船舶）不管靠泊与否
WICCON	whether in customs clearance or not	（船舶）不管通关与否
WIFPON	whether in free pratique or not	（船舶）不管检疫与否
WIPON	whether in port or not	（船舶）不管抵港与否

附录 B
常用附加费名称缩略语

缩写	英文	中文
AMS	American/Automatic Manifest System	美国（自动）舱单录入费
BAF	Bunker Adjustment Factor	燃油附加费
C.S.C	Container Service Charge	货柜服务费
CAF	Currency Adjustment Factor	货币贬值附加费系数
CAS	Currency Adjustment Surcharge	货币贬值附加费
DDC	Destination Delivery Charge	目的港码头费
	Deviation Surcharge	绕航附加费
	Direct Additional	直航附加费
EBA	Emergency Bunker Additional	紧急燃油附加费（非、中南美航线）
EBS	Emergency Bunker Surcharge	紧急燃油附加费（澳新航线）
EPS	Equipment Position Surcharges	设备位置附加费
FAF	Fuel Adjustment Factor	燃料附加费（日本航线专用）
GRI	General Rate Increase	综合费率上涨附加费（一般是南美航线、美国航线使用）
	Heavy-lift Additional	超重附加费
IFA	Interim Fuel Additional	临时燃油附加费（某些航线临时使用）
	Long Length Additional	超长附加费
ORC	Original Receiving Charge	本地收货费用（一般在中国华南地区使用）
PCS	Panama Canal Surcharge	巴拿马运河拥挤附加费（以色列、印度某些港口及中南美航线使用）
PCTF	Panama Canal Transit Fee	巴拿马运河附加费
PTF	Panama Transit Fee	巴拿马运河附加费（美国航线、中南美航线使用）
PSS	Peak Season Surcharges	旺季附加费
PCS	Port Congestion Surcharge	港口拥挤附加费
SPS	Shanghai Port Surcharge	上海码头费，上海港口附加费

缩写	英文	中文
SCS	Suez Canal Surcharge	苏伊士运河附加费
TAR	Temporary Additional Risks	临时风险附加费
THC	Terminal Handling Charges	码头操作费（香港收取）
T.O.C	Terminal Operations Charge	码头操作费
T.R.C	Terminal Receiving Charge	码头收柜费
	Transshipment Surcharge	转船附加费
WRS	War Risk Surcharge	战争险附加费
YAS	Yard Surcharges	码头附加费
YAS	Yen Adjustment Surcharge	日元贬值/升值附加费（日本航线专用）
IPI	Interior Point Intermodal	内陆转运费

附录 C

国际货运主要单证

表 C-1 国际铁路联运运单模板汇总

1. 运单正本 — Оригинал накладной (给收货人) — (Для получателя)						29 批号—Отправка №	
国际货运协运单—Накладная СМГС—中铁—КЖД	1. 发货人—Отправитель		2. 发站—Станция отправления				
	签字—Подпись		3. 发货人的声明—Заявления отправителя				
	4. 收货人—Получатель						
5. 到站—Станция назначения			8. 车辆由何方提供—Вагон предоставлен/9. 载重量—Грузоподъёмность 10. 轴数—Оси/11. 自重—Масса тары/12. 罐车类型—Тип цистерны				
6. 国境口岸站—Пограничные станции переходов	7. 车辆—Вагон		8	9 10 11 12	换装后—После перегрузки		
					13. 货物重量 Масса груза	14. 件数 К-во мест	
15. 货物名称—Наименование груза		16. 包装种类 Род упаковки	17. 件数 К-во мест	18. 重量(公斤) Масса (в кг)	19. 封印—Пломбы 数量 记号—знаки К-во		
					20. 由何方装车—Погружено 21. 确定重量的方法 Способ определения массы		
		22. 承运人—Перевозчики	(区段自/至—участки от/до)		车站代码 (коды станций)		
23. 运送费用的支付—Уплата провозных платежей							
24. 发货人添附的文件—Документы, приложенные отправителем							
		25. 与承运人无关的信息，供货合同号码 Информация, не предназначенная для перевозчика, № договора на поставку					
26. 缔结运输合同的日期 Дата заключения договора перевозки	27. 到达日期—Дата прибытия	28. 办理海关和其他行政手续的记载 Отметки для выполнения таможенных и других административных формальностей					

2. 运行报单 —Дорожная ведомость
（给向收货人交付货物的承运人）—（для перевозчика, выдающего груз получателю）

国际货物运单—Накладная СМГС—中铁—КЖД	1. 发货人—Отправитель 签字—Подпись 4. 收货人—Получатель		2. 发站—Станция отправления 3. 发货人的声明—Заявления отправителя						29 批号—Отправка №		
	5. 到站—Станция назначения										
			8. 车辆由何方提供—Вагон предоставлен/9. 载重量—Грузоподъёмность 10. 轴数—Оси/11. 自重—Масса тары/12. 罐车类型—Тип цистерны								
6. 国境口岸站—Пограничные станции переходов		7. 车辆—Вагон						换装后—После перегрузки			
				8	9	10	11	12	13. 货物重量 Масса груза		14. 件数 К-во мест
15. 货物名称—Наименование груза				16. 包装种类 Род упаковки	17. 件数 К-во мест		18. 重量（公斤） Масса (в кг)	19. 封印—Пломбы			
								数量 К-во		记号—знаки	
								20. 由何方装车—Погружено 21. 确定重量的方法 Способ определения массы			
				22. 承运人— Перевозчики			(区段自/至—участки от/до)	车站代码 (коды станций)			
23. 运送费用的支付—Уплата провозных платежей											
24. 发货人添附的文件—Документы, приложенные отправителем											
				25. 与承运人无关的信息，供货合同号码 Информация, не предназначенная для перевозчика, № договора на поставку							
26. 缔结运输合同的日期 Дата заключения договора перевозки		27. 到达日期—Дата прибытия		28. 办理海关和其他行政手续的记载 Отметки для выполнения таможенных и других административных формальностей							

附录 C　国际货运主要单证　209

3. 货物交付单 —Лист выдачи груза （给向收货人交付货物的承运人）—（для перевозчика, выдающего груз получателю）			29 批号—Отправка №	
国际货协运单 Накладная СМГС 中铁—КЖД	1. 发货人—Отправитель 　签字—Подпись 4. 收货人—Получатель		2. 发站—Станция отправления 3. 发货人的声明—Заявления отправителя	
	5. 到站—Станция назначения			
			8. 车辆由何方提供—Вагон предоставлен/9. 载重量—Грузоподъёмность 10. 轴数—Оси/11. 自重—Масса тары/12. 罐车类型—Тип цистерны	

6. 国境口岸站—Пограничные станции переходов	7. 车辆—Вагон	8	9	10	11	12	换装后—После перегрузки
							13. 货物重量 Масса груза	14. 件数 К-во мест

15. 货物名称—Наименование груза	16. 包装种类 Род упаковки	17. 件数 К-во мест	18. 重量（公斤） Масса (в кг)	19. 封印—Пломбы
			数量 К-во	记号 —знаки
			20. 由何方装车—Погружено 21. 确定重量的方法—Способ определения массы	
		22. 承运人—Перевозчики	（区段自/至— участки от/до）	车站代码 (коды станций)
23. 运送费用的支付—Уплата провозных платежей				
24. 发货人添附的文件—Документы, приложенные отправителем				
		25. 与承运人无关的信息，供货合同号码 Информация, не предназначенная для перевозчика, № договора на поставку		
26. 缔结运输合同的日期 Дата заключения договора перевозки	27. 到达日期—Дата прибытия	28. 办理海关和其他行政手续的记载 Отметки для выполнения таможенных и других административных формальностей		
30. 承运人记载—Отметки перевозчик		35. 货物到达通知—Уведомление о прибытии груза 36. 交付货物—Выдача груза		
31. 商务记录—Коммерческий акт				
32. 运到期限延长—Удлинение срока доставки 车站/Станция ....　车站/Станция .... 滞留原因/Задержка из-за ....　滞留原因/Задержка из-за .... 自/От ....时/час　自/От ....时/час 至/До ....时/час　至/До ....时/час		收货人签字—Подпись получателя		

33. 货物移交记载—Отметки о передаче груза			
33.1	33.2	33.3	33.4
33.5	33.6	33.7	33.8
33.9	33.10	33.11	33.12

34. 通过国境站的记载—Отметки о прослеловании пограничных станций			
34.1	34.2	34.3	34.4
34.5	34.6	34.7	34.8
34.9	34.10	34.11	34.12

4. 运单副本—Дубликат накладной (给发货人)—(для отправителя)						29 批号—Отправка №	
国际货协运单 Накладная СМГС 中铁—КЖД	1. 发货人—Отправитель			2. 发站—Станция отправления			
	签字—Подпись			3. 发货人的声明—Заявления отправителя			
	4. 收货人—Получатель						
	5. 到站—Станция назначения						
				8. 车辆由何方提供—Вагон предоставлен/9. 载重量—Грузоподъёмность 10. 轴数—Оси/11. 自重—Масса тары/12. 罐车类型—Тип цистерны			
6. 国境口岸站—Пограничные станции переходов		7. 车辆—Вагон	8 9 10 11 12		换装后—После перегрузки		
					13. 货物重量 Масса груза	14. 件数 К-во мест	
15. 货物名称—Наименование груза		16. 包装种类 Род упаковки	17. 件数 К-во мест	18. 重量（公斤） Масса (в кг)	19. 封印—Пломбы		
					数量 К-во	记号—знаки	
					20. 由何方装车—Погружено 21. 确定重量的方法—Способ определения массы		
		22. 承运人—Перевозчики	(区段自/至—участки от/до)		车站代码 (коды станций)		
23. 运送费用的支付—Уплата провозных платежей							
24. 发货人添附的文件—Документы, приложенные отправителем							
		25. 与承运人无关的信息，供货合同号码 Информация, не предназначенная для перевозчика, № договора на поставку					
26. 缔结运输合同的日期 Дата заключения договора перевозки	27. 到达日期—Дата прибытия	28. 办理海关和其他行政手续的记载 Отметки для выполнения таможенных и других административных формальностей					

5 货物接收单—Лист приёма груза (给缔约承运人)—(для договорного перевозчика)						29 批号—Отправка №	
国际货协运单—Накладная СМГС 中铁—КЖД	1 发货人—Отправитель		2 发站—Станция отправления				
	签字—Подпись		3 发货人的声明—Заявления отправителя				
	4 收货人—Получатель						
	5 到站—Станция назначения						
			8 车辆由何方提供—Вагон предоставлен/9 载重量—Грузоподъёмность 10 轴数—Оси/11 自重—Масса тары/12 罐车类型—Тип цистерны				
	6 国境口岸站—Пограничные станции переходов	7 车辆—Вагон	8	9	10	11	12 换装后—После перегрузки
						13 货物重量 Масса груза	14 件数 К-во мест
	15 货物名称—Наименование груза	16 包装种类 Род упаковки	17 件数 К-во мест	18 重量(公斤) Масса (в кг)	19 封印—Пломбы		
					数量 К-во	记号—знаки	
					20 由何方装车—Погружено		
					21 确定重量的方法 Способ определения массы		
		22 承运人—Перевозчики	(区段自/至—участки от/до)			车站代码 (коды станций)	
	23 运送费用的支付—Уплата провозных платежей						
	24 发货人添附的文件—Документы, приложенные отправителем						
		25 与承运人无关的信息,供货合同号码 Информация, не предназначенная для перевозчика, № договора на поставку					
	26 缔结运输合同的日期 Дата заключения договора перевозки	27 到达日期—Дата прибытия	28 办理海关和其他行政手续的记载 Отметки для выполнения таможенных и других административных формальностей				

6 货物到达通知单—Лист уведомления о прибытии груза
（给收货人）—（для получателя）

国际货协运单 Накладная СМГС 中铁—КЖД	1 发货人—Отправитель 签字—Подпись 4 收货人—Получатель	2 发站—Станция отправления 3 发货人的声明—Заявления отправителя			29 批号—Отправка №
	5 到站—Станция назначения				
	6 国境口岸站—Пограничные станции переходов	7 车辆—Вагон	8 车辆由何方提供—Вагон предоставлен / 9 载重量—Грузоподъёмность 10 轴数—Оси / 11 自重—Масса тары / 12 罐车类型—Тип цистерны		
			8 9 10 11 12	换装后—После перегрузки 13 货物重量 Масса груза	14 件数 К-во мест
	15 货物名称—Наименование груза	16 包装种类 Род упаковки	17 件数 К-во мест	18 重量（公斤） Масса (в кг)	19 封印—Пломбы 数量 К-во / 记号—знаки
				20 由何方装车—Погружено 21 确定重量的方法 Способ определения массы	
			22 承运人—Перевозчики	（区段自/至—участки от/до）	车站代码 (коды станций)
	23 运送费用的支付—Уплата провозных платежей				
	24 发货人添附的文件—Документы, приложенные отправителем		25 与承运人无关的信息，供货合同号码 Информация, не предназначенная для перевозчика, № договора на поставку		
	26 缔结运输合同的日期 Дата заключения договора перевозки	27 到达日期—Дата прибытия	28 办理海关和其他行政手续的记载 Отметки для выполнения таможенных и других административных формальностей		

30 承运人记载—Отметки перевозчик
31 商务记录—Коммерческий акт
32 运到期限延长—Удлинение срока доставки
车站/Станция .... 车站/Станция ....
滞留原因/Задержка из-за .... 滞留原因/Задержка из-за ....
自/От .... 时/час 自/От .... 时/час
至/До .... 时/час 至/До .... 时/час

33 货物移交记载—Отметки о передаче груза

33.1	33.2	33.3	33.4
33.5	33.6	33.7	33.8
33.9	33.10	33.11	33.12

34 通过国境站的记载—Отметки о проследовании пограничных станций

34.1	34.2	34.3	34.4
34.5	34.6	34.7	34.8
34.9	34.10	34.11	34.12

表 C-2 海运单

COSCO CONTAINER LINES CO.,LTD.
中远集装箱运输有限公司　　SEA WAYBILL

TLX:33057COSCOCN
FAX: +86(021) 6545 8984

NON-NEGOTIABLE SEA WAYBILL FOR COMBINED TRANSPORT OR PORT TO PORT

1. Shipper Insert Name, Address and Phone/Fax	Booking No.	Sea Waybill No.
	Export References	
2. Consignee Insert Name, Address and Phone/Fax	Forwarding Agent and Reference	
3. Notify Party Insert Name, Address and Phone/Fax	Point and Country of Origin Also Notify Party-routing & Instructions	

4. Combined Transport Pre-Carriage by	5. Combined Transport Place of Receipt		
6. Ocean Vessel Voy. No.	7. Port of Loading	Service Contract No.	Commodity Code
8. Port of Discharge	9. Combined Transport Place of Receipt	Type of Movement	

Marks & Nos. Container / Seal No.	No. Of Containers or Packages	Description of Goods {If Dangerous Goods, See Clause 20}	Gross Weight	Measurement

Declared Cargo Value US$　　Description of Contents for Shipper's Use Only {Not part of This Sea Waybill Contract}

10. Total Number of containers and/or packages (in word)
    Subject to Clause 7 Limitation

11. Freight & Charges	Revenue Tons	RATE	Per	Amount	Prepaid	Collect	Freight & Charges Payable at / by

Received in external apparent good order and condition except as otherwise noted. The total
Number of the packages or units stuffed in the container, the description of the goods and the
Weights shown in this Sea Waybill are furnished by the merchants, and which the carrier has
no reasonable means of checking and is not a part of this Sea Waybill contract. The carrier has
Issued 1 Sea Waybill. The merchants agree to be bound by the terms and conditions of this Sea Waybill as if each had personally signed this Sea Waybill.
*Applicable Only When Document Used as a Combined Transport Sea Waybill.

Date Laden on Board
Signed by:

9805 Date of Issue MAY 25 2012   Place of Issue COPENHAGEN   Signed for the Carrier, COSCO CONTAINER LINES CO,.LTD.
CNT110153348

表 C-3 航空运单

Shipper's Name and Address	Shipper's Account Number	Not negotiable **Air Waybill** Issued by	中国国际航空公司 **AIR CHINA** BEIJING CHINA
Consignee's Name and Address	Consignee's Account Number		Copies 1,2 and 3 of this Air Waybill are originals and have the same validity

Issuing Carrier's Name and City STR. SHA HOUSE A.W.B. NEC10539636	Accounting Information FREIGHT : PREPAID
Agent's IATA Code	Account No.

Airport of Departure (Addr. Of First Carrier) and Requested Routing
PVG

To FRA	By First Carrier CA	Routing and Destination	to	by	to	by	Currency CNY	CHGS Code	WT VAL PPD / COLL	Other PPD / COLL	Declared Value for Carriage NVD	Declared Value for Customs NCV

Airport of Destination FRANKFURT	Flight/Date CA3202	For Carrier Use Only	Flight/Date JUL.22	Amount of Insurance NIL	INSURANCE - If carrier offers insurance,and such insurance is requested in accordance with the conditions thereof, indicate amount to be insured in figures in box marked "Amount of Insurance".

Handling Information

NO SOLID WOOD PACKING MATERIALS

No. of Pieces RCP	Gross Weight	kg/lb	Rate Class / Commodity Item No.	Chargeable Weight	Rate / Charge	Total	Nature and Quantity of Goods (incl. Dimensions or Volume)
7	118	K	Q	118	42.69	5037.42	CONSOLIDATION AS PER ATTACHED MANIFEST SHIPPER OR AGENT LOAD AND COUNT 0.70CBM

Prepaid 5037.42	Weight Charge	Collect	Other Charges AWC:50.00 MYC:708.00 MSC:118.00
	Valuation Charge		
	Tax		
	Total Other Charges Due Agent		Shipper certifies that the particulars on the face hereof are correct and that insofar as any part of the consignment contains dangerous goods,such part is property described by name and is in proper condition for carriage by air according to the applicatble Dangerous Goods Regulations. STR. SHA Signature of Shipper or his Agent
876.00	Total Other Charges Due Carrier		
Total Prepaid 5913.42		Total Collect	JUL.21.2006 STR. SHA LW
Currency Conversion Rates		CC Charges in Dest. Currency	Executed on (date) at (place) Signature of Issuing Carrier or its Agent
For Carriers Use only at Destination		Charges at Destination	Total Collect Charges

999 – 8790 8844

参考文献

[1] 陈彩凤. 国际货运代理[M]. 北京：清华大学出版社，2010.
[2] 陈智刚. 国际货运代理与报关实务[M]. 北京：北京交通大学出版社，2009.
[3] 陈智刚. 国际物流实务[M]. 北京：电子工业出版社，2012.
[4] 金维. 国际货运代理实务[M]. 上海：上海交通大学出版社，2015.
[5] 孙家庆，姚景芳. 国际货运代理实务[M]. 北京：中国人民大学出版社，2015.
[6] 杨志刚，孙明，吴文一. 国际货运代理实务与法规[M]. 北京：化学工业出版社，2008.
[7] 姚大伟. 国际货运代理实务[M]. 北京：中国对外经济贸易出版社，2003.
[8] 中国国际货运代理协会. 国际货运代理基础知识[M]. 北京：中国商务出版社，2003.
[9] 中国国际货运代理协会. 国际海上货运代理理论与实务[M]. 北京：中国商务出版社，2010.
[10] 中国国际货运代理协会. 国际航空货运代理理论与实务[M]. 北京：中国商务出版社，2010.
[11] 中国国际货运代理协会. 国际货运代理理论与实务（精编本）[M]. 北京：中国商务出版社，2012.
[12] 王学锋，郑丙贵. 国际货运代理概论[M]. 上海：同济大学出版社，2006.
[13] 中华人民共和国交通运输部 http://www.moc.gov.cn/.
[14] 福步外贸论坛 http://bbs.fobshanghai.com/.
[15] 中华人民共和国海关总署 http://www.customs.gov.cn/.
[16] 中华人民共和国商务部 http://www.mofcom.gov.cn/.
[17] 锦程物流网 http://www.jctrans.com.
[18] 合众外贸论坛 http://bbs.tradeknow.com.
[19] 宁波天航国际物流有限公司官方网站 http://www.tianhang.com.cn.
[20] 台湾长荣海运股份有限公司官方网站 http://www.evergreen.marine.com.
[21] 中国国际货运代理协会 http://www.cifa.org.cn/.
[22] 中国远洋运输（集团）总公司官方网站 http://www.cosco.com.
[23] International Federation of Freight Forwarders Associations（FIATA）官方网站 http://fiata.com/home.html.
[24] 马士基船公司网站 www.maerskcn.com.

反侵权盗版声明

电子工业出版社依法对本作品享有专有出版权。任何未经权利人书面许可，复制、销售或通过信息网络传播本作品的行为；歪曲、篡改、剽窃本作品的行为，均违反《中华人民共和国著作权法》，其行为人应承担相应的民事责任和行政责任，构成犯罪的，将被依法追究刑事责任。

为了维护市场秩序，保护权利人的合法权益，我社将依法查处和打击侵权盗版的单位和个人。欢迎社会各界人士积极举报侵权盗版行为，本社将奖励举报有功人员，并保证举报人的信息不被泄露。

举报电话：（010）88254396；（010）88258888
传　　真：（010）88254397
E-mail：　dbqq@phei.com.cn
通信地址：北京市万寿路173信箱
　　　　　电子工业出版社总编办公室
邮　　编：100036